先秦史

吕思勉 著

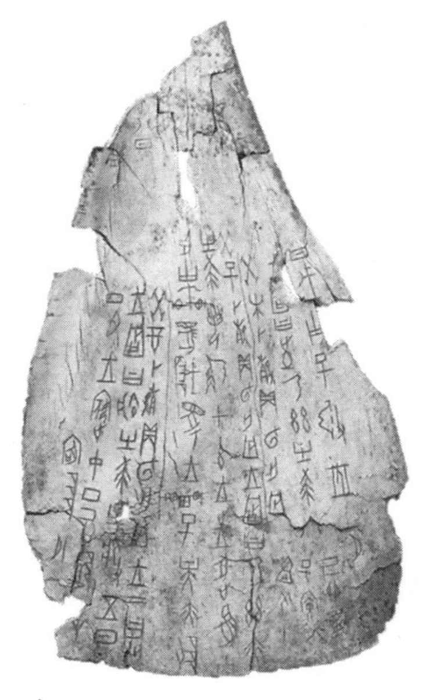

江苏人民出版社

图书在版编目（CIP）数据

先秦史 / 吕思勉著 . — 南京 : 江苏人民出版社，2020.6（2024.8 重印）
ISBN 978-7-214-23535-0

Ⅰ . ①先… Ⅱ . ①吕… Ⅲ . ①中国历史 – 先秦时代 Ⅳ . ① K22

中国版本图书馆 CIP 数据核字 (2019) 第 112022 号

书　　名	先秦史
著　　者	吕思勉
责任编辑	卞清波
出版发行	江苏人民出版社
地　　址	南京市湖南路 1 号 A 楼，邮编：210009
印　　刷	文畅阁印刷有限公司
开　　本	880 mm × 1 230 mm　1/32
印　　张	9.5
字　　数	220 000
版　　次	2020 年 6 月第 1 版
印　　次	2024 年 8 月第 2 次印刷
标准书号	ISBN 978-7-214-23535-0
定　　价	38.00 元

（江苏人民出版社图书凡印装错误可向承印厂调换）

编者序

中国历来就有著史的传统，历史典籍可谓浩如烟海。其中，既有当朝官方为前朝修的历史，也有史学家们的私人著述。相对于其他学科，中国古代史还是偏于冷门了，被冷落的原因不是读者不感兴趣，而是其使用了艰涩难解的古文，普通读者岂能不望而生怯？但是，在当下科技飞速发展的时代，更应该静下心来读一读历史，以知晓过去，鉴戒当下，指导未来。

吕思勉（1884 ~ 1957），字诚之，国学大师、中国近代史学家，江苏常州人。吕老一生著述颇丰，代表作有《白话本国史》《吕著中国通史》《秦汉史》《中国制度史》等，严耕望称吕思勉为“通贯的断代史家”。

本套吕思勉历史著作即为其所著四部断代史：《先秦史》《秦汉史》《两晋南北朝史》《隋唐五代史》。吕老虽为近人，但所著的这几部史书，亦采用了艰涩的古文体。为了给读者带去流畅无碍的阅读体验，我们编辑团队做了如下工作。

第一，我们删除了每一部史著中讲述社会组织、经济、政治、风俗、宗教等篇章(《先秦史》，第十一章～第十五章；《秦汉史》，第十三章～第二十章；《两晋南北朝史》，第十七章～第二十四章；《隋唐五代史》，第十六章～第二十三章）。对于普通读者来说，这部分的内容略显干涩和枯燥，故事性也不强，很难提起阅读兴趣，因此我们大胆尝试，采取了一刀切的办法。

第二，某些词作了现代化处理，比如将“大子”改为“太子”，“大原”改为“太原”，“昏姻”改为“婚姻”，等等，以减少通假字转换上的麻烦，使读者阅读起来更加顺畅。

我们希望通过这种努力和尝试，让更多的人喜欢上阅读史书原著。与读者朋友们共勉。

夏禹王像　宋　马麟

禹，夏后氏首领，夏朝开国君王。姒姓，名文命，亦称大禹、帝禹。此图绘禹手持如意笏，头戴王冠，身披龙袍，端庄地立于画面正中，慈祥且和蔼。禹“三过家门而不入”、吃苦耐劳、克已奉公的忘我精神被传为千古佳话，成为中华民族精神的重要组成部分。

晋文公复国图卷（局部）　南宋　李唐

此图节选自《晋文公复国图卷》，表现的是公子重耳成功返回晋国成为国君的场景，队仗威严雄壮，每一个人都昂首阔步，充满骄傲和志得意满的神情。晋文公姬重耳在外流亡十九年，最后在秦国的援助下才得以即位。晋文公掌权后，大力整顿内政，加强军事力量，终在城濮之战后，成为继齐桓公以后的又一霸主。

孔子圣迹图　清　焦秉贞

司马迁曾评说道："孔子布衣，传十余世，学者宗之。自天子王侯，中国言六艺者折中于夫子，可谓至圣矣！"图中所示即为孔子周游列国，游说诸侯的典故。孔子阔面密髯，神情恭肃；国君和颜悦色，静坐在孔子对面，侧耳聆听。

目录

第一章　总论

历史果何等学问？治之果有何用耶？自浅者言之，则曰：史也者，前车之鉴也。昔人若何而得，则我可从而仿效之；若何而失，则我可引为鉴戒，斯言似是，而实不然。何则？大化之迁流，转瞬而已非其故，世事岂有真相同者？见为相同，皆察之未精者耳。执古方以药今病，安往而不贻误？近世西人东来，我之交涉，所以败绩失据者，正坐是也。然则史学果何用耶？

曰：史也者，所以求明乎社会之所以然者也。宇宙间物，莫不有其所由成，社会亦何独不然？中国之社会，何以不同于欧洲？欧洲之社会，何以不同于日本？习焉不察，则不以为异，苟深思之，则知其原因极为深远，虽极研索之功，犹未易窥其万一也。因又有因，欲明世事之所由来，固非推之邃初不可。此近世史家，所以记载务求其详，年代务求其远；虽在鸿荒之世，而其视之之亲切，仍与目前之局等也。

史事既极繁赜，而各时代之事势，又不能无变异，治史者自不能不画为段落。昔日史家，多依朝代为起讫。一姓之兴亡，诚与国势之盛衰，群治之升降，皆有关系，然二者究非同物，此近世史家，所以不依朝代，而随时势以分期也。分期之法，各家不同，而画周以前为一期，则殆无二致。是何哉？论者必曰：封建易为郡县，实为史事一大界，斯固然也。然封建郡县之递嬗，其关系何以若是其大？则能言之者寡矣。盖世运恒自塞而趋于通，而其演进也，地理若为之限。以交通之阻隔，乃将世界文化，分为若干区；区自有其中心，而传播于其邻近；久之，则各区域之文化，更互相接而终合为一焉。此前世之行事，可以共征；亦今后之局势，可以豫烛者也。中国地处亚东，为世界文明发源地之一。其地东南滨海；西则青海、西藏，号称世界第一高原；北则蒙古、新疆，实为往古一大内海，山岭重叠，沙碛绵延，实非昔时人力，所能逾越；东北兴安岭之麓，虽土壤腴沃，而气候苦寒，开拓且非旦夕可期，更无论逾岭而北矣。职是故，中国今日之封域，实自成为一文化区。抟结此区域内之人民而一之，而诞敷其文化，则中国民族，在世界上所尽之责任也。此一区域之中，事势亦自分难易。内地之诸省及辽宁，久抟结为一体，吉、黑及蒙、新、海、藏，则不免时有离合焉。此等皆以大势言之，勿泥。封建废而郡县兴，则我民族抟结内地及辽宁之告成，而其经营吉、黑及蒙、新、海、藏之发轫也。其为史事一界画，不亦宜乎？

复次：史材之同异，亦为治史者分画界线之大原因。今之言史材者，固不专恃文字，究以依据文字者为多，科学未兴之时则尤甚。西儒或分书籍为三种：一曰属于理智者，言学之书是也。二曰属于情感者，文辞是也。三曰属于记忆者，史籍是也。吾国旧分书籍为四部。经、子二部，略与其所谓属于理智者相当；集与其所谓属于情感者相当；集部后来，庞杂至不可名状，然其初，则专收文辞，实上承《七略》之《诗赋略》，说见《文史通义·文集篇》。史与其所谓属于记忆者相当；虽不密合，以大致言之固如是。然此乃后世事，非所语于古初。《汉志·太史公书》，尚附《春秋》之末，更微论秦以前也。吾国史官，设立甚早，然其所记，与后世史官所记者，实非同物。参看下章。况经秦火，尽为煨烬，谓古书亡于秦火，实诬罔之辞。自汉以后，更无祖龙，汉、隋诸志著录之书，什九安在？况古代学术之传，多在口耳，不专恃竹帛乎？然史经秦火而亡，则非虚语，以史在当时为官书也。《史记·六国表》曰："秦既得意，烧天下诗书。诸侯史记尤甚，为其有所刺讥也。诗书所以复见者，多藏人家，而史记独藏周室，以故灭，惜哉惜哉。"人家之人当作民，此唐人避讳字未经改正者。周室二字，苞诸侯之国言，乃古人言语，以偏概全之例，非谓周室能尽藏列国之史。[①]其仅存者，皆附经、子以传，则仍为言学术之书；而私家所称述，更无论矣。史以记载为主，古代之记载，缺乏如是，治古史之法，安得不与治后世之史异？治之之法异，斯其所成就者亦不同矣，此又古今史家，所以不期而同，于周、秦之间，皆若有一界画在者也。

今之治国史者，其分期多用上古、中古、近世、现代等名目，私心颇不谓然。以凡诸称名，意义均贵确实，而此等名目，则其义殊为混淆也。梁任公谓治国史者，或以不分期为善，见中华书局刻本《国史研究》附录《地理年代篇》。其说亦未必然。然其分期，当自审史事而为之，并当自立名目，而不必强效他人，则审矣。言周以前之史，而率约定俗成之义，以求称名，自以先秦二字为最当。今故径称是编为《先秦史》焉。太古、中古等名，自昔即无定义，见《诗·甫田疏》。[②]

---

①史籍：多藏人家，人当作民，史记独藏周室，周室苞诸侯之国言。

②时代。

第二章　古史材料

今之所谓科学者，与前此之学问，果何以异乎？一言蔽之曰：方法较密而已。方法之疏密，于何判之？曰：方法愈密，则其使用材料愈善而已。信如是也，古史之材料，既以难治闻，当讲述之先，固不得不一为料检也。

近世史家，大别史材为二：一曰记载，二曰非记载。[①]记载之中，又分为四：一曰以其事为有关系，而记识之以遗后人者，史官若私家所作之史是也。二曰本人若与有关系之人，记识事迹，以遗后人者，碑铭传状之属是也。此等记载，恒不免夸张掩饰，然其大体必无误，年月日，人地名等，尤为可据，以其出于身亲其事者之手也。且夸张掩饰，亦终不可以欺人，善读者正可于此而得其情焉。三曰其意非欲以遗后人，然其事确为记载者，凡随意写录，自备省览之作皆是也。四曰意不在于记载，然后人读之，可知当时情事，其用与记载无异者，前章所言属于理知、情感两类

①史籍：史籍理论上之分类。

之书是也。记载大都用文字，然文字语言，本为同物，故凡口相传述之语，亦当视与简策同科焉。非记载之物，亦分为三：一曰人，二曰物，三曰法俗。人类遗骸，可以辨种族，识文化之由来。物指凡有形者言，又可分为实物及模型、图画两端。法俗指无形者言，有意创设，用为规范者为法，无意所成，率由不越者为俗。法俗非旦夕可变，故观于今则可以知古也。法俗二字，为往史所常用，如《后汉书·东夷传》谓“倭地大较在会稽东冶之东，与珠崖儋耳相类，故其法俗多同”是也。史家材料汗牛充栋，然按其性质言之则不过如此。

史家有所谓先史时代（Prehistory）者，非谓在史之先，又别有其时代也。先史之史，即指以文字记事言之亦可该口传言先史，犹言未有文字记载之时云尔。人类业力，至为繁赜，往史所记，曾不能及其千万分之一。抑史家之意，虽欲有所记识，以遗后人，而其执笔之时，恒系对当时之人立说，此实无可如何之事。日用寻常之事，在当时，自为人所共知，不烦记述，然阅一时焉，即有待于考索矣。非记载之物，虽不能以古事诏后人，然综合观之，实足见一时之情状，今之史家，求情状尤重于求事实，故研求非记载之物，其所得或转浮于记载也。如观近岁殷墟发掘所得，可略知殷代社会情状，不徒非读《史记·殷本纪》所能知，并非徒治甲骨文者所能悉也。非记载之物，足以补记载之缺而正其讹，实通古今皆然，而在先史及古史茫昧之时，尤为重要。我国发掘之业，近甫萌芽，而其知宝古物，则由来已久。大抵初由宝爱重器而起，重器为古贵族所通好，其物既贵而又古，其可爱自弥甚。如周、秦人之侈言九鼎，梁孝王之欲保雷尊是也。[①]见《汉书·文三王传》。此等风气，虽与考古无关，然一入有学问者之手，自能用以考古，如许慎《说文解字序》，

①古物：爱好古物之始。

言“郡国往往于山川得鼎彝，其铭即前代之古文，皆自相似”。则考文字学之始也。郑玄注经，时举古器为证，则考器物之始也。《汉书·郊祀志》，载张敞案美阳鼎铭，知其为谁所造，则考史事之始也。此等风气，历代不绝，而赵宋及亡清之世为尤盛，其所珍视者，仍以鼎彝之属为最，亦及于刀剑、钱币、权量、简策、印章、陶瓷器诸端，所考索者，则遍及经学、史学、小学、美术等门。或观其形制，或辨其文字，或稽其事迹。其所考释，亦多有可称，惜物多出土后得；即有当时发现者，亦不知留意其在地下及其与他物并存之情形，因之伪器杂出，就见有之古器物论之，伪者盖不止居半焉。又其考释之旨，多取与书籍相证，而不能注重于书籍所未纪。此其所以用力虽勤，卒不足以语于今之所谓考古也。发掘之业，初盖借资外人。近二十年来，国人亦有从事于此者。又有未遑发掘，但据今世考古之法，加以考察者。其事，略见卫聚贤《中国考古小史》《中国考古学史》两书，皆上海商务印书馆出版。所得虽微，已有出于文字纪载之外者矣。其略，于第三、第四两章述之，兹不赘。

近二十年来，所谓“疑古”之风大盛，学者每訾古书之不可信，其实古书自有其读法，今之疑古者，每援后世书籍之体例，訾议古书，适见其卤莽灭裂耳。英儒吴理氏（Charles Leonard Woolley）有言：薛里曼（Schliemann）发见迈锡尼（Mycenae）之藏，而知荷马（Homer）史诗，无一字之诬罔。见《考古发掘方法论·引论》。彼岂不知荷马史诗，乃吾国盲词之类哉？而其称之如此，可知古书自有其读法矣。书籍在今日，仍为史料之大宗，今故不惮烦碎，略举其要者及其读法如下。

先秦之书，有经、子、集三部而无史，前已言之。然经、子实亦同类之物。吾国最早之书目为《七略》。除《辑略》为群书总要外，凡分《六艺》《诸子》《诗赋》《兵书》《数术》《方技》六略。别六艺于诸子，乃古学既兴后之缪见，语其实，则六艺之书，皆儒家所传，儒家亦诸子之一耳。兵书、数术、方技，其当列为诸子，更无可疑。《汉志》所以别为一略者，盖因校雠者之异其人，非别有当分立之故也。然则《七略》之书，实惟诸子、诗赋两类而已。[①]儒家虽本诸子之一，而自汉以后，其学专行，故其书之传者特多，后人之训释亦较备。传书多则可资互证，训释备则易于了解，故治古史而谋取材，群经实较诸子为尤要。经学专行二千余年，又自有其条理。治史虽与治经异业，然不通经学之条理，亦必不能取材于经。故经学之条理，亦为治古史者所宜知也。经学之条理如之何？曰：首当知汉、宋及汉人所谓今古学之别。古代学术之传，多在口耳，汉初之传经犹然。及其既久，乃或著之竹帛。即以当时通行之文字书之。此本自然之理，无庸特立名目。西京之季，乃有自谓得古书为据，而訾前此经师所传为有阙误者。人称其学为古文，因称前此经师之学为今文焉。今古文之别，昧者多以为在文字。其实古文家自称多得之经，今已不传；看下文论《尚书》处。此外如《诗·都人士》多出一章之类，其细已甚。其传者，文字异同，寥寥可数，且皆无关意指。郑注《仪礼》，备列今古文异字，如古文位作立，义作谊，仪作义之类，皆与意指无关，其有关系者，如《尚书·盘庚》"今予其敷心腹肾肠"，今文作"今我其敷优贤扬历"之类，然极少。使今古文之异而止于此，亦复何烦争辨？今古文之异，实不在经文而在经说。经本古书，而孔子取以立教。古书本无深义，儒家所重，乃在孔子之说。说之著于竹帛者谓之传；其存于口耳者，仍谓之说，古书与经，或异或同，足资参证，且补经所不备者，则谓之记。今古文之经，本无甚异同，而说则互异，读许慎之《五经异义》可见。今文家之传说，盖皆传之自古，古文家则出己见。故今文诸

①学术：《七略》实惟诸子、诗赋两类。

家，虽有小异，必归大同；不独一经然，群经皆然，读《白虎通义》可见，此书乃今文家言之总集也。古文则人自为说。又今文家所言制度较古，古文则较新，观封建之制，古文封地较大，兵制古文人数较多可知。以今文口说，传自春秋，古文则或据战国时书也。两汉立于学官者，本皆今文之学。西汉末年，古文有数种立学，至东汉时仍废。然东京古文之学转盛。至魏、晋之世，则又有所谓伪古文者出焉。于《尚书》，则伪造若干篇，并全造一《伪孔安国传》。一切经说，亦多与当时盛行之古说有异同。并造《孔子家语》及《孔丛子》两书，托于孔氏子孙以为证。此案据清儒考校，谓由王肃与郑玄争胜而起，见丁晏《尚书余论》。今亦未敢遽定，然要必治肃之学者所为。自此以后，今文之学衰息，而古文之中，郑、王之争起焉。南北朝、隋、唐义疏之学，皆不过为东汉诸儒作主奴而已。宋儒出，乃以己意求之于经，其说多与汉人异，经学遂分汉、宋二派。以义理论，本无所轩轾；宋学或且较胜，然以治古史而治经，求真实其首务。以求真论，汉人去古近，所说自较宋人为优，故取材当以汉人为主。同是汉人，则今文家之说，传之自古，虽有讹误，易于推寻，非如以意立说者之无所质正，故又当以今文为主也。此特谓事实如此，非谓意存偏重，更非主于墨守也。不可误会。

六经之名，见于《礼记·经解》，曰《诗》《书》《礼》《乐》《易》《春秋》。汉人所传，则为五经，以乐本无经也。后世举汉人所谓传记者，皆列之于经，于是有九经，《春秋》并列三传，加《周官》《礼记》。十三经于九经外，再加《孝经》《论语》《孟子》《尔雅》。之目。此殊非汉人之意。然因治古史而取材，则一切古书，皆无分别，更不必辨其孰当称经，孰不当称经矣。

诗分风、雅、颂三体：风者，民间歌谣，读之可见民情风俗，故古有采诗及陈诗之举。《公羊》宣公十五年《何注》："五谷毕入，民皆居宅，男女有所怨恨，相从而歌，饥者歌其食，劳者歌其事，男年六十，女年五十无子者，官衣食之，使之民间求诗。乡移于邑，邑移于国，国以闻于天子。故王者不出牖户，尽知天下所苦，不下堂而知四方。”《礼记·王制》：天子巡守，“命太师陈诗，以观民风”。雅则关涉政治；《史记·司马相如列传》：“大雅言王公大人，德逮黎庶；小雅讥小己之得失，其流及上。”颂者，美盛德之形容，意在自夸其功烈，读之，亦可见古代之史实焉。风本无作谊可言，三家间有言之者，其说必传之自古，然亦不能指为作者之意。歌谣多互相袭，或并无作者可指。雅、颂当有本事，今今文说阙佚已甚，古文依据《小序》，诗诗皆能得其作义，已不可信；又无不与政治有关，如此，则风雅何别乎？[①]故《诗序》必不足据。然后人以意推测，则更为非是。何则？诗本文辞，与质言其事者有异，虽在并世，作者之意，犹或不可窥，况于百世之下乎？故以诗为史材，用之须极矜慎也。

《尚书》：今文家所传，凡二十八篇。《尧典》一，合今本《舜典》，而无篇首二十八字。《皋陶谟》二，合今本《益稷》。《禹贡》三。《甘誓》四。《汤誓》五。《盘庚》六。《高宗肜日》七。《西伯戡黎》八。《微子》九。《牧誓》十。《洪范》十一。《金縢》十二。《大诰》十三。《康诰》十四。《酒诰》十五。《梓材》十六。《召诰》十七。《洛诰》十八。《多士》十九。《无逸》二十。《君奭》二十一。《多方》二十二。《立政》二十三。《顾命》二十四，合今本《康王之诰》。《费誓》二十五。《吕刑》二十六。《文侯之命》二十七。《秦誓》二十八。古文家称孔壁得书百篇，孔安国以今文读之，得多十六篇。古文家以无师说，亦不传授。是为《逸十六篇》，其目见于《书疏》。曰《舜典》。曰《汩作》。曰《九共》。曰《大禹谟》。曰《益稷》。曰《五子之歌》。曰《胤征》。曰《汤诰》。曰《咸有一

①经学：古文诗诗皆能得其作义，又无不与政治有关，不可信。

德》。曰《典宝》。曰《伊训》。曰《肆命》。曰《原命》。曰《武成》。曰《旅獒》。曰《冏命》。今亦已亡。今所行者，乃东晋时梅赜所献之伪古文本也。真书二十八篇，亦附之以传矣。书之较古者，如《尧典》《禹贡》等，决为后人所作，然亦可见其时之人所谓尧、舜、禹者如何，究有用也。而类乎当时史官，或虽出追述，而年代相去不远者，更无论矣。

今之《仪礼》本称《礼经》。后儒尊信古文，以《周官》为经礼，此书为曲礼，乃生仪礼之名。其实《周官》之所陈，与此书之所述，绝非同物也。此书凡十七篇。为冠、婚、《士冠礼》《士婚礼》。丧、祭、《士丧礼》《既夕礼》《士虞礼》《特牲馈食礼》《少牢馈食礼》《有司彻》《丧服》。朝、聘、《聘礼》《公食大夫礼》《觐礼》。射、乡《士相见礼》《乡饮酒礼》《乡射礼》《燕礼》《大射仪》。之礼，可考古代亲族关系，宗教思想，内政外交情形；并可见宫室、车马、衣服、饮食之制，实治史者所必资。

《易》为卜筮之书，与宗教、哲学皆有关系。二者在古代，本混而不分也。哲学可分两派：偏重社会现象者，为古人所谓理，偏重自然现象者，为古人所谓数。《易》为古代宗教、哲学之府，自可兼苞此二者。[①]后之治《易》者，自亦因其性之所近，而别为两派矣。途辙所趋，亦因风会。大抵今文主于理，今文《易》说，今皆不传。然《汉志》易家有《淮南道训》二篇。注曰：“淮南王安，聘明《易》者九人，号九师说。”盖即今《淮南子》之《原道训》。然则《淮南书》中，凡类乎《原道训》之言，皆今文《易》说也。不宁惟是，诸古书中，有类乎《原道训》之言，亦皆今文《易》说也。盖《易》说本古哲学家之公言，非孔门之私言也。知此，则今文

---

①经学：易可苞言理、言数两派。

《易》说，亡而不亡矣。[1]古文主于数。魏、晋人主于理，宋人主于数。言数者多主《上下经》，言理者多主《系辞传》，今本所谓《系辞》者，王肃本作《系辞传》，见《经典释文》。案《史记·自序》引今《系辞》之文，谓之《易大传》，则王肃本是也。足征今文之学，为孔门嫡传也。然古文及宋人之说，虽非孔门《易》说，要为古代哲学之遗。宋人《太极图》及《先后天图》之学，原出道家，更无可疑。观胡渭《易图明辨》可知。然道家之学，亦有所受之，非杜撰也。以治史取材言，正无所轻重矣。

《春秋》本纪事之书，治史取材，实为最要。然亦有当留意者。盖孔子之修《春秋》，本以明义，故于元文已有删定，非复鲁史之旧也。不修《春秋》，与孔子所修《春秋》异辞，见《公羊》庄公七年。案《春秋》所记会盟征伐之国，隐、桓之世少，定、哀之世多，非必二百四十年之中，诸侯之交往，果后盛于前也。僖公八年（前652）葵丘之盟，《公羊》曰“桓公震而矜之，叛者九国”，而经所记国，曾不逮九。[2]盖据乱之世，所治国少，太平之世，所治国多，鲁史元文，有为孔子所删者矣。又《春秋》有时月日例。设其事而不月者，则二月中事，一似即在正月。观此两端，即知径据经文，不可以为信史也。《春秋》本文，极为简略。欲知其详，宜看三传。《穀梁》几无记事；《公羊》间有之，仅取说明《经》意而止；皆不如《左氏》之详。然《左氏》记事，亦有须参看《公羊》，乃能得其真者。[3]如邲之战，据《公羊》，楚庄王几于堂堂之阵，正正之旗。据《左氏》，则始以和诳晋，终乃乘夜袭之，实不免于谲诈。《公羊》所言，盖取明与楚之意，非其实矣。然《左氏》云：“晋人或以广队不能进，楚人惎之脱扃。少进，马旋，又

---

①经学：《易》为古哲学公言，知此则今文《易》说，亡而不亡。

②封建经学：春秋前国少，后国多，乃书法。

③经学：《左氏》记事，参看《公羊》乃得真。

惎之拔旆投衡，乃出。顾曰：吾不如大国之数奔也。”当交战之际，而教敌人以遁逃，以致反为所笑，殊不近情。故有训惎为毒，以惎之，又惎之断句者。然如此，则顾曰之语，不可解矣。必知《公羊》还师佚寇之说，乃知庄王既胜之后，不主多杀，故其下得教敌人以遁逃。然则《左氏》所谓“晋之余师不能军，宵济，亦终夜有声者”，盖亦见庄王之宽大。《杜注》谓讥晋师多而将不能用，殆非也。举此一端，余可类推。又《左氏》解《经》处，固为伪作；《汉书·楚元王传》曰：“初，《左氏传》多古字古言，学者传训诂而已。及歆治《左氏》，引传文以解经，转相发明，由是章句义理备焉。”此为《左氏》解经处出于刘歆之明证。今《左氏》解经处寥寥，盖造而未及成也。其记事处亦多非经意；如泓之战，《公羊》褒宋襄，《左氏》非之。《左氏》所采盖兵家言，非儒家语也。[①]此亦不可以不知也。古人经传，本合为一书，故引传文者亦皆称为经。如诸书引“差之毫厘，缪以千里”者，多称《易》曰，今其辞仅见《易纬》，盖亦传文也。《公羊》与《春秋》，实当合为一书，故汉人引《公羊》者，皆称为《春秋》。至《左》《穀》则皆非《春秋》之传。《穀梁》昔人以为今文，近崔适考定其亦为古文，其说甚确。见所著《春秋复始》。惟治史与治经异，意在考古事，而非求《春秋》之义，则三传固当无所歧视耳。

《礼记》合群经之传、如冠、婚、乡、射、燕、聘之义，即《仪礼》之传。又如《王制》言巡守之礼，即《尚书·尧典》之传。儒家诸子如《乐记》为《公孙尼子》，《中庸》为《子思子》。及逸礼如《奔丧》《投壶》皆逸礼，见疏。而成。义疏家言，谓“凡记皆补经所不备”。盖所谓经者，原不过数种古书，孔子偶取以为教，并不能该典籍之全。故凡与经相出入者，皆可取资参证也。《大戴礼记》与《小戴礼记》，体例相同。昔人以其无传授，或不之信。然其书确为先秦、西汉古文，治史取材，正不

①经学：泓战《左氏》兵家言。

让《小戴》也。

《周官》为古代政典。[①]唐《六典》、明清《会典》，皆规放焉。古书所述政制，率多一鳞一爪，惟此书编次虽或错乱，犹足见古代政制之全。日本织田万称为世界最古之行政法典，见所著《清国行政法》。信有由也。此书盖战国时学者所述。故所言制度，均较今文家所传为晚。以此淆乱经义固非，信为周公致太平之书，益诬矣。然先秦政制，率因儒家之书而传。儒家诵法孔子，所言皆《春秋》以前之制。欲考战国时制者，独赖此书之存。[②]《管子》所述制度，间与《周官》相合，然远不如《周官》之详。此其所以可宝，正不必附诸周公也。此书在儒家亦可厕于记之列，而不当以乱经说。

《论语》《孝经》，汉人引用，皆称为传。盖传有专释一经者，如《礼》之《丧服传》，《易》之《系辞传》是也。有通乎群经者，则如《论语》《孝经》等是也。《论语》记孔子及孔门弟子言行，与《史记·孔子世家》相出入，极可信据。崔述撰《考信录》力攻之。[③]近人盛称其善。其实年月日，人地名之不谛，古书类然。以此而疑其不可信，古书将无一可信者矣。崔氏之学，袭用汉学家考据之法，而其宗旨实与宋同。故其所谓考据者，多似是而非。夫古书抵牾矛盾处，苟其深曲隐晦，或为读者所忽。崔氏所考，皆显而易见，岂有讲考据之汉学家，皆不知之之理？然而莫或措意于此者，以此为古书之通例，不待言也。近人自谓能发古人所未发而其所言者，实皆古人所以为不必言，弊正同此。《孝经》在儒家书中，并无精义，然汉时传授甚盛者，以其时社会，犹重宗法而其书又浅近易解故

①经学：《周官》为最古行政法典。

②经学：可考较晚一期制度，此古文说所以可贵。

③经学：崔述攻古书，汉学家以为不足信。

也。如后汉章帝令期门羽林之士，皆通《孝经》，即取其浅近易解。《孟子》为儒家诸子之一，后人特列之于经。其书颇可考见史事。又多足补经义之阙。如《万章上》所言尧、舜、禹禅让事，即《尚书》之大义也。设无此篇，孔门官天下之大义，必不如今日之明白矣。《尔雅》为古代辞典，言训诂名物特详，尤治古史者所必资也。

《孟子》既特列于经，其余儒家诸子，又多入《二戴记》，今仍存于子部者，仅《荀子》耳。此书言礼，多与法家相出入，足考礼家之流变，又多存古制，其要正不下于《孟子》也。《家语》《孔丛子》虽为伪物，然古书无全伪者，除以私意窜人处外，仍多取古籍为资，实足与他书相校勘也。此凡伪书皆然，故伪书仍有其用。《晏子春秋》，昔人或列之墨家，然除外篇不合经术者若干条外，仍皆儒家言，盖齐、鲁学者，各以所闻，附诸晏子。以考晏子之行事未必信，以考儒、墨子学说则真矣。

道家之书，最古者为《老子》。[①]此书上下篇之义，女权皆优于男权。盖女系时代之传，而老子著之竹帛者，在各种古书中，时代可谓最早者矣。女系固非即女权，然女系时代，女权总较男系时代为优，此社会学家之公言也。《礼记·礼运》："孔子曰：我欲观殷道是故之宋，而不足征也，吾得坤乾焉。"《郑注》谓《殷易》首坤。案凡女系社会，多行兄终弟及之制，殷制实然，盖犹未脱女系社会之习。《坤乾易》及《老子》书，皆其时女权昌盛之征也。《老子》一书，观其文辞，亦可知其时代之早。如全书皆三四言韵语，又书中无男女字，只有雌雄、牝牡字是也。梁任公以书中有偏将军、上将军之语，谓为战国时书，然安知此两语非后人所改乎？执偏端而抹杀全局，此近人论学之通病也。《庄子》书已非完帙，[②]《经典释文》云："《汉志》《庄子》

---

①学术：《老子》为极古之书。

②学术：《庄子》非完帙。

五十二篇，即司马彪、孟氏所注本也。言多诡诞，或似《山海经》，或类占梦书，故注者以意去取。其内篇众家并同。自余或有外而无杂。惟郭子玄所注，特会庄生之旨，故为世所贵。”案今郭象注本，仅有三十三篇。盖所删者几三之一矣。以史材言之，实可惜也。其言哲学之义，最为超绝。至论人所以自处之道，则皆社会组织业经崩溃以后之说，可以觇世变矣。《列子》乃晋人伪书，然亦多有古书为据，善用之，固仍有裨史材，而尤可与《庄子》相参证也。《管子》一书，昔人或列之道家，或列之法家，盖从其所重。其实此书所苞甚广，儒、道、名、法、兵、农、纵横家言，无不有焉。辞义既古，涉及制度处尤多，实治古史者之鸿宝也。

《淮南要略》谓墨子学于孔子而不说，故背周道而用夏政。《吕览·当染》谓鲁惠公请郊庙之礼于天子，天子使史角往，其后在鲁，墨子学焉。古清庙明堂合一，实为庶政所自出。墨子所称虽未必尽为夏制，然其道必有原于夏者。儒家所称多周制，周以前制，实藉墨家而有传，诚治古史者所宜措心矣。又墨子初学于孔子，故后虽背之，而其言仍有与儒家相出入者。《亲士》《修身》《所染》三篇，人所易见。此外多引《诗》《书》之辞亦足与经传相校勘，或补其阙佚也。

名与墨并称，亦与法并称。今《墨子》书中，《经上下》《经说上下》《大小取》六篇，实为名家言。盖古哲学之传，墨子得之史角者。古哲学、宗教恒相合，明堂为古宗教之府，固宜有此幽深玄远之言。其引而致诸实用，则控名责实，以御众事，乃法家所取资也。名家之书，今存者惟一《公孙龙子》。此书《汉志》不载，而《隋志》有之。或疑其晚出近伪，然其说似有所本。名家玄远之论，仅存于《荀子·不苟》《庄子·天下》《列子·仲尼》三篇中，读之亦可考古代纯理哲学焉。近人多好以先秦诸子与希腊哲学相比附，以偏端论，固亦有相会处。以全体论，则非其伦。章炳麟谓诸子皆重实用，非言空理，其说是也。惟名家之言，如此三篇所述者，不甚与人事相涉。

法家宗旨有二：一曰法，二曰术。法以治民，术以治骄奢淫佚之贵族。其说具见于《韩非》之《定法篇》。可见晚周时政治情形。法家之意主于富国强兵，故独重农战；其时剥削农民者为商人，故多崇本抑末之论，又可见其时生计情形也。其书存者，有《韩非子》及《商君书》。《韩非》多言理，《商君》多言事。《管子》书中，所存名法之论，多穷源竟委之言，尤足见原本道德之意。

纵横家之书，传于今者有《鬼谷子》。辞义浅薄，决为伪物。《战国策》却系纵横家言，此书所述行事，意皆主于表章说术，大事或粗存轮廓，小事则全非实在，甚或竟系寓言，列之史部则缪矣。

阴阳家、农家、小说家之言，今皆无存者，仅散见他家书中。杂家存者，惟一《吕览》。此书中所存故事及古说甚多，亦为史家鸿宝。

《汉志》分兵书为权谋、形势、阴阳、技巧四家。其书之最盛行者为《孙子》。多权谋家言，间涉形势，而于阴阳、技巧阙焉。盖权谋之道，通乎古今；形势亦有相类者；阴阳多涉迷信，寡裨实用；技巧非器不传，亦且随时而异，故皆无传于后也。《墨子》书《备城门》以下诸篇，多技巧家言，亦间涉阴阳，然殊不易解。《吴子》《司马法》，皆篇卷寥寥，罕存精义。然其辞不似伪为，又多见他书征引。盖古人辑佚之法，与后世异。[1]后人辑佚，必著出处，任其辞意不完，散无友纪，逐条排列。古人则必随义类聚，以意联缀，又不著其所自来，遂成此似真非真，似伪非伪之作，致启后人之疑也。《六韬》一书，后人以其题齐太公而诋其伪，此亦犹言医者托之黄帝，言药者寓之神农耳。其书多言制度，且多存古义，必非可以伪作也。

---

①经籍：古人辑佚之法与后世不同。

数术之书，今亦无一存者。《汉志》形法家之《山海经》，非今之《山海经》也，说见下。方技之书，存者有《素问》《灵枢》，皇甫谧谓即《汉志》之《黄帝内经》，信否难决，要为古医经家言。《神农本草》，淆乱已甚，真面目殆不可见。清代辑本，以孙星衍《问经堂丛书》本为最善，然所存亦仅矣。医药非专家不能解，就其可知者观之，可略见古代自然科学之情况。又医经所论，多涉阴阳五行，又多方士怪说；本草亦有轻身延年等语；又可略见古代宗教、哲学及神仙家言之面目也。

诗赋之属，诗即存五经中，赋则《汉志》所著录者，今存屈原、荀卿二家。屈原赋即《楚辞》，多传古事，且皆系神话，与邹鲁之传，仅言人事，虽若可信，而实失古说之真者不同，尤为可宝。荀子赋即存其书中，亦有可考古事处。

以上皆先秦之书。汉人所述，辞义古者，实亦与先秦之书，不相上下。[①]盖古人大都不自著书，有所称述，率本前人，故书虽成于汉世，说实本于先秦；又先秦人书，率至汉世，始著竹帛，其辞亦未必非汉人所为，或有所润饰也。汉世诸子，辞义俱古者，首推《贾子》及《淮南王书》。伏生之《尚书大传》，董生之《春秋繁露》，虽隶经部，亦可作儒家诸子读。韩傅之《诗外传》，则本系推广诗人之意，非规规于说《诗》。其书多引古事，与各种古书相出入，足资参证。刘向之《新序》《说苑》《列女传》，专于称述行事，取资处更多矣。

古书之稍近于史者，当首推《周书》。[②]此书盖即《汉志·六艺

---

①经籍：先人之说，或后世乃著竹帛；后出之书，或述先人说，故成书时代难定学术年代蚤晚。

②经学：《周书》一部乃古书，为兵家所存录。

略》书家所著录。综全体观之，实为兵家言，然其中确有若干篇，体制同符《尚书》。盖古右史之遗，为兵家所存录者也。后世或称为《逸周书》，盖以非儒家所传云然，义亦可通。或称《汲冢周书》，则非其实矣。次之者为《国语》。此书与《左氏》极相似，故自古有《外传》之称。清儒信今文者，谓《左氏》即据此书编成，虽未敢遽断，然二书确为同类，则无可疑也。二书之意，皆主记当时士大夫之言行。盖由记言而推及记行，由嘉言懿行而推及于莠言乱行，实仍右史之遗规也。次则《吴越春秋》及《越绝书》。二书虽出汉代，其说实传之自古。古书之传于后者，北方多，南方少。此二书为楚、吴、越三国之传，尤可宝矣。《华阳国志》，其书尤晚，然其言古蜀事，亦二书之伦也。①尤可贵者为《山海经》。②《汉志·数术略》，虽有是书之名，然非今书。《汉志》所著录，盖所谓"大举九州之势，以立城郭官舍"者，乃司空度地居民之法。此书则方士之遗。其言某地有某神，及其祠祀之礼，盖古列国之巫，各有所主；其言域外地理，则方士求仙采药者之所为也。古各地方各有其传说，盖多存于地理书中。古地理书巨籍亦甚多，今皆亡佚。其仅存者，当以郦道元《水经注》所裒录为最富矣。又古代神话，多存纬书中，然其物既与谶相杂，真伪极不易辨，用之尤宜谨慎也。古所谓谶即今所谓豫言也。纬为对经之称。孔子所据以立教之书称经，其说则存于传，本无所谓纬也。西汉之末，古学既兴，欲排摈今文旧传，乃谓孔子作六经，别有所谓纬者，阴书于策，与经相辅，于是刺取经说以造之，而即以所造之谶，间厕其中。其造谶也，实欲为新室作符命故又取古帝王之行事，以相附

---

①史学：偏方之传，惟《吴越春秋》《越绝书》《华阳国志》，然则古方志—图经—中当多可宝史料，今仅郦道元。

②经籍：《山海经》，方士之书。

会。其物虽妖妄不经，然其中实有经说及古史存焉，弃之可惜。然其物既经造作者私意改窜，非复原文。又其原既开，其流难塞，继此而造者，遂不绝于世。其时代弥近，则其说亦逾远于古矣。故其用之须极谨慎也。

自立条理，编纂古史者，当首推《世本》。此书久佚，观诸家所称引：则有本纪，有世家，有传，又有居篇，作篇，居篇记帝王都邑，作篇记占验、饮食、礼乐、兵农、车服、图书、器用、艺术之原，即后世所谓典志。盖《史记》八书所本。其体例，实为《太史公书》所沿袭。故洪饴孙撰《史表》，冠诸正史之首也。《太史公书》：《汉志》著录之名如是。此为此书之专名。史记二字犹今言历史，乃一类书之公名，非一书之私名也。以此书在史记中为首出，遂冒全类之总名耳。本纪，世家，世表，年表，盖合《春秋》系世而成，间亦采及《尚书》。如《五帝本纪》述尧、舜事，皆据《尚书》；其述黄帝、颛顼、帝喾之事，则据《大戴记·五帝德》。《五帝德》亦《尚书》之类也。其列传则纯出于语，[①]故在他篇中提及，仍称为语也。如《秦本纪》述商君说孝公，曰“其事在《商君语》中”。《礼书》述晁错事，曰“事在《爰盎语》中”皆是。稍后于太史公而述古史者，亦不乏人。如周长生有《洞历》，见《论衡·超奇篇》。韦昭有《洞纪》，见《三国志》本传。其通行最广，诸家称引最多，虽已亡佚，仍时可见其遗文者，以皇甫谧《帝王世纪》为最，谯周《古史考》次之。《帝王世纪》，搜辑颇博。《古史考》则因不满于《太史公书》而作。然《太史公书》，谨守古人“信以传信，疑以传疑”之法。见《穀梁》桓公五年。存录古书，不加窜易，多足见古事之真。看似疏漏，实可信据。谯氏、皇甫氏意存考证，而其考证之法实未精。其说未必可据，而古说之为其所乱者转多矣。

晚出无征，而颇为后人所信者，有两书焉：一曰《竹书纪年》，此书

---

① 史籍：太史公传出于语，余采《春秋》系世间及《书》。

传出汲冢。世所通行之本，为明人所造，已无可疑。然所谓古本，经后人辑出者，实亦伪物。盖汲冢书实无传于后也。参看第四章。《穆天子传》，本名《周王游行》，见王隐所撰《晋书》。书中所述穆王经行之路，皆在葱岭以西，必西域既通后伪作，更了无疑义也。参看第八章第八节。

后世学者，专精古史者，亦非无人。赵宋之世尤甚。其书之传于后者，亦尚有数家，而以罗泌之《路史》为最有用。刘恕《通鉴外纪》次之。盖古史本多荒诞，惟此乃足见古史之真，而后世之纂辑者，多以为不足信而删之，则买椟还珠矣。惟泌之书，广行搜采。故其体例虽或可议，其材料实极有用。且此书论断，亦多有识，非空疏迂腐者比也。清马骕之《绎史》，网罗颇备，体例亦精，最为后人所称道，然删怪说亦嫌太多。又引书不著篇卷，引佚书不著所出，亦美犹有憾者也。马书用纪事本末体，专存录元文。又有李锴《尚史》，用正史体，以己意撰为纪传，则又不如马书之善。

古代史料，传于后者，当分官私二种。官家之书，又可分为四：《礼记·玉藻》曰："动则左史书之，言则右史书之。"《郑注》曰："其书，《春秋》《尚书》其存者。"《汉书·艺文志》亦云。《汉志》云："左史记言，右史记事"，误。见《玉藻疏》。其说当有所本。《周官》小史，奠系世，今《大戴记》之《帝系姓》盖其物。《吕览》云："夏之亡也，太史终古抱其图法以奔商；商之亡也，太史向挚抱其图法以奔周。"①《先识览》。荀子亦云："三代虽亡，治法犹存官人百吏之所以取禄秩。"《荣辱》。此古之所谓礼，即后世之所谓典志也。其私家著述，则概称为语。有述远古之事，杂以荒唐之言者，如太史公谓百家言黄帝，其文不雅驯，《五帝本纪》。而百家之书，通称为百家语是也。有记国家大事者，如孔子告宾牟贾，述商、周之际，谓之《牧野

①史籍：古官分左、右，小史，图法，私曰语。

之语》是也。《礼记·乐记》。案《管子》之《大中小匡篇》，亦当属此类。有记名人言行者，则《国语》《论语》是。国者对野之辞。论同伦，类也，犹言孔子若孔门弟子之言行，以类纂辑者耳。《尚书》所录，皆当时大事。《春秋》所记尤详。小史所奠，虽若为一姓作谱牒，然当时之强族，因兹而略可考见；即其年代，亦因其传世之远近而略有可推焉。至于典礼一门，则上关国故朝章，下及民生日用，其所涉尤广矣。然系世既多残脱。舜禅于禹，其年辈当在禹之前。然舜为黄帝八世孙，禹为黄帝之孙，则无此理。孔广森《大戴礼记补注》，谓古书所谓某某生某某者，率非父子，盖其世系实多阙夺也。典礼所存亦仅。又古者礼不下庶人，所述皆士以上制，民间情形，可考者甚少。《春秋》体例，盖沿自古初，故其辞既简略，又多杂日食灾变等无关政俗之事。《尚书》亦当时官话耳。据此而欲知其时社会之真，盖亦难矣。

民间传说，自非史官载笔，拘于成例者比。然传述信否，亦视其人之知识程度以为衡。咸丘蒙谓“舜南面而立，尧帅诸侯北面而朝之，瞽叟亦北面而朝之，舜见瞽叟，其容有蹙”，孟子斥为齐东野人言。《万章上》。然颜率谓齐王“周伐殷得九鼎，一鼎而九万人挽之，九九八十一万人”，《战国·东周策》。此固当时所谓君子之言也，与齐东野人亦何以异？此等离奇之说，今世亦非无之，苟与野老纵谈，便可知其情况。惟在今日，则真为齐东野人之言，在古代，则所谓君子之言者，实亦如是耳。其知识程度如此，其所传尚可信乎？夷考古人治史，用意不越两端：一如《诗》所谓殷鉴不远，在夏后之世者。《大雅荡》。推而广之，则《汉志》论道家，所谓“历记古今成败存亡祸福之道，然后知秉要执本”者也。一如《易》所谓“多识前言往行，以畜其德”者，《大畜·象辞》。孟子所以欲尚论古人也。《告子下》。此可谓之政治学，谓之哲学耳，皆不可谓之史学也。职是故，古人于史事信否，绝不重视。遂流为“轻事重言”之弊。见《史通·疑古篇》。此义于读古史最要，必须常目在之。不但时地人名，绝不审谛，甚或杂以寓言。如《庄子·盗跖篇》是。又其传授皆资口耳，既无形迹可凭，遂致淆讹无定。兴会所寄，任情增饰；阙误之处，以意弥缝。其传愈久，其讹愈甚。信有如今人所言，由层累造成者。然观其反面，则亦知其事迹之真者之逐渐剥落也。①此读古书单辞只义之所以要。因有等事，传之未久业已不能举其详，然犹能言其概也。“信以传信，疑以传疑”，诚不失为矜慎。然史事之传讹者实因此不能订正。间有加以考辨，如《孟子·万章上》所论，《吕览·察传篇》之所言，亦皆以意言之耳，不知注意事实也。而其不加考辨，甚或以意饰说者，更无论矣。古代之史材如此，治之之法，又安可不讲哉？

古人既无记事之作，则凡读古书，皆当因其议论，以億度其所据之事势。至其所述之事，则当通考古书增减讹变之例，以求其本来。此非一言可尽，亦非仓卒可明。要在读古书多，从事于考索者久，乃能善用之而寡过也。辨古书真伪，古事信否之法，梁任公《中国史学研究法》《史料搜集》一章，言之颇详，可资参考。惟其书为求初学了解起见，言之过于确凿。一似有定法可循，执此若干条，便可驾驭一切者，则不免俗所谓“说杀”之弊耳。大抵所谓辨伪者，伪字之界说，先须确定，而今人多不能然。其所谓伪者，忽而指其书非古物，忽而泥于用作标题之人，谓其语非其人之所能出，遂概断为伪物。如胡适《中国哲学史大纲》上卷，摘《管子·小称篇》记管仲之死，又言及毛嫱、西施，而指为伪作之类。其实由前之说，古书之伪者并不多。以伪书仍各有其用也。如前所述，《鬼谷子》全为伪书，无用。《列子》《孔子家语》，则仍各有其用。由后之说，则

①史学：言层累造成当兼知逐渐剥落。

古本有一家之学，而无一人之言，凡书皆荟萃众说而成，而取一著名之人以为标题耳；而辗转流传，又不免有异家之书羼入。此古书之所以多错乱。然编次之错乱是一事，书之真伪又是一事，二者固不容相混也。

据实物为史料，今人必谓其较书籍为可信。其实亦不尽然。盖在财产私有之世，事无不为稻粱之谋。而轻脱自憙，有意作伪，以为游戏者，亦非无之。今之所谓古物，伪者恐亦不啻居半也。即如殷墟甲骨，出土不过数十年，然其真伪已屡腾人口。[①]迨民国十七年（1928），中央研究院派员访察，则作伪者确有主名；而市肆所流行，真者且几于绝迹。见《安阳发掘报告书》第一期《民国十七年十月试掘安阳小屯报告书》，《田野考古报告》第一期《安阳侯家庄出土之甲骨文字》。晚近众目昭彰之事如此，况于年久而事暗昧者乎？古物真伪，若能据科学辨析，自最可信。然其事殊不易如殷墟甲骨，其刻文虽伪，而其所用甲骨则真。无已，惟有取其发见流传，确实有据者。次则物巨功艰，为牟利者所不肯为，游戏者所不愿为者。又次则古物不直钱之地，较之直钱之地为可信；不直钱之世，与直钱之世较亦然。过此以往，则惟有各抒所见，以俟公评而已。[②]至今世所谓发掘，自无作伪之弊，然其事甫在萌芽，所获大少。亦且发掘之物，陈列以供众览者少，报告率出一二人，亦又未可专恃。藉资参证则可，奉为定论，则见弹而求鸮炙，见卵而求时夜矣。

①古物：甲骨文之伪。

②古物：辨别真伪之法。

第三章　民族原始

中国民族缘起，昔时无言及者。此不足怪也。民族缘起，必在有史之前。十口相传，厥惟神话。此本非信史。亦且久而亡佚。世界民族，有能自言其缘起者，率由邻族为之记述，吾国开化最早，则又无之。亦且昔时之人，暗于域外地理。既即以国为天下，复安知族自何来？其以为振古如斯，亦其势耳。自瀛海大通，国人始知世界之大，吾国不过居其若干分之一；而近世诸民族，其初所依止者，亦多非今所栖息之乡；而目光乃一变矣。

凡一大民族，必合诸小民族而成。后来所同化者虽多，而其初则必以一族为之主。同化之后，血统实已淆杂，而此一族之名，与其文化之骨干，则巍然独存。此不易之理也。为吾国民族之主者谁乎？必曰汉族。

汉族之名，起于刘邦称帝之后。昔时民族国家，混而为一，人因以一朝之号，为我全族之名。自兹以还，虽朝号屡更，而族名无改。如唐有“汉、蕃”之称，近世亦有汉、满、蒙、回、藏五族共和之说是也。近之论者，或谓汉为朝号，不宜用为民族之称。吾族正名，当云华夏。然夏为朝号，与汉无殊。华族二字，旧无此辞；[①]日人用之，义同贵胄。中国今日称名，往往借资东土，设使用此二字，两义并行，亦有混淆之虞。又似合中华全国之民，而称为一族者，则对满、蒙、回、藏诸族，又将无以为称。夫称名不能屡更，涵义则随时而变。通行之语，靡不皆然。若执一辞之初诂訾今义为不安，则矢口陈辞，悉将触禁，固哉之诮，在所难辞矣。

研究吾族缘起者，始于欧洲之教士，而东西各国之学者继之。其说，略见蒋智由《中国人种考》、刊清末之《新民丛报》中，后上海亦有单行本。何炳松《中华民族起源新神话》中。见《东方杂志》二十六卷二期。多无确据，且有离奇不可思议者。国人罕读外籍，初亦不之省也。清末，译事渐起。时则有日人白河次郎、国府种德者，著《支那文明史》。东新译社译行之。易名《中国文明发达史》。说主法人拉克伯里（Terrien de Lacouperie）。谓中国民族，来自巴比仑。以两族古代文化，曲相附会，绝不足信。国人以其新奇可喜也，颇有称述之者。又或以其说为蓝本，而自创新说，其引据杂乱，虽少愈于外人，实亦一邱之貉耳。[②]如丁谦《穆天子传地理考证》，以西王母为华夏宗国，谓在小亚西亚。章炳麟《检论·序种姓》，谓西史之巴克特利亚（Bactria），《史记》称为大夏，而《吕览·古乐》，谓黄帝命伶伦作律，伶伦取竹于大夏之西，其地实为汉族故国等是。甚有以《列子·黄帝》华胥之国相附会者。予昔亦主汉族西来之说。所举证据：为《周官》春官大宗伯典瑞《郑注》，谓地祇有神州之神，与昆仑之神之别。入神州后仍祀昆仑，可见昆仑实为汉族故国。昆仑所在，则初信《史记·大宛列传》“天子案古图书，河源出于昆仑”之说，谓汉代去古未远，武帝所案，必非无据，昆仑必今于阗河源之山。既又疑重源之说，于古无征，谓《禹

---

①民族：汉族之名，无不合理。

②民族：予误信西来说。

贡》黑水，即今长江上源，故此水古名泸水，黑水西河惟雍州者，雍州西南界，抵今青海木鲁乌苏。华阳黑水惟梁州者，梁州西界，抵今西康金沙江也。然则古之昆仑，必即今黄河上源之山矣。自谓所据，皆为雅言。由今思之，河出昆仑墟，盖古代谬悠之说。实与阆风、县圃等，同为想象之辞，未容凿求所在。即黑水亦然。作《禹贡》者，于西南地理，初不审谛，根据传说，率尔书之耳。《郑注》据《疏》本于《括地象》。纬候之作，伪起哀、平，则正西域既通后之所造也。夫民族缘起，必远在有史之前，而诸说皆以故书为据，且多不可信据之书，其无足采，不俟言矣。今故不更广征，以免繁冗。

民国以来，发掘之业稍盛。乃有据考古之学，以言吾族缘起者。发掘所得，以河北房山县周口店之遗迹为最古。其事实始于民国纪元前九年。先是有德医家哈白勒（Dr. K. A. Haberer）者，尝在北平买得龙骨，以寄其国明星大学教授舒罗塞（Prof. Max Schlosser）。是年，舒氏于其中得一臼齿，谓为人类或类人猿之遗。因谓人类元始，或可于中国求之。以其物得自药肆，来历不明，人不之重也。入民国来，农商部地质调查所兼考古生物。十二（1923）、十三年（1924）间，师丹师基（Dr. O. Zdansky）在周口店得化石。以寄瑞典阿不萨拉大学教授韦满（Prof. C.Wiman）。十五年（1926），又得前臼齿、臼齿各一。研究之后，断其出于人类。是年，瑞典太子来游北平，世界考古学会会长也。北平学术团体，开会欢迎。安特生（Dr. J. G. Andersson）即席宣布其事，名之为北京齿（Peking tooth），而名生是齿者为北京人（Peking man）。十六年，步林（Dr. B. B. Bohlin）又得下臼齿一。步达生（Dr. Davidson Black）协和医学院解剖学教授。亦断为人齿，而名生是齿者曰北京种中国猿人（Sinan-thropus pekinensis）。案叶为耽名之曰震旦人。见所著《震旦人与周口店文化》。商务印书馆本。后又续得牙床、头骨等。事遂明白无疑，为科学家所共信矣。案人类遗骨之最古者，当推爪哇猿人（Pithecanthropus erectus）。西元千八百九十一二年间，发见于爪哇之突林尼（Trinil）。次则皮尔当之曙人（Eoanthropus Dawsoni）。北京人之形体，据科学家说，当在猿人之后，曙人之前，距今约四十万年，自不能谓与中国人有关系。然真人（Homo sapiens）之出现，约在距今二万五千年前。其时有所谓克罗麦囊人（Cro Magnon race）者似系白种之祖。格林马底人（Grimaldi race）者，似系黑种之祖。而黄种之祖，则无所见。林惠祥云：有史时代，黄种率在亚洲之东。自新疆以西，即为白人。然则有史之先，非有极大迁徙，黄种即当生于东方。人类学家有所谓“文化区域（cultural area）”者，谓文化传播，苟不受阻阂，向四方之发展必均；而其缘起之地，则在其中点。文化与种族相连，亦可借以论种族。新疆为黄种西界，而美洲土人，亦为黄种，则其东界实在美洲。黄种发祥，当在二者之中，即亚洲东境。见所撰《中国民族史》第三章。此说颇有见地。北京人之发见，虽与中国民族无涉，仍可资以讨论黄种之缘起矣。然人种缘起是一事，民族缘起又是一事，要与中国民族无关也。

美国人类学家，或谓：一百万年前，北极一带，气候甚暖，哺乳动物，皆原于是。其后气候稍变，动物南迁。时则中亚地尚低平，为半热带林木所覆蔽。猿类仍依榛莽，人类渐入平地。人、猿之分，实由于此。夫动物既由北而南，则原人亦或初居于北。北说陆懋德主之，见所撰《文化史》，载《学衡杂志》第四十一期。因之，迩来美国探险队，屡游蒙古，探索甚殷。得大动物遗骸甚多。亦有各时代及极古器物。然人类遗骸，卒无所得，则证据究尚不足。抑即有所得，亦为荒古之事，以论人类缘起则可，以论中国民族原起，仍渺不相涉也。

近岁发掘之业，使中国民族原起，更生新说者，莫如民国十年（1921）辽宁锦西沙锅屯，河南渑池仰韶村；十二（1923）、十三年（1924）甘肃临夏、旧导河县。宁定、民勤，旧镇番县。青海贵德，及青海沿岸之役。皆地质调查所所掘。此诸地方，皆得有采色陶器。与俄属土耳其斯单及欧俄、意、希、东欧诸国相似。与安诺（Anau）、在俄属土耳其斯单阿思嘉巴（Askabad）附近。苏萨（Susa）波斯旧都。在西南境，近海。两处尤酷似。安特生因谓中国民族，实自中亚经南北两山间而抵皋兰。见所著《甘肃考古记》，及《地质丛报》中《中华远古之文化》。曾友松《中国原始社会探究》主之。谓邃古中亚，温暖宜人。后直冰期，为所掩抑，民乃迁移。西南行者，经小亚细亚入非洲。东北行者，入外蒙古、西伯利亚、美洲，南行者入印度、南洋群岛。东南行者入中国以及日本。冰期既逝，气候稍复。远出者或复归，或遂散播。时当旧石器之高期。久之，还归者复四出。或适北欧，或由里海至两河间，阿母、锡尔。或至非洲，或走蒙古、西伯利亚。其居巴勒哈什湖、伊犁河畔者，则中国民族也。其时西北山岭，草木畅茂，禽兽繁殖，人以田猎为业。追入塔里木河流域而知渔。时当新石器初期。及其中期，则入甘、青、宁夏。至末期，乃向绥远、陕西，东至山西、河南，西南至西康。此时渐事农牧，其文化中心在甘肃。及石、铜兼用之世，则进入湖北、安徽、山东，而其文化中心在河南。故甘、青遗址，为新石器、紫铜器两期，仰韶村、沙锅屯略同，而河南安阳小屯村之殷墟，则在青铜器之世也。《甘肃考古记》，综诸遗址，分为六期，见下章。是说也，论者称为新西来说。见林惠祥《中国民族史》。缪凤林、金兆梓驳之。谓安特生以仰韶采陶与欧洲及土耳其相似，而疑其同出一原，尝以其说质施米特（H.Schmidt），德国考古学家，尝在安诺研究者。施米特不以为然。斯坦因（Sir Aurel Stein）考古新疆，得汉、唐遗物甚多，先秦物则一无所有。采陶之术，起于巴比伦，事在西元前三千五百年。其传至小亚西亚，在西元前二千五百年至二千年。传至希腊，则在二千年至一千年间。阅时皆在千年以上。河南、甘肃，初期皆无铜器，度其时必早于西元前二千五百年，何以传播反速？且安诺、苏萨，皆有铜器，范金之术，何不与制陶之技并传乎？夫文化果自西来，则必愈东而愈薄。甘肃陶器，安特生固谓其采色、图案，皆胜河南，然又谓陶质之薄而坚，及其设色琢磨，皆在河南之下，因此不敢坚执二者之相同，则谓其来自西方，似无确据。吴金鼎《高井台子三种陶器概论》，谓甘、青陶器，实与河南、山西不同，载《田野考古报告》第一册。又中国文化，苟与西方关系甚深，则种族之间，亦必有关系，何以仰韶村、沙锅屯人骨，步达生又谓与今华北人相同乎？缪氏文曰《中国民族由来论》，见《史学杂志》二卷二、三、四期。金氏文曰《中国人种及文化由来》，见《东方杂志》二十六卷二期。步达生之说，见所著《奉天沙锅屯河南仰韶村古代人骨与近代华北人骨之比较》。然则新西来说，似亦未足据也。

近数年来，又有主张中国民族，起自东南者。其原，由于江、浙、山东古物之发见。民国十九年（1930），南京古物保存所在栖霞山西北甘夏镇，发掘六朝陵墓。卫聚贤主其事。得新石器时代石器数事。是年，山东古迹研究会发掘历城城子崖；二十二年（1933），又与中央研究院合掘滕县安上村；皆得有黑色陶器。其甲骨则类殷墟。二十四、五（1935、1936）两年，江苏武进之奄城，金山之戚家墩，吴县之磨盘山、黄壁山，浙江杭县之古荡、良渚，吴兴之钱山漾，嘉兴之双桥，平湖之乍浦，海盐之澉浦，屡得新石器时代之石器及陶器。杭县有黑陶，与山东所得绝相类。于是东南与西北之文化，得一沟通之迹。南京、江、浙陶器，文理皆为几何形，山东邹县及二十六年（1937）福建武平所发现者亦然，与河域陶器，为条文、席文者，迥不相同，而与香港北平地质调查所所陈列。及辽宁金县貔子窝民国十六年（1927），日本滨田耕作所发掘。所得，转若相类。台湾番族陶器文理，虽与此殊科，服饰犹极相似。西南苗族，制器之技殊拙，其制几何形图案则工。滨田耕作云：

山东、辽宁，皆有有孔石斧。陕西亦有之。朝鲜、日本及太平洋沿岸，则有有孔石厨刀。大洋洲木器所刻动物形，或与中国铜器相类。北美阿拉斯加土器，亦有似中国者。见所著《东亚文化之黎明》。汪馥泉译，黎明书局出版。松本广信谓印度支那及日本远州、武圆，皆有有肩石斧，古代铜鼓，或绘其形。见《人类学杂志》。又太平洋沿岸及南洋群岛，皆有有沟石斧，而二十年（1931）林惠祥在厦门，二十六年（1937）梁惠溥在武平拾得石锛，背亦有沟。见陈志良《福建武平石器》。则古代文化，与东南洋之关系，殊为深切。中央研究院自十七年（1928）以后，迭在河南发掘。濬县之辛村，巩县之塌坡，皆获有黑陶。安阳侯家庄，浴县大赉店，则黑陶采陶并有。而其时代，黑陶在后，采陶在先，可见东西两文化交会之迹。卫聚贤云：河域陶器，皆为条文、席文，惟殷墟兼有几何文。江、浙石器时代，有戈、矛，有钺，南洋土人亦有钺。河域皆无之，殷墟独有。见所著《殷人自江浙徙河南》。予案《诗·商颂·长发》云："武王载旆，有虔秉钺。"即《史记·殷本纪》"汤自把钺，以伐昆吾"所本也。可见殷人用钺甚旧。又云：今世所谓采陶者，以红色为地，饰以黑文，即《韩非子·十过篇》所谓"禹之祭器，朱染其内，黑画其外"者。甘肃所出，地为浅红色。间有深红，则类于紫。所画黑色既浅，笔画亦粗。仰韶村及山西夏县西阴村十五年（1926）清华大学研究院所发掘。所出，则红色分深浅两种，较甘肃为鲜明。所画黑色较深，笔画亦细。又有画白色者，为甘肃所无。《史记·五帝本纪》言舜陶河滨，《左氏》襄公二十五年，谓虞阏父为周陶正，则虞人善陶。虞即吴，殷人起于东南，盖亦善陶。河南、山西陶器，盖参以殷人之技，故其制益精。见所著《中国古文化自东南传播于黄河流域》及《浙江石器年代讨论》，皆载《吴越文化论丛》中。罗香林云：日本畿内、北陆、山阴、山阳、四国、九州，皆有铜铎，安艺则与铜剑并出。此物中国古代亦有之，《淮南子·缪称》谓“吴铎以声自破”，《盐铁论·利议》谓“吴铎以舌自破”是也。晋愍帝建兴四年（316），晋陵今武进尝得之。见所著《古代越族文化》。予案此物传入河域，盖即木铎之祖。[①]河域少金，乃改用木。东南用青铜器，早于河域，见下章。卫聚贤云：河域无锡，江苏之无锡县，旧说谓周、秦间产锡，古语云：有锡争，无锡平，汉乃以无锡名县。古南方所用锡，盖在于是。见所著《殷人自江浙徙河南》。亦见《吴越文化论丛》。予案卫说是也。无盖语辞，谓无锡平有锡争，则后人附会之语。良渚陶器之形，或为商、周铜器之祖。金祖同谓古器之回文，实自水浪而渐变，见所著《金山访古记》。秀州学会景印本。水浪文固当起于缘海之地。今河南发掘，既多贝类，有以为饰者。有以为币者。其大者或以为饮食器。又有水牛遗骸；又甲骨文中，已有米麦字；见《安阳发掘报告》第四期。皆足征其原起东南。滨田耕作云：甘、青、仰韶村、沙锅屯采陶，所绘皆动物形；所用颜色，同于中西亚。貔子窝亦有采陶，所绘皆几何形，颜色较劣，易剥落。此采陶亦石器时代物，可上推至西元前数千年。陈志良在南京，曾得一采色陶球。卫聚贤在镇江大谷山，亦曾得采色陶片。询诸土人，谓类此者尚多。见卫聚贤《江苏古文化时期新估定》。附刊《杭州古荡新石器时代遗址试探报告》后。吴越史地研究会本。则东南亦有采陶，不待西方之传播，安特生之论，自未可偏据也。

谓西方文化，曾传播于东方，亦非无征不信之论。然其时代，则有可商榷者。当西元前数世纪至后一世纪之间，有所谓斯西亚文化者。其原出于斯西亚民族（Sytuirn）。地在黑海北之草原，东暨叶尼塞河上流。亦或称斯西亚西伯利亚文化。属于青铜器时期。今绥远一带，有其遗迹。故又或称为斯西亚蒙古文化焉。其前乎此者，则为新石器时代，甘、青采陶，

①民族：南金铎传入北方为木铎。用金南传于北。

与之相似者也。商、周铜器，文理或原于动物形，如螭龙饕餮之类。或谓实本于斯西亚。然此等文化，盛行于西伯利亚，其年代尚后于周，而我国铜器之饰，殷时业已盛行矣。况斯西亚所绘皆大动物，其形生动猛鸷，我国古铜器，则殊不然乎？李济《殷商陶器初论》。朔垂文化，现经中外人士，累加勘察，大体已可概见。自长城以北，可分打制石器、细石器、磨制石器三种。打制石器，西至新疆，东至东三省，遗迹环绕沙漠。细石器限于兴安岭以西。其时代遗物，或类西伯利亚及北欧，亦有类西南亚及中欧者。此两种石器，皆猎牧民族所为。惟磨制石器，出于河域之农耕民族。多与有孔石斧及类鬲之土器并存，与山东龙口所得者极相似，可以知其所由来。打制石器，多在西辽河、松花江以北。辽河下流及老哈河流域，则打制、磨制，二者并存。磨制石器，北抵黑龙江之昂昂溪，东至朝鲜北境。可见此三种文化之分野。西南亚之文化，尝西至甘、青，东至绥远，自系事实，然其时代，必不能早于东南方，亦非中国文化之骨干也。民国十七年（1928），洛阳东北金村，因大水发见古墓，其钟之文理，近于安徽寿县之铜器。铜器则错以金银，并嵌以水银像。其像颧骨甚高，日本原田淑人、梅原末治，皆断为胡人。此亦一东西文化交会之迹也。其墓，论者谓属战国时，未知信否。即如所言，自考古学言之，为时亦已晚矣。滨田耕作云：鬲为中国所独有，盖鼎之所自出。辽东甚多，仰韶亦有，甘、青前三期无之，第四期乃有，至第五期则多矣。此可见东方文化，传播于西方之迹，并可略考其时代也。

中国文化，原于东南湿热之区，江海之会，书史所载，可为证据者本甚多。如食之主子鱼与植物也；衣之用麻丝，且其制宽博也；人所聚处曰州；其宫室则以上栋下宇，革陶复陶穴之风也；币之多用贝也；宗教之敬畏龙蛇也皆是。西洋文化，始于埃及，继以巴比仑，更继以波斯，又继以叙利亚，希腊，迦太基，盖事同一律矣。然泛言东南，则将与马来人混，是亦不可无辨也。马来即古越人，亦为吾族分支之一，然与汉族自有区别。有史以来，北族辫发，南族断发，中原冠带，其俗执之甚固，度非一朝一夕之故，一也。黥额文身，本系一事。五刑之黥，盖起于以异族为奴隶，其后则本族之有罪者，亦以为奴隶，而侪诸异族，乃亦黥其额以为识。以此为异族之识，则吾族本无此俗可知，二也。马来之俗，最重铜鼓，吾族则无此物，三也。殷墟有柱础人，文身，见《安阳发掘报告》第二期。此可谓殷人起自东南，效越人瑑刻之技以为饰耳，不可谓殷人有文身之俗也。梁任公谓今福建人骨骼肤色，皆与诸夏异；见所撰《历史上中国民族之研究》。林惠祥谓闽人体质，颇类马来；见《中国民族史》第六章。则后世自不能无混合，此且恐不止闽人。然在古代自各异，清野谦次谓貔子窝人骨，类今华北人，与仰韶村、沙锅屯亦极相似。可见汉族自为一支，东西两种文化，并为其所吸受也。

《尔雅·释言》曰："齐，中也。"《释地》曰："自齐州以南戴日为丹穴，北戴斗极为空同，东至日所出为太平，西至日所入为大蒙。"可见吾国古代，自称其地为齐州。济水盖亦以此得名。《汉书·郊祀志》曰："三代之居，皆在河、洛之间，故嵩高为中岳，而四岳各如其方。"以嵩高为中，乃吾族西迁后事，其初实以泰岱为中。故《释地》又云："中有岱岳。"《礼运》谓"因名山以升中于天"，此古封禅告成功者之所以必于是也。齐州即后世齐国之地，于《禹贡》为青州。在九州中偏于东北。然《尧典》又有"肇十有二州"之说，则北有幽，西北有并，东北有营；古代西南封，必不如《禹贡》之恢廓，其地固略居封域之中矣。李济谓城子崖之黑陶，实起自缘海。《城子崖发掘报告序》。何天行谓城子崖及杭县黑陶，皆不及日照所出。见所著《杭县良渚镇石器与黑陶》，《吴越史地研究会丛书》本。施昕更亦谓杭县黑陶传自山东，时代较后。见所著《杭县第二区遗址文化试掘简录》，在《吴越文化论丛》中。可见汉族缘起，必在震方也。

第四章　古史年代

历史之有年代，犹地理之有经纬线也。必有经纬线，然后知其地在何处，必有年月日，然后知其事在何时。举一事而不知其时，即全不能知其事之关系矣。然历史年代，有难言者。今设地球之有人类，为五十万年，而列国史实，早者不越五千年，有确实年代者，又不及其半，是则事之有时可记者，不及二百分之一也。况于开化晚者，所记年代，尚不及此；又况蒙昧民族，有迄今不知纪年之法者邪？①

吾国史籍，纪年始于共和，在民国纪元前二千七百五十二年。早于西人通用之纪元八百四十一年，不可谓不早。纪年虽可逆计，究以顺计为便。国史确实年代，既早于西元近千年，苟无公用更善之法，自以率旧为是。以孔子生年纪元，后于共和二百九十年。若以黄帝纪元，则其年代绝不确实矣。乃近人震于欧、美一时之盛强，欲弃其所固有者而从之，称彼所用者为世界公历。夫东西文化，各占世界之半，彼之所记者，亦一隅之

①年代：古史年代。

事耳，何公之有？近数百年来，西洋文化，固较东洋为发皇，然此乃一时之事，安知数十百年后，我之文化，不更优于彼？况于中西历法不同，舍旧谋新，旧籍月日，无一不须换算，其烦重为何如？又况旧史有只记年月而不记日者，并有只记年而不记月日者，又将何从换算邪？

《韩非·说难》云："《记》曰：周宣王以来，亡国数十，其臣弑君而取国者众矣。"宣王元年（前827），后于共和纪元十有四年。《史记·三代世表》曰："孔子因史文，次《春秋》，纪元年，正时日月盖其详哉。至于序《尚书》，则略，无年月；或颇有，然多阙，不可具。故疑则传疑，盖其慎也。"《春秋》托始鲁隐公元年（前722），实周平王四十九年，后于共和元年（前841）百十有九年。足征古史纪年，起于西周末造，史公之作，自有所本也。

古史年代，见于《尚书》者：尧在位七十载而咨四岳，四岳举舜，后二十八载而殂落。舜生三十征庸，二十在位，五十载，陟方乃死。《尧典》今本《舜典》。殷中宗之享国，七十有五年。高宗五十有九年。祖甲今文以为太甲。三十有三年。其后嗣王，或十年，或七、八年，或五、六年，或三、四年。文王受命惟中身，厥享国五十年。《无逸》。惟周公诞保，文、武受命，惟七年。《洛诰》。穆王享国百年。《吕刑》。盖所谓"或颇有"者也。案古人言数，多不审谛。《大戴礼记·五帝德》："宰我问于孔子曰：昔者予闻诸荣伊曰：黄帝三百年，请问黄帝者，人邪？抑非人邪？何以至于三百年乎？孔子曰：生而民得其利百年，死而民畏其神百年，亡而民用其教百年，故曰三百年。"荣伊之言，固已荒诞，孔子之言，虽稍近理，亦岂得实？又《小戴礼记·文王世子》云："文王谓武王曰：女何梦矣？武王曰：梦帝与我九龄。文王曰：女以为何也？武王曰：西方有九国焉，君王其终抚诸？文王曰：非也。古者谓年龄，齿亦龄也。我百，尔九十，吾与尔三焉。文王九十七而终，武王九十三而终。"

果如其言，文王死时，武王年已八十七；周公为武王同母弟，极小亦当七十；而犹能诛纣，伐奄，有是理乎？盖古人好举成数。此在今人，亦有此习。特今人所举成数，至十而止，古人则并及于百耳。明乎此，则知《尚书》所举尧、舜之年，皆适得百岁，亦举成数之习则然，非事实也。《诗·生民疏》引《中候握河纪》云："尧即政七十年受河图。"《注》云："或云七十二年。"案尧立七十年得舜，辟位凡二十八年，则尧年九十八。若言七十实七十二，则适百岁矣。《史记·五帝本纪》云："舜年二十以孝闻。年三十，尧举之。年五十，摄行天子事。年五十八，尧崩。年六十一，代尧践帝位。践帝位三十九年，南巡狩，崩于苍梧之野。"此即《尧典》三十征庸，二十在位，五十载陟方乃死之说。古者三十而有室，四十曰强仕，过三十即可言四十，故舜以三十登庸。相尧亦历一世，中苞居丧二年，则践位必六十一。自其翼年起计，至百岁，在位适三十九年也。舜相尧历一世，则尧之举舜，不得不在年七十时矣。然则《尚书》之言尧舜，盖先億定其年为百岁，然后以其事分隶之耳。《文王世子》之言，亦以文王为本百岁。盖凡运祚非短促者，皆以百岁言之也。昔人言君主年岁，于其在位之年，及其年寿，似亦不甚分别。《周书·度邑》载武王之言曰："惟天不享于殷，自发未生，于今六十年。"此言似自文王时起计，以文王受命称王也。然则享国五十，乃以年寿言之。文王之生武王，假在既冠之后，则文王死时，武王年三十余，周公当不满三十。《无逸》历举殷、周贤王，享国长久者，以歆动成王，而不及厥考，明武王年寿不长。《中庸》言武王未受命，盖以其克殷后未久而殂，非谓其受命在耄耋时也。高宗享国，《汉石经残碑》作百年，《史记·鲁世家》作五十五年。盖当以《石经》为是。《吕刑》言穆王享国百年，而《史记·周本纪》谓"穆王即位，春秋已五十矣"；又云：穆王立五十五年崩；事同一律。今之《尚书》，必后人所億改也。周公诞保，文、武受命，年数巧合，当无讹谬。刘歆以为文王受命九年而崩，贾逵、马融、王肃、韦昭、皇甫谧皆从之。见《诗·文王疏》。盖以《周书·文传》，有文王受命九年，在鄗，召太子发之文，九年犹在，明其七年未崩。案《史记》谓文王受命七年而崩，九年，武王上祭于毕，东观兵至于孟津，年代与刘歆异，而谓再期在大祥而东伐同。《伯夷列传》曰："西伯卒，武王载木主，号为文王，东伐纣。伯夷、叔齐扣马谏曰：父死不葬，爰及干戈，可谓孝乎？"岂有再期而犹未葬者？《楚辞·天问》曰："武发杀殷何所悒？载尸集战何所急？"《淮南·齐俗》曰："武王伐纣，载尸而行，海内未一，故不为三年之丧始。"然则武王当日，盖秘丧以伐纣；后周人自讳其事，谓在再期大祥之后；然文王死即东兵，犹为后人所能忆，其事终不可讳；作《周书》者，遂误将文王之死，移后二年也。此等零星材料亦非无有。然前后不相衔接，无从整齐排比，孔子之所以弗论次也。

然共和以前，年代虽不可具知，其大略，儒家固犹能言之。《孟子·公孙丑下篇》曰："五百年必有王者兴。""由周而来，七百有余岁矣。"《尽心下》曰："由尧、舜至于汤，五百有余岁。""由汤至于文王，五百有余岁。""由文王至于孔子，五百有余岁。""由孔子而来，至于今，百有余岁。"《韩非子·显学篇》言："殷、周七百余岁，虞、夏二千余岁。"乐毅《报燕惠王书》，称昭王之功曰："收八百岁之畜积。"其说皆略相符会，盖必有所受之。刘歆作《世经》，推校前世年岁，唐七十，虞五十，夏四百三十二，殷六百二十九，周八百六十七，后人虽多议其疏，后汉安帝时，尚书令忠，訾歆横断年数，损夏益周，考之《表记》，差缪数百。杜预、何承天亦皆讥之。见《续汉书·律历志》及注。然其大体，相去固不甚远。由其略以古人之言为据也。若张寿王、李信治黄帝调历，言黄帝至元凤三年（前78）汉昭帝年号。六千余岁；宝长安、单安国、杯育治终始，言黄帝以来三千六百二十九岁；皆见《汉书·律历志》。则大相径庭矣。《汉志》言寿王移帝王年录，舜、禹年岁，不合人年，盖所谓言不雅驯者，固不当骛异而疑习见之说也。

共和以前年岁，亦间有可考者。如《史记·晋世家》云"靖侯以来，年纪可推"；《汉书·律历志》言"春秋殷历，皆以殷，鲁自周昭王以下无年数，故据周公、伯禽为纪"；又《史记·周本纪》，载厉王立三十年而用荣夷公，三十四年，告召公能弭谤，三年而国相与叛袭王是也。然此等必断续不完具；亦且诸说相校，必有龃龉而不可通者；如《秦本纪》《秦始皇本纪》纪秦诸君在位年数，即有异同。一国如是，众国可知矣。此史公所以不为之表也。

言上古年代者，至纬候而始侈，盖汉人据历法所造也。《广雅·释天》云："天地辟设，至鲁哀公十有四年，积二百七十六万岁。分为十纪：曰九头，五龙，摄提，合雒，连通，序命，循蜚，因提，禅通，流讫。"王念孙校改为疏讫。《书序疏》引《广雅》作流讫。《校勘记》云："流讫王本改疏讫。"司马贞《补三皇本纪》云："春秋纬称自开辟至于获麟，凡三百二十七万六千岁分为十纪，凡世七万六百年当作纪卅二万七千六百年。一曰九头纪，二曰五龙纪，三曰摄提纪，四曰合雒纪，五曰连通纪，六曰序命纪，七曰脩飞纪，八曰回提纪，九曰禅通纪，十曰流讫纪。"二说十纪之名相同，循蜚脩飞，因提回提，流记流讫之不同，当系字误，惟无由知孰正孰误耳。而年数互异。案《续汉书·历志》，载灵帝熹平四年（175）蔡邕议历法，谓《元命苞》《乾凿度》，皆以为开辟至获麟，二百七十六万岁；《诗·文王疏》引《乾凿度》，谓入天元二百七十五万九千二百八十岁，《文王》以西伯受命；则《广雅》实据《元命苞》《乾凿度》以立言。《路史余论》引《命历序》，谓自开辟至获麟，三百二十七万六千岁，则《三皇本纪》所本也。《汉书·王莽传》："莽改元地皇，从三万六千岁历号也。"三统历以十九年为章，四章七十六年为蔀，二十蔀千五百二十年为纪，三纪四千五百六十年为元。二百七十五万九千二百八十者，一元与六百十三相因之数；三百二十七万六千年者，三万六千与九十一相因之数也。盖其所本者如此。

汉人言古帝王世数，亦有甚侈者。《礼记·祭法正义》云：“《春秋命历序》：炎帝号曰大庭氏，传八世，合五百二十岁。黄帝，一曰帝轩辕，传十世，二千五百二十岁。《校勘记》云：“《监、毛本》同。《闽本》二千作一千。惠栋校《宋本》同。”次曰帝宣，曰少昊，一曰金天氏，则穷桑氏，传八世，五百岁。次曰颛顼，则高阳氏，传二十世，三百五十岁。案《诗·生民疏》引《命历序》云“颛项传九世”，未知孰是。次是帝喾，传十世，四百岁。”又标题下《疏》引《易纬·通卦验》云：“遂皇始出握机矩。”《注》云：“遂人在伏羲前，始王天下也。”又引《六艺论》云：“遂王之后，历六纪九十一代至伏羲。”方叔玑《注》云：“六纪者：九头纪，五龙纪，摄提纪，合雒纪，连通纪，序命纪。九十一代者：九头一，五龙五，摄提七十二，合雒三，连通六，序命四。”《疏》云：“谯周《古史考》，燧人次有三姓至伏羲，其文不同。”《曲礼疏》引谯周云：“伏羲以次有三姓至女娲，女娲之后五十姓至神农，神农至炎帝一百三十三姓。”亦纬候既兴后之说也。

《书疏》引《雒师谋注》云：“数文王受命，至鲁公惠公末年，三百六十五岁。”又云：“本惟云三百六十耳，学者多闻周天三百六十五度，因误而加。遍校诸本，则无五字也。”案《乾凿度》谓入天元二百七十五万九千二百八十岁而文王受命，今益三百六十岁，更益春秋二百四十二年，凡二百七十五万九千八百八十二年，较二百七十六万年，尚少十八，则《乾凿度》与《雒师谋》不同。依《乾凿度》，文王受命，当在春秋前四百七十有八岁。若依《世经》，则文王受命九年而崩；武王即位十一年；周公摄政七年；其明年，为成王元年，命伯禽俾侯于鲁；伯禽至春秋，三百八十六年；文王受命，在春秋前四百十三年也。

《史记·十二诸侯年表集解》引徐广曰："自共和元年（前841），岁在庚申，讫敬王四十三年（前477），凡三百六十五年。"又《周本纪集解》引徐广曰："自周乙巳至元鼎四年（前113）戊辰，一百四十四年，汉之九十四年也。汉武帝元鼎四年（前113）封周后也。"案《六国表》：起周元王，讫秦二世，凡二百七十年。元王元年（前475），至赧王五十九年（前256）乙巳，凡二百二十一年。依《史记》年表，共和至赧王，凡五百八十六年；至汉武帝天汉四年（前97），则七百四十五年也。《正义·论史例》云："太史公作《史记》，起黄帝；高阳，高辛，唐尧，虞舜，夏，殷，周，秦，讫于汉武帝天汉四年（前97），合二千四百一十三年。"张氏此言，自共和以后，当以《史记》本书为据。共和以前，除舜三十九年，见于本书外，《集解》引皇甫谧：黄帝百，颛顼七十八，喾七十，《御览·皇王部》引作七十五。挚九，尧九十八；《世纪》古帝王年数，伏羲百，神农百二十，少昊百，亦皆成数。惟颛顼、帝喾不然，未知何故。然《御览》又引陶弘景，谓帝喾在位六十三年，《路史》同。六十三加七十八，加九，几百五十，则亦成数矣。此等亦必有其由，惜无可考也。又引《竹书纪年》，谓夏有王与无王，用岁四百七十一年；自汤灭夏以至于受，用岁四百九十六年；《正义》引《竹书》曰："自盘庚徙殷，至纣之灭，七百七十三年。"七百之七，当系误字。周自武王灭殷，以至幽王，凡二百五十七年；《正义》皆无异说，亦未尝别有征引，似当同之。依此计算，自黄帝至周幽王，合一千六百十八年。东周以下，依《史记》本书计，至天汉四年（前97），合六百七十四年。两数合计，凡二千二百九十二年。较二千四百一十三，尚少百二十一。未知张氏何所依据也。又《水经·瓠子河注》，谓成阳尧妃祠，有汉建宁五年（172）成阳令管遵所立碑，记尧即位至永嘉三年（309），二千七百二十有一载。《北史·张彝传》，言彝上《列帝图》，起元庖牺，终于晋末，凡十六代，一百二十八帝，历三千二百七十一年。亦未知其何据。

《路史》引《易纬稽览图》云："夏年四百三十一，殷年四百九十六"，此造《竹书》者所据也。造《竹书》者，盖以为羿、浞之乱，历四十年，故益四百三十一为四百七十一。此书真本，盖亦未尝有传于后，唐人所据，其伪亦与明人所造等耳。夫魏史必出于晋，晋史于靖侯以上，已不能具其年数，安能详夏、殷以前？况晋又何所受之欤？受之周欤？周何为秘之，虽鲁号秉周礼者，亦不得闻，而独畀之唐叔？且韩亦三晋之一，何以韩非言唐、虞以来年数，其不审谛，亦与孟子同？即魏人亦未有能详言古代年数者。岂又閟之生人，而独藏诸王之冢中欤？于情于理，无一可通。[①]故《竹书》而有共和以前之纪年，即知其不足信，更不必问其所纪者如何也。

以历法推古年代，本最可信，然昔人从事于此者，其术多未甚精；古历法亦多疏舛；史籍记载，又有讹误；故其所推，卒不尽可据也。刘歆而后，宋邵雍又有《皇极经世书》，推尧元年为甲辰，在民国纪元前四千二百六十八年，西元前二千三百五十七年，亦未知其何据。金履祥作《通鉴纲目前编》用之，元、明以降，《纲目》盛行，流俗言古史者遂多沿焉。

先史之世，无年可纪，史家乃以时代代纪年。年代愈古，则材料愈乏，而其所分时代愈长。看似粗略，然愈古则演进愈迟，变异亦愈少，据其器物，固亦可想见其大略也。分画先史时期，大别为旧石器（Palaeolithic Age）、新石器（Neolithic Age）、青铜器（Bronze Age）、铁器（Iron Age）四期。旧石器中，又分前后。前期三：曰芝良期（Chellean），其所用器，只有石斧，略别于未经制造者而已。曰葛朱良

①经籍：竹书之伪。

期（Acheulean），则兼有石刀。芝良期及曷朱良期，皆仅能以石击石，去其碎片，用其中心而已。其时代，约距今七万年至四十五万年。曰墨斯梯灵期（Mousterian），始能用石片，故其锋较锐。初有骨器，而为数甚少。其时代，约距今二万五千年至七万年。后期亦三：曰阿里诺新期（Aurignacian），骨器稍多。始知雕塑，其艺颇为后人所称道。曰苏鲁脱灵期（Solutrean），石器两面有锋。骨器益多，制亦益善。曰马特兰宁期（Magdalenian），此期之用石器，非复以石击石，而有似钻之物，介于其间，故其大小可以自如。此三期，约距今二万五千年至五万年。六期之后，别有所谓阿奇林期者（Azilian），骨器既衰，石器亦小，考古者名之曰小石器（Microlith）。考古者億[①]想其时，或为用土器之萌芽焉。然陶器之迹无存，故称之曰尾旧石器时期（Epipalaeolithic）。新旧石器之别，非仅以其精粗，亦视其有无弓矢等物以为断，而陶器之有无，尤为考古家所重。有陶器，则视为新石器之始；无陶器，则视为旧石器之终。旧石器时代，大抵恃搜集为生。新石器时代，始知渔猎，多能用火。其末期，且有进于农牧，知用铜者。然紫铜之器，不坚而易坏，故仍列石器期中，至能合铜锡为青铜，乃别为铜器时代也。铜器时代，人以农牧为生。有氏族，新石器时代行图腾制。宗教亦有统系，前此行杂乱之拜物教。人群之规制稍备矣。文字之兴，实在新石器时代之后。故石器时代，适为先史时代，铜器铁器时代，适为有史时代也。以上所论，皆据欧洲考古学家之说，吾国发掘之业，方在权舆，自不能不借助他山，以资推论。然人群进化，异地同符，铢铢而较之，一若不胜其异。苟略其细而观其大，自有一致百虑，同归殊涂者。观其会通，与曲说附会，相似而实不同，固不可以不辨也。

吾国发掘所获遗迹，当列旧石器时代者有五：曰周口店，略视

---

①億：億为古汉语用法，还有“億造”“億度”等说法。

墨斯灵梯期。曰河套，民国十二年（1923），德日进（Père Teilhard de Chardin）、桑志华（Père E. Licent）所发掘。一为无定河。一为宁夏南之水洞沟。案此外甘肃东境，山西、陕西北境，亦有零星旧石器。曰周口店之上洞，皆在旧石器后期。河套遗迹较古，盖在后期之始。上洞骨器制作颇精，饰物技艺亦优，当在后期之终，于黑龙江呼伦之达赖湖为近。亦德日进、桑志华所掘。达赖湖及广西桂林武鸣遗迹民国二十四年（1935），杨锺健、裴文中与德日进同掘。皆在尾旧石器时期。然武鸣有一石器步日耶（H.Breuil）以为系属重制，则其前，尚当有更古之旧石器时期也。新石器时代，甘、青及河南遗迹，安特生分为六期：曰齐家期，约在西元前三千五百年至三千二百年。曰仰韶期，自三千二百年至二千九百年。曰马厂期，自二千九百年至二千六百年。为新石器及石铜过渡时期。曰新店期，自二千六百年至二千三百年。曰寺洼期，自二千三百年至一千年。曰沙井期，自二千年至一千七百年，则入铜器时期矣。铜器时期，南方似较北方为早。良渚、钱山漾，皆有粗制石器。钱山漾尤多。而古荡有孔石斧，似用铁器旋转而入。又多石英器，其质甚坚，非金属不能穿凿，则已在石铜兼用之期。可见南方文化，历时甚长。惜乎发掘不多，时代尚难推断。然北方之知用铜，系由南方传授，则似无可疑者。殷人起于东南，已如上章所述。殷墟铜器，据地质调查所所化验，含锡逾百分之五；中央研究院所化验，含锡逾百分之十；其为青铜器无疑。日本道野松鹤，分析其若干种，以其中不含锡，指为纯铜器时期（Copper Age）。梅原末治则云：其中虽不含锡，而含铅、铁、砒素颇多，兵器则仍含锡。然则他器之不含锡，盖由中原锡少而然。抑铜锡器之始，必用为兵，久之乃以为他器。殷墟之兵，文理悉类鼎彝，盖非以资实用，则其进于铜器时代久矣。见所著《中国青铜器时代考》。胡厚宣译，商务印书馆本。予案《越绝书》载风胡子之言，谓轩辕、神农、赫胥之时，以石为兵。黄帝之时，以玉为兵。禹穴之时，以铜为兵。当此之时作铁兵。又载薛烛之言，称赤堇之山，破而出锡；若耶之溪，涸而出铜。见《外传·宝剑篇》。则石铜二器之递嬗，昔人早已知之。[①]南方所用者，确系镕合铜锡，亦无疑义。《史记·李斯列传》，斯上书谏逐客，云“江南金锡不为用”，亦可见南方制器，兼用铜锡。古书皆言蚩尤制兵，虽不审谛，要非绝无根据。然则南方之知用铜，尚在黄帝之先。夏以后，其技乃稍传于北，故有铸鼎象物之说。《左氏》宣公三年。黄帝与禹，年代皆略有可考，则南方之知用铜，其年代亦可微窥也。今安阳之小屯村，十七年（1928）后，中央研究院陆续发掘。地质凡分三层：下层为石器，中层为石铜过渡之期，上层为铜器。历城之城子崖，地质亦分二层：下层为新石器，上层为铜器。小屯殷墟，城子崖为谭国故址，则铜器之传布于河域，年代又略可推矣。

---

①工业：昔人知石铜递嬗，亦知兼用铜锡。

第五章　开辟传说[①]

传说中最早之帝王，莫如盘古。其说见于《三五历记》者曰："天地混沌如鸡子。盘古生其中。万八千岁，天地开辟。阳清为天，阴浊为地。盘古在其中，一日九变。神于天，圣于地。天日高一丈，地日厚一丈，盘古日长一丈。如此万八千岁，天数极高，地数极深，盘古极长。"《五运历年记》曰："元气鸿蒙，萌芽兹始。遂分天地，肇立乾坤。启阴感阳，分布元气。乃孕中和，是为人也。首生盘古。垂死化身：气成风云，声为雷霆，左眼为日，右眼为月，四肢五体为四极五岳，血液为江河，筋脉为地里，肌肉为田土，发髭为星辰，皮毛为草木，齿骨为金石，精髓为珠玉，汗流为雨泽，身之诸虫，因风所感，化为黎甿。"皆据《绎史》卷一引。《述异记》则曰："昔盘古氏之死也：头为四岳，目为日月，脂膏为江海，毛发为草木。秦汉间俗说：盘古氏头为东岳，腹为中岳，左臂为南岳，右臂为北岳，足为西岳。先儒说：盘古氏泣为江河，气为风，声

---

①史事：盘古。

为雷，目瞳为电。古说：盘古氏喜为晴，怒为阴。吴、楚间说：盘古氏夫妻，阴阳之始也。今南海有盘古氏墓，亘三百余里。俗云：后人追葬盘古之魂也。桂林有盘古氏庙，今人祝祀。”又云：“南海中有盘古国。今人皆以盘古为姓。”案此诸说，显有不同。《述异记》首两说，与《五运历年记》之说，原本是一。此说与《三五历记》之说，并已窃印度传说，加以附会。《述异记》所谓先儒说者，与此似同实异，而与其所谓古说者，所本相同，盖中国之旧说也。至所谓吴、楚间说者，则又颇含史实，非尽神话。何以言之？

案印度古籍，有所谓《厄泰梨雅优婆尼沙昙》（Aitareya Upanishad）者。其说云：太古有阿德摩（Atman）先造世界。世界既成，后造人。此人有口，始有言，有言乃有火。此人有鼻，始有息，有息乃有风。此人有目，始有视，有视乃有日。此人有耳，始有听，有听乃有空。此人有肤，始有毛发，有毛发，乃有植物。此人有心，始有念，有念乃有月。此人有脐，始有出气，有出气，乃有死。此人有阴阳，始有精，有精，乃有水。又《外道小乘涅槃论》云：“本无日月星辰，虚空及地，惟有大水。时大安荼生，形如鸡子。周匝金色。时熟，破为二段，一段在上作天，一段在下作地。”《摩登伽经》云：“自在以头为天，足为地，目为日月，腹为虚空，发为草木，流泪为河，众骨为山，大小便利为海。”《三五历记》《五运历年记》及《述异记》第一二说，其为窃此等说，加以文饰而成，形迹显然，无待辞费。至其所谓先儒说者，虽若与此是一，然以盘古氏为生存，而不谓其已死，则显与其所谓古说者，同出一原，而与其第一二说，迥不相侔也。《路史·初三皇记》，谓荆湖南北，今以十月十六日为盘古氏生日，以候月之阴晴，此即《述异记》所谓古说，尚存于宋时者。《山海经·海外北经》云：“钟山之神，名曰烛阴。视为昼，瞑为夜，吹为冬，呼为夏。不饮，不食，不息，息为风。身长千里。在无䏿之东。其为物，人面蛇身，赤色，居钟山下。”《大荒北经》云：“西北海之外，赤水之北，有章尾山。有神，人面蛇身而赤。直目正乘。其瞑乃晦，其视乃明，不食，不寝，不息。风雨是谒。是烛九阴，是谓烛龙。”此即一事而两传，与《述异记》所谓先儒说及古说相似，足见其为中国旧说。吴、楚间说，明言盘古氏有夫妻二人，且南海有其墓；南海中有其国，其人犹以盘古为姓；则人而非神矣。古氏族酋长，往往见尊为神，然不害于实有其人。故所谓吴、楚间说者，与所谓先儒说、古说，并不相悖。所谓先儒说、古说者，虽涉荒怪，亦不能以此而疑吴、楚间说之凿空，不含史实也。然则所谓盘古氏者，必南方民族所共尊之古帝；南海中之盘古国，后虽僻处遐方，在古代，或实为南方民族之大宗矣。

《后汉书·南蛮传》，有所谓盘瓠者，以为高辛氏之畜狗，长沙武陵蛮之祖，此与盘古本渺不相涉，夏曾佑始谓与盘古是一，谓吾族误袭苗族神话为己有。见所著《古代史》。予昔亦信其说，今乃知其非是而不可以不辩也。夫夏氏之疑，乃谓吾族古帝，踪迹多在北方，独盘古则祠在桂林，墓在南海耳。吾族开化，实始于南，不始于北，已如第三章所述。然则古代神话，留遗岭表，又何怪焉？抑《后汉书》盘瓠之说，实仅指武陵一隅，尤显而易见者也。其说曰：“昔高辛氏有犬戎之寇，而征伐不克，乃访募天下：有能得犬戎之将吴将军头者，购黄金万镒，邑万家，又妻以少女。时帝有畜狗，其毛五采，名曰盘瓠。下令之后，盘瓠遂衔人头造阙下。群臣怪而诊之，乃吴将军首也。帝大喜。而计盘瓠不可妻之以女，又无封爵之道，议欲有报而未知所宜。女闻之，以为帝王下令，不可违信，因请行。帝不得已，乃以女配盘瓠。盘瓠得女，负而走，入南山，止石室中。所处险绝，人迹不至。于是女解去衣裳，为仆鉴之结，着独力之衣。帝悲思之，遣使寻求，辄遇风雨震晦，使者不得进。经三年，生子一十二人，六男六女。盘瓠死后，因自相夫妻。织绩木皮，染以草实。

好五色衣服，制裁皆有尾形。其母后归，以状白帝。于是使迎致诸子。衣裳斑斓，言语侏离。好入山壑，不乐平旷。帝顺其意，赐以名山广泽。其后滋蔓，号曰蛮夷。外痴内黠，安土重旧。以先父有功，母帝之女，田作贾贩，无关梁符传、租税之赋；有邑君长，皆赐印绶，冠用獭皮。其渠帅曰精夫，相呼为姎徒。今长沙武陵蛮是也。”此说依据蛮人地理、风俗、言语、服饰、居处及中国待之之宽典，其为秦、汉间人所文饰，显然不疑。《注》云：“今辰州卢溪县西有武山。黄闵《武陵记》曰：山高可万仞，山半有盘瓠石室，可容数万人。中有石床，盘瓠行迹。今案石窟前有石羊、石兽，古迹奇异尤多。望石窟，大如三间屋。遥见一石，仍似狗形，俗相传，云是盘瓠像也。”《路史·发挥》云：“有自辰、沅来者，云卢溪县之西百八十里，有武山焉。其崇千仞。遥望山半，石洞罅启。一石貌狗，人立乎其旁，是所谓盘瓠者。今县之西南三十里有盘瓠祠，栋宇宏壮。信天下之有奇迹也。”《注》云：“《辰州图经》云：石窟如三间屋。一石狗形，蛮俗云盘瓠之像，今其中种有四：一曰七村归明户，起居饮食类省民，但左衽。二曰施溪武源归明蛮人。三曰山獠。四曰仡僚。虽自为区别，而衣服趋向，大略相似。土俗以岁七月二十五日，种类四集，扶老携幼，宿于庙下，五日，祠以牛彘酒鲑，椎鼓踏歌，谓之样。样，蛮语祭也。”卢溪，今湖南泸溪县。自唐至宋，遗迹犹存，种落可指，可见《后汉书》所云，乃一种落之故事，今乃以此推诸凡南蛮，并谓吾族称说，谓他人父，可谓重诬矣。干宝《晋纪》，范成大《桂海虞衡志》，皆谓蛮族杂糅鱼肉，叩槽而号，以祭盘瓠。见《文献通考·四裔考》。《路史》谓会昌今江西会昌县。有盘古山，湘乡今湖南湘乡县。有盘古堡，雩都今江西雩都县。有盘古祠。成都、今四川成都县。淮安、今江苏淮安县。京兆今陕西长安县。皆有庙祀。又引《元丰九域志》，谓广陵今江苏江都县。有盘古冢庙。固与盘瓠绝不相干。今广西岩峒中，亦有盘古庙。

兼祀天皇、地皇、人皇。此盖又受吾族传说改变。俗以旧历六月二日为盘古生日，远近聚集致祭，与《路史》所述荆湖南北，及《辰州图经》所述辰州土俗相类。而闽、浙畲民，亦有奉盘瓠为祖者，其画像仍作狗形。他种落传说，亦有自称狗种者。二者犹绝不相蒙，安得据音读相近，牵合为一哉?

第六章 三皇事迹

第一节 纬书三皇之说[①]

盘古之后为三皇、五帝，亦为言古史者所习知。三皇、五帝之名，昉见《周官》外史，未知其意果何指。《风俗通义》引《礼纬含文嘉》云："遂人以火纪，火太阳，阳尊，故托遂皇于天。伏羲以人事纪，故托羲皇于人。神农悉地力，种谷疏，故托农皇于地。"此盖今文旧说。《白虎通》《甄耀度》、谯周《古史考》并同。见《礼记·曲礼疏》。《史记·秦始皇本纪》，载博士议帝号，谓"古有天皇，有地皇，有泰皇，泰皇最贵"。泰与太同音，太字亦像人形，见《说文》。疑泰为太之音借，太为人之形讹，二说实一说也。《白虎通》别列一说，以伏羲、神农、祝融为三皇。《运斗枢》郑注《中候敕省图》引之，见《曲礼疏》。《元命苞》《文选·东都赋注》引。则以伏羲、女娲、神农为三皇。案司

①史事：三皇。

马贞《补三皇本纪》述女娲氏，谓“当其末年，诸侯有共工氏。与祝融战，不胜，而怒，乃头触不周之山。天柱折，地维缺。女娲乃炼五色石以补天，断鳌足以立四极”云云。上云祝融，下云女娲，则祝融、女娲一人，此说殊未谛，然小司马自有所本，则《白虎通》与《运斗枢》《元命苞》，实一说也。五帝之名，见于《大戴礼记·五帝德》者，曰黄帝、颛顼、帝喾、尧、舜，《史记·五帝本纪》依之，谯周、应劭、宋均皆同。见《正义》。郑玄注《中候敕省图》，乃于黄帝、颛顼之间，增一少昊，谓德合五帝座星者为帝，故实六人而为五。见《曲礼疏》。案《后汉书·贾逵传》，载逵奏《左氏》大义长于二传者曰：“五经皆言颛顼代黄帝，而尧不得为火德。左氏以为少昊代黄帝，即图谶所谓帝宣也。如令尧不得为火，则汉不得为赤。”案汉人言五德终始有二说：一以为从所不胜，周为火德，秦以水德胜之。汉承秦，故为土德。此说承自嬴秦，一主相生，刘向父子衍之。汉以火德，承周之木，而以秦为闰位。汉自以为尧后。黄帝号为黄，其为土德，无可移易。黄帝以后，颛顼以金德承之，则喾为水德，尧为木德矣。故必于黄帝后增一少昊为金德，而颛顼以水德，喾以木德承之，尧乃得为火德也。此为古学家于黄帝、颛顼之间增一少昊之由。然实六人而为五，于理终有未安。造《伪古文尚书》者出，乃去遂人而以伏羲、神农、黄帝为三皇，少昊、颛顼、帝喾、尧、舜为五帝。《伪孔安国传序》。如是，则少昊虽增，五帝仍为五人矣。此实其说之弥缝而更工者也。案《周官》都宗人，“掌都宗祀之礼。凡都祭祀，致福于国”。《注》云：“都或有因国无主、九皇、六十四民之祀。”《礼记·王制》云“天子诸侯，祭因国之在其地而无主后者”；而《春秋繁露》，有九皇、六十四民；《三代改制质文篇》。此《郑注》之所本也。九皇、六十四民者，存二王之后以大国，与己并称三王。其前为五帝，封以小国。又其前为九皇，其后为附庸。又其前六十四代，则无爵土，故称民。三王，五帝，九皇，六十四民，合八十一代。古以九为数之究，八十一则数之究之究者也。《史记·封禅书》载管子说：今《管子》之《封禅篇》，乃取《史记》此书所补。谓古封泰山，禅梁父者七十二家。七十二益三皇、五帝，更益以本朝，亦八十一。窃疑三皇、五帝，使外史氏掌其书；自此以往，则方策不存，徒于因国无主及登封之时祭之；实前代之旧制。孔子作《春秋》，存二王以通三统，《白虎通义·三正篇》曰："王者存二王之后者，何也？所以尊先王，通天下之三统也。明天下非一家之有，敬谨谦让之至也。故封之百里，使得服其正色，行其礼乐。"案服其正色者，夏以孟春月为正，色尚黑。殷以季冬月为正，色尚白。周以仲冬月为止，色尚赤。王者受命，有可得与民变革者，有不可得变革者。正朔为可得变革之一端，举此以概一朝所独有之制度也。《三教篇》谓夏之教忠，忠之失野，救野之失莫如敬。殷之教敬，敬之失鬼，救鬼之失莫如文。周之教文，文之失薄，救薄之失莫如忠。三者如顺连环，周而复始，穷则反本。盖儒家谓治天下，当三种制度迭行，故二王之成法，不可不保守也，立五帝以昭五端，《公羊》隐公元年《解诂》："政莫大于正始，故《春秋》以元之气，正天之端。以天之端，正王之政。以王之政，正诸侯之即位。以诸侯之即位，正竟内之治。诸侯不上奉王之政，则不得即位，故先言正月而后言即位。政不由王出，则不得为政，故先言王而后言正月也。王者不承天以制号令则无法，故先言春而后言王。天不深正其元，则不能成其化，故先言元而后言春。五者同日并见，相须成体，乃天人之大本，万物之所系，不可不察也。"而于《书》，则仍存前代之三皇、五帝，以明三才、五常之义，《古今注》："程稚问于董生曰：古何以称三皇、五帝？对曰：三皇者，三才也。五帝，五常也。"三才为天、地、人，与《含文嘉》说合。五常可以配五行，则儒家言五帝者之公言也。实六经之大义也。儒家三皇、五帝之说，其源流如此，与流俗所谓三皇者，实不相合也。

流俗三皇之说，出于谶纬。司马贞《补三皇本纪》云："天地初立，有天皇氏。十二头。澹泊无所施为，而俗自化。兄弟十二人，立各一万八千岁。地皇十一头。火德王。姓十一人。姓上当有夺字。兴于熊耳、龙门等山。亦各万八千岁。人皇九头，乘云车，驾六羽，出谷口。兄弟九人，分长九州，各立城邑。凡一百五十世，合四万五千六百年。”《注》云：“出《河图》《三五历》。”新莽下三万六千岁历，三统历以四千五百六十年为元，已见第四章。两“万八千”合为三万六千，四万五千六百年，则一元十倍之数也。《太平御览·皇王部》引《始学篇》，谓天皇、地皇各十二头，万八千岁。人皇九头，人各百岁。《洞纪》：天皇、地皇，亦各十二头。《帝系谱》：天皇、地皇，亦各万八千岁。于人皇皆无说。《路史》引《真源赋》，则天皇十三人，地皇十一人，各万八千余岁。人皇九人，四万五千六百年。案《御览》又引《春秋纬》，谓天皇、地皇、人皇兄弟九人，分为九州，长天下；《河图括地象》，谓天皇九翼；则纬书旧说，天皇、地皇、人皇皆九人，其年亦仅百岁。《始学篇》所采。自三万六千岁之历出，乃改天皇、地皇之年，各为万八千，而又增其人数为十二也。《补三皇本纪》之说，自谓出《河图》《三五历》，而《御览》引《河图》：天皇九翼，与《补三皇本纪》之说异，则《三皇本纪》天皇、地皇之说出《三五历》，人皇之说出《河图》也。天皇十三人之说，未知所本，地皇十一人之说，则决为天皇十三人之说既出后，乃减一人以就之者。要皆以意造作而已矣。《御览》又引《遁甲开山图》荣氏《注》，谓天皇兄弟十二人，地皇兄弟十人，人皇兄弟九人。十人盖十二人之夺。《御览》又引《遁甲开山图》曰：“天皇被迹在柱州昆仑山下。地皇兴于熊耳、龙门山。人皇起于形马。”《水经·渭水注》：“故虢县今陕西宝鸡县东。有杜阳山。山北有杜阳谷。地穴北入，不知所极。在天柱山南。”赵一清云：“《寰宇记》：凤翔府岐山县下云：岐山，亦名天柱山。《河图括地象》曰：岐山在昆仑山东南，为地乳。上多白金。周之兴也，鸑鷟鸣于山上。时人亦谓此山为凤皇堆。《注》：《水经》云：天柱山有凤皇祠。或云：其峰高峻，回出诸山，状若柱，因以为名。《御览》及程克斋《春秋分记》并引之，今缺失矣。”岐山，今陕西岐山县。熊耳，在今河南卢氏县南。龙门，在今山西河津、陕西韩城县之间。《水经·渭水注》：伯阳谷水、苗谷水并出刑马山。孙星衍校本云：当在今清水县界。然则《遁甲开山图》谓三皇兴于陕、甘、晋、豫之境也。案《御览》引《春秋命历序》，谓“人皇氏九头，驾六羽，乘云车，出谷口，分九州”。《路史》引云：“出旸谷，分九河。”九河不可分，必九州之误。谷口之谷，系指旸谷则无疑。《三国·蜀志·秦宓传》：宓对夏侯纂，谓三皇乘祇车出谷口，即斜谷，在今陕西郡县西南。乃夸张本州之言，不足信也。《遁甲开山图》，专将帝王都邑，自东移西，尤不足据。《路史注》引《遁甲开山图》：人皇出于刑马山提地之国。又引《雒书》云：人皇出于提地之国。以《御览》之文校之，上提地之国四字当衍，此语当出《雒书》也。《说文·示部》：“祇，地祇，提出万物者也。”提地二字，似因此附会，未必有地可实指也。

《礼记》标题下《正义》云：《易纬通卦验》云：“天皇之先与乾曜合元，君有五期，辅有三名。”《注》云：“君之用事，五行代王，代字从今本通卦验增。亦有五期。辅有三名，公、卿、大夫也。”又云：“遂皇始出握机矩。”注云：“遂人在伏羲前，始王天下也。”则郑以天皇为上帝，五期之君为五帝，继天立治，实始人皇；而其所谓人皇者，则为遂人，此犹是《含文嘉》之说。《广雅》十纪，始自人皇，纪名九头，见上章。亦相符合。足见天皇、地皇之说为后起也。

第二节　巢燧羲农事迹

服虔云："自少皞以上，天子之号以其德，百官之号以其征。自颛顼以来，天子之号以其地，百官之号以其事。"《礼记·月令疏》引。案古地名与氏族之名，不甚分别。以地为号者，可略知其地与族，以德为号，斯不然矣。然十口相传，必其时之大事，社会开化之迹，却因之而可征也。

吾国开化之迹，可征者始于巢、燧、羲、农。《韩非子·五蠹篇》曰："上古之世，人民少而禽兽众。人民不胜鸟兽龙蛇。有圣人作，构木为巢，以避群害，而民说之，使王天下，号曰有巢氏。民食果蓏蚌蛤，腥臊恶臭，而伤害肠胃，民多疾病。有圣人作，钻燧取火，以化腥臊，而民说之，使王天下，号曰燧人氏。"《庄子·盗跖篇》曰："古者禽兽多而人民少，于是民皆巢居以避之。昼食橡栗，暮栖木上。故命之曰有巢氏之民。古者民不知衣服，夏多积薪，冬则炀之。故命之曰知生之民。"[①]所述实为同物。知哲相通，炀亦用火，其指发明用火之族言之可知也。发明用火，实为人类一大事。韩子主熟食言之，庄子主取暖言之，其用皆极切。《古史考》曰："古之初，人吮露精，食草木实。穴居野处。山居则食鸟兽，衣其羽皮，饮血茹毛。近水则食鱼鳖螺蛤。未有火化，腥臊多害肠胃。于是有圣人，以火德王。钻燧出火，教人熟食，铸金作刃。民人大说，号曰燧人。"《太平御览·皇王部》引。其辞盖隐栝古籍而成。铸金亦为火之一大用。故《礼记·礼运》论修火之利，以范金合土并言。合土指为陶器。然神农尚斫木为耜，揉木为耒；黄

---

①史事：《五蠹》言有巢、遂人，遂人主熟食，《庄子》言有巢知生，知生主取暖，《古史考》又兼言范金。

帝亦弦木为弧，剡木为矢；见《易·系辞传》。则前乎炎、黄之燧人，似未必能知铸金。谯氏盖综合古籍而失之者也。

《易·系辞传》云："古者包牺氏之王天下也：仰则观象于天，俯则观法于地；观鸟兽之文，与地之宜；近取诸身，远取诸物；于是始作八卦，以通神明之德，以类万物之情。作结绳而为网罟，以田以渔，盖取诸《离》。"《经典释文》云："包，本又作庖。郑云：取也。孟、京作伏。牺，郑云：鸟兽全具曰牺。孟、京作戏，云服也。化也。"《白虎通义·号篇》云："下伏而化之，故谓之伏羲。"《风俗通义》引《含文嘉》云："伏者，别也，变也。戏者，献也，法也。伏戏始别八卦，以变化天下；天下法则，咸伏贡献；故曰伏戏。"盖今文旧说，孟、京所用。郑说则本于刘歆。《汉书·律历志》载《世经》曰："作网罟以田渔取牺牲，故天下号曰炮牺氏"可证。《易》但言佃渔，歆妄益"取牺牲"三字，实非也。《礼记·月令疏》引《帝王世纪》曰："取牺牲以共庖厨，食天下，故号曰庖牺氏。"则又以庖字之义，附会庖厨，失之弥远矣。今人或以伏羲为游牧时代之酋长，观此自知其非。[①]《尸子》云："燧人之世，天下多水，故教民以渔。虙牺氏之世，天下多兽，故教民以猎。"亦谓其以田渔为业也。

神农亦德号。《礼记·月令》：季夏之月，"水潦盛昌，神农将持功"；又曰："毋发令而待，以妨神农之事"；此神农必不能释为人名也。《易·系辞传》曰："包牺氏没，神农氏作。斫木为耜，揉木为耒。耒耨之利，以教天下。"又曰："日中为市，致天下之民，聚天下之货，交易而退，各得其所。"案《礼运》云："夫礼之初，始诸饮食。其燔黍而捭豚，汙尊而抔饮，蒉桴而土鼓，犹若可以致其敬于鬼

---

①史事：以伏羲为游牧非。在沼泽之地。

神。”《明堂位》曰：“土鼓，蕢桴，苇籥，伊耆氏之乐也。”《郊特牲》曰：“伊耆氏始为蜡。”蜡为田祭，故熊安生谓伊耆氏即神农。见《礼记》标题下《疏》。综观三文其说是也。《郊特牲》又云：“四方年不顺成，八蜡不通，以谨民财也。顺成之方，其蜡乃通，以移民也。”盖因蜡祭之时，行交易之事，与《易传》之文，亦相符会也。

《御览》引《遁甲开山图》云：[①]“石楼山，在琅邪。汉郡，治东武，今山东诸城县。后汉为国，徙治开阳，今山东临沂县。昔有巢氏治此山南。”《开山图》言帝王都邑皆在西，此独在东。《御览》又引云：“女娲氏没，大庭氏王。次有柏皇氏、中央氏、栗陆氏、骊连氏、赫胥氏、尊卢氏、祝融氏、混沌氏、昊英氏、有巢氏、葛天氏、阴康氏、朱襄氏，凡十五代，袭包牺之号。此说系据《帝王世纪》，见《易·系辞传疏》。惟《世纪》朱襄氏在葛天氏之前。案《庄子·胠箧篇》：“昔者容成氏、大庭氏、伯皇氏、中央氏、栗陆氏、骊畜氏、轩辕氏、赫胥氏、尊卢氏、祝融氏、伏羲氏、神农氏，当是时也，民结绳而用之”云云。《世纪》及《开山图》本之，而又小有改易也。自无怀氏已上，经史不载，莫知都之所在。”则其言又自相矛盾。窃疑治石楼山南之说，不出《开山图》，而《御览》误引也。韩子谓，民食果蓏蜯蛤，不胜禽兽虫蛇；庄子谓“昼食橡栗，暮栖木上”，又谓“民不知衣”；则巢、燧二氏，必居榛莽湿热之区，从可知尔。

《御览》又引《诗纬含神雾》曰：“大迹出雷泽，华胥履之生伏羲。”《易·系辞传疏》引《帝王世纪》曰：“有大人迹，出于雷泽，华胥履之而生包牺。”按《淮南子·地形训》曰：“雷泽有神，龙身人头，鼓其腹而熙。”《山海经·海内东经》曰：“雷泽，中有雷神，龙身而人头，

---

①史事：《御览》引《开山图》有巢氏治石楼山，疑误。

鼓其腹。《史记·五帝本纪正义》引作："鼓其腹则雷。"在吴西。"《鲁灵光殿赋》曰："伏羲鳞身，女娲蛇躯。"李善《注》引《列子》曰："伏羲、女娲，蛇身而人面。"又引《玄中记》曰："伏羲龙身，女娲蛇躯。"古者工用高曾之规矩，殿壁画象，亦必有所受之。然则伏羲在沼泽之区，又不疑也。《管子·轻重戊》曰："伏羲作九九之数，以合天道。"八卦益以中宫，是为九宫。明堂九室，取象于是。明堂之制，四面环水，盖湖居之遗制。伏羲之社会，从可推想矣。雷泽，盖即《五帝本纪》舜之所渔。《山海经》谓在吴西，吴即虞，二说亦相符合。《汉志》谓在城阳，地在今山东濮县。《左氏》大皞之后，有任、今山东济宁县。宿、今山东东平县东。须句、今东平县东南。颛臾，今山东费县。见僖公二十一年。虽不中，当不远。《帝王世纪》谓伏羲氏都陈，见下。盖以《左氏》昭公十七年，梓慎言"陈大皞之虚"云然。[①]然梓慎此言，与宋大辰之虚，郑祝融之虚，卫颛顼之虚并举，大辰必不能释为国名，则梓慎所言，盖天帝，非人帝。《御览》又引《开山图》曰："仇夷山，四绝孤立，大吴之治，伏羲生处。"仇夷山盖即仇池山。在今甘肃成县。荣氏《注》，因谓伏羲生成纪，今甘肃秦安县。徙治陈仓，今陕西宝鸡县。见《水经·渭水注》。《易·系辞传疏》引《帝王世纪》亦云：包牺长于成纪。则去之弥远矣。

《礼记·祭法》云："厉山氏之有天下也，其子曰农，能殖百谷。"《国语·鲁语》作烈山氏。《郑注》曰："厉山氏，炎帝也。起于厉山。或曰有烈山氏。"《韦注》曰："烈山氏，炎帝之号也。起于烈山。《礼·祭法》以烈山为厉山也。"郑氏犹为两可之辞，韦氏则断以烈为山名矣。烈山之地，即后世之赖国，地在今湖北随县。盖徒据音读附会。其实烈山即孟子"益烈山泽而焚之"《滕文公上》之烈山，

---

①史事：谓伏羲都陈、成纪之非。

乃农耕之民，开拓时之所有事。《左氏》昭公十八年，梓慎登大庭氏之库。《注》云："大庭氏，古国名，在鲁城内，鲁于其处作库。"《疏》云："先儒旧说，皆云炎帝号神农氏，一日大庭氏。"《诗谱序》及《礼记》标题下《疏》，均谓郑玄以大庭是神农之别号。《月令疏》引《春秋说》云"炎帝号大庭氏，下为地皇，作耒耜，播百谷，曰神农"，盖诸儒之说所本。《史记·周本纪正义》云："《帝王世纪》曰：炎帝自陈营都于鲁曲阜。黄帝自穷桑登帝位，后徙曲阜。少昊邑于穷桑，以登帝位，都曲阜。颛顼始都穷桑，徙商丘穷桑在鲁北。或云：穷桑即曲阜也。又为大庭氏之故国又是商奄之地。皇甫谧云：黄帝生于寿丘，在鲁城东门之北。居轩辕之丘，于《山海经》云：此地穷桑之北，西射之南是也。"炎帝居陈，盖以其继太昊言之，与云颛顼徙商丘，均不足据，说已见前。《左氏》定公四年，祝鮀言伯禽封于少皞之虚；昭公二十九年，蔡墨谓少皞氏有四叔，世不失职，遂济穷桑；则穷桑地确近鲁。《封禅书》载管子之言：谓"古封泰山禅梁父者七十二家，而夷吾所记者，十有二焉：昔无怀氏封泰山，禅云云。虙羲封泰山，禅云云。神农氏封泰山，禅云云。炎帝封泰山，禅云云。黄帝封泰山，禅亭亭。颛顼封泰山，禅云云。帝喾封泰山，禅云云。尧封泰山，禅云云。舜封泰山，禅云云。禹封泰山，禅会稽。汤封泰山，禅云云。成王封泰山，禅社首。"《正义》引《韩诗外传》曰："孔子升泰山，观易姓而王，可得而数者七十余人，不得而数者万数也。"今本无，然《书序疏》亦引之，司马贞《补三皇本纪》，亦有此语，乃今本佚夺，非《正义》误引也。万数固侈言之，然古封泰山者甚多，则必非虚语。封禅后世为告成功之祭，古或每帝常行。千里升封，必非小国寡民所克举，则古泰山之下，名国之多可知。谓自炎帝至颛顼，都邑皆近于鲁，则可信也。《国语·晋语》，谓炎帝以姜水成。[1]《水经·渭水注》云："岐水东径姜氏城南，姜氏城，在今陕西岐山县东。为姜水。《帝王世纪》曰：炎帝母女登游华阳，感神而生炎帝于姜水，是其地。"《帝王世纪》又谓神农崩葬长沙。《御览·皇王部》引。《路史》引作葬茶陵。长沙、茶陵皆湖南今县。此盖姜氏之族，后世西迁雍州；后稷生于姜嫄。太王妃曰太姜。武王妃曰邑姜。齐太公姜姓。虽或云避纣东海，或云隐屠朝歌，然《礼记·檀弓》曰："太公封于营丘，比及五世，皆反葬于周。君子曰：乐乐其所自生，礼不忘其本，古之人有言曰：狐死正丘首，仁也。"则太公之先，实居西方。云在东方，乃因其后来受封于东而附会也。又楚为祝融之后踪迹在南；故传说随之而散布，非其朔也。

《祭法疏》引《春秋命历序》云："炎帝传八世，合五百二十岁。"纬候之言，本不足据。《易·系辞传疏》引《帝王世纪》云："神农氏在位一百二十年而崩。[2]纳奔水氏女曰听谈。《校勘记》：《钱本》《宋本》《闽本》同。《监、毛本》作诙。生帝临魁。次帝承，次帝明，次帝直，次帝釐，次帝哀，次帝榆罔。凡八代，及轩辕氏。"则其说弥妄矣。古系世之传，盖始于黄帝之族，《大戴记·帝系》即如此，谧安所得神农氏之世系邪？《吕览·慎势》云："神农氏十七世有天下"，或当得其实也。《御览》引《尸子》作七十世，盖十七字倒误。

---

①史事：姜水必不在东。黄，姬水；炎，姜水。

②史事：神农氏传十七世。

第七章　五帝事迹

第一节　炎黄之争

《庄子·胠箧篇》云："昔者容成氏、大庭氏、伯皇氏、中央氏、栗陆氏、骊畜氏、轩辕氏、赫胥氏、尊卢氏、祝融氏、伏羲氏、神农氏，当是时也，民结绳而用之。甘其食，美其服，乐其业，安其居。邻国相望，鸡狗之音相闻，民至老死而不相往来。若此之时，则至治已。"《盗跖篇》曰："神农之世，卧则居居，起则于于。民知其母，不知其父。与麋鹿共处，耕而食，织而衣，无有相害之心。此至德之隆也。然而黄帝不能致德，与蚩尤战于涿鹿之野，流血百里。"《商君书·画策篇》曰："神农之世，男耕而食，妇织而衣，刑政不用而治，甲兵不起而王。神农既殁，以强胜弱，以众暴寡，故黄帝内行刀锯，外用甲兵。"《战国·赵策》曰："宓羲、神农，教而不诛，黄帝、尧、舜，诛而不怒。"《春秋繁露·尧舜不擅移汤武不专杀篇》曰："今足下以汤、武为不义，然则足下所谓义者，何世之君也？则答之以神农。”若是乎，自古相传，咸以炎、黄之际，为世运之一大变也。案《战国·秦策》：苏秦言神农伐补遂，《吕览·用民》，谓夙沙之民，自攻其君而归神农。《说苑·政理篇》同。则神农之时，亦已有征诛之事。盖神农氏传世甚久，故其初年与末年，事势迥不相同也。然此等争战，尚不甚剧，至炎、黄之际，而其变益亟。[①]

炎、黄二帝，实为同族。《国语·晋语》曰：“昔少典娶于有蟜氏，生黄帝、炎帝。黄帝以姬水成，炎帝以姜水成。成而异德，故黄帝为姬，炎帝为姜，二帝用师，以相济也。”《贾子·益壤》曰：“黄帝者，炎帝之兄。”《制不定》曰：“炎帝者，黄帝之同父母弟。”说虽不同。必有所本。《史记·五帝纪》曰：“黄帝者，少典之子也。轩辕之时，神农氏世衰，诸侯相侵伐，暴虐百姓，而神农氏弗能征，于是轩辕乃习用干戈，以征不享。诸侯咸来宾从。而蚩尤最为暴，莫能伐，炎帝欲侵陵诸侯，诸侯咸归轩辕，轩辕乃修德振兵。治五气，艺五种。抚万民，度四方。教熊罴貔貅貙虎，以与炎帝战于阪泉之野，三战然后得其志。蚩尤作乱，不用帝命。于是黄帝乃征师诸侯，与蚩尤战于涿鹿之野，遂擒杀蚩尤。而诸侯咸尊轩辕为天子，代神农氏。”既云神农氏世衰，诸侯相侵伐，暴虐百姓弗能征矣，又云炎帝欲侵陵诸侯，其事弗类。《史记》此文，略同《大戴礼记·五帝德》。而《五帝德》只有与炎帝战于阪泉之文，更无与蚩尤战于涿鹿之事。《贾子·益壤》云：“炎帝无道，黄帝伐之涿鹿之野。”《制不定》曰：“黄帝行道，而炎帝不听，故战涿鹿之野。”然则蚩尤、炎帝，殆即一人；涿鹿、阪泉，亦即一役；[②]《史记》自“炎帝欲侵陵诸侯”，至“三战然后得其

①史事：炎黄之间为世运之一大变。

②史事：阪泉涿鹿一役。

志”，凡五十六字，殆别采一说，而夺一曰二字；抑或后人记识，与元文相混也。《周书·尝麦篇》曰：“昔天之初，诞作二后，乃设建典，命赤帝分正二卿，命蚩尤宇于少昊，以临四方。四疑当作西。蚩尤乃逐帝，争于涿鹿之阿，九隅无遗。赤帝大慑，乃说于黄帝，执蚩尤，杀之于中冀，命之曰绝辔之野。”《史记篇》曰：“昔阪泉氏用兵无已，诛战不休，并兼无亲，文无所立，智士寒心。徙居至于独鹿，诸侯叛之，阪泉以亡。”《盐铁论·结和篇》曰：“轩辕战涿鹿，杀两皞、蚩尤而为帝。”褚先生《补史记建元以来侯者年表》，载田千秋上书曰：“父子之怒，自古有之。蚩尤叛父，黄帝涉江。”然则《周书》之赤帝，即《史记》之神农氏，为炎、黄二帝之共主。炎帝盖即蚩尤，初居阪泉，故号阪泉氏。后与赤帝争于涿鹿之阿，亦即独鹿，盖逐赤帝而攘其地。其后又为黄帝所灭。蚩尤初为少昊，为两皞之一，两皞者，《礼记·月令疏》曰：“东方生养，元气盛大；西方收敛，元气便小；故东方之帝，谓之太皞；西方之帝，谓之少皞。”其说当有所本。两皞又一，当为太皞。赤帝时不知谁为之，蚩尤既代赤帝，当别以人为两皞，涿鹿之战，与之俱死，《盐铁论》所云者是也。①据田千秋之说，蚩尤似即赤帝之子，然则赤帝岂即少典乎？书缺有间，难以质言，然炎、黄之必为同族，则似无可疑也。

予昔尝谓神农为河南农耕之族，黄帝为河北游牧之族，阪泉、涿鹿之战，乃河北游牧之族，侵略河南农耕之族。由今思之，殊不其然。昔所以持是说者，乃因信阪泉、涿鹿在涿郡；又《史记》言黄帝教熊罴貔貅貙虎，迁徙往来无常处，以师兵为营卫，类于游牧之族故也。其实迁徙往来无常处，好战之主类然，初不必其为游牧之族。若齐桓公，

①史事：亦即少昊赤帝少典？

其征伐所至之地，即甚广矣，又可谓齐为行国乎？教熊罴貔貅貙虎，乃形容之辞，非实有其事，《史记》固亦云黄帝艺五种，时播百谷草木矣，亦可据其文而断黄帝为耕农之族也。《易·系辞传疏》，《史记·五帝本纪正义》，引《帝王世纪》，谓神农人身牛首。《述异记》云："秦、汉间说：蚩尤氏耳鬓如剑戟，头有角。与轩辕斗，以角牴人，人不能向，今冀州有乐名蚩尤戏，其民两两三三，头戴牛角而相觝。汉造角牴戏，盖其遗制也。"《淮南子·原道》《天文》，皆云共工氏触不周之山，天柱折，地维缺，《山海经·海外北经》云："共工之臣相柳氏，九首，以食于九山。相柳之所牴，厥为津溪。"蚩尤、共工与神农俱姜姓。予昔因此，谓神农之族农耕，故重牛；黄帝之族游牧，游牧之民，必兼事田猎，故有教熊罴貔貅貙虎之说。然古无牛耕；农耕之族，亦并不斗牛；此说亦殊牵强也。阪泉，《集解》引皇甫谧云：在上谷。又引张晏云：涿鹿在上谷。此自因汉世县名附会。汉涿鹿县属上谷，即今察哈尔涿鹿县。服虔谓阪泉地名，在涿郡，今河北涿县。自较谓在上谷者为近情。然以古代征战之迹言之，仍嫌太远。《御览·州郡部》引《帝王世纪》曰"《世本》云：涿鹿在彭城南"，今江苏铜山县。实最为近之。《战国·魏策》云"黄帝战于涿鹿之野，而西戎之兵不起；禹攻三苗，而东夷之兵不至"；此为涿鹿在东方之明证。《集解》又引《皇览》，谓蚩尤冢在寿张，后汉县，今山东东平县。其肩髀冢在钜野，汉县，今山东钜野县。亦距彭城不远也。

《史记》云："天下有不顺者，黄帝从而征之。平者去之。披山通道，未尝宁居。东至于海，登丸山及岱宗。西至于空同，登鸡头。南至于江，登熊、湘。北逐荤粥，合符釜山，而邑于涿鹿之阿。"丸山《集解》引徐广曰："一作凡。"《汉书·地理志》作凡，在琅邪朱虚县。今山东临朐县。岱宗即泰山。空桐：《集解》引应劭曰："山名"，韦昭曰：在"陇右"。鸡头：《索隐》曰："山名也。后汉王孟塞鸡头道，在陇西，一曰：崆峒山之别名。”《正义》引《括地志》曰：“笄头山，一名崆峒山，在原州平高县西百里。”今甘肃固原县。又曰：“空桐山，在肃州福禄县东南六十里。”今甘肃高台县。熊、湘：《集解》引《封禅书》曰：“南伐至于召陵，登熊山。”召陵，今河南郾城县。《地理志》曰：“湘山，在长沙益阳县。”今湖南益阳县。《正义》引《括地志》，谓“熊耳山，在商州上洛县西十里。今陕西商县。齐桓公登之，以望江、汉。湘山，在岳州巴陵县南十八里”。今湖南岳阳县。釜山，《括地志》谓在怀戎县北三里。今察哈尔怀来县。泰山本古代登封之处。琅邪自非黄帝所不能至。陇右、巴陵，则相距太远矣。《路史》云：“空同山，在汝之梁县西南四十里。今河南临汝县。有广成泽及庙。近南阳雉衡山。在今河南南召县东。故马融《广成赞》云：“南据衡阴。”其说是也。《殷本纪》，殷后有空桐氏。古所谓江，不必指今长江。熊、湘虽不能指为何地，要不能西抵上洛，南至巴陵。釜山之在怀戎，则又因涿鹿在上谷而附会。其所在亦不可考。然三代封略，北不尽恒山，则其地必在恒山之南也。邑涿鹿之阿，则仍蚩尤之旧居耳。此可见黄帝经略所及，不过今河南、山东；其本据，则仍在兖、徐之间也。

《史记》又云：“自黄帝至舜、禹，皆同姓而异其国号。故黄帝曰有熊。”《白虎通义·号篇》亦曰：“黄帝号有熊。”《集解》引皇甫谧曰：“有熊，今河南新郑是也。”今河南郑县。案郑为陆终之后，邧、郐人之所居。陆终之先曰吴回，为高辛氏火正，命之曰祝融。其后裔孙曰鬻熊。鬻熊之后熊丽、熊狂等，咸以熊为氏。鬻熊盖仍祝融异文。单呼则曰熊。黄帝之称有熊，似不应以此附会也。《史记》又云：“黄帝崩，葬桥山。”陕西亦非黄帝所能至。《封禅书》载公孙卿之言曰：“黄帝郊雍上帝，雍，汉县，今陕西凤翔县。宿三月。鬼臾区号大鸿，死葬雍，今鸿冢是也。其后黄帝接万灵明廷，明廷者，甘泉也。汉甘泉宫，在今陕西淳化县西北。所谓寒门者，谷口也。在今陕西泾阳县西北。黄帝采首山铜，今河南襄城县南。铸鼎于荆山下。今河南阌乡县南。鼎既成，有龙垂胡髯下迎黄帝。黄帝上骑，群臣后宫从上者七十余人。龙乃上去。余小臣不得上，乃悉持龙髯。龙髯拔，堕，堕黄帝之弓。百姓仰望。黄帝既上天，乃抱其弓与胡髯号，故后世因名其处曰鼎湖，其弓曰乌号。”明明极不经之语，偏能引地理以实之，真俗所谓信口开河者也。《遁甲开山图》等，将帝王都邑，任意迁移，皆此等伎俩。《史记》之文，不知果为史公元文与否。然《汉书·地理志》：上郡阳周，今陕西安定县。桥山在南，有黄帝冢。王莽自谓黄帝后，使治园位于桥山，谓之桥畤。见《汉书·王莽传》。悠悠之说，遂成故实矣。史事之不实，可胜慨乎？

《易·系辞传》曰：“神农氏没，黄帝、尧、舜氏作，通其变，使民不倦。神而化之，使民宜之。”“黄帝、尧、舜垂衣裳而天下治，盖取诸《乾》《坤》？刳木为舟，剡木为楫，舟楫之利，以济不通，盖取诸《涣》？服牛乘马，引重致远，以利天下，盖取诸《随》？重门击柝，以待暴客，盖取诸《豫》？断木为杵，掘地为臼，臼杵之利，万民以济，盖取诸《小过》？弦木为弧，剡木为矢，弧矢之利，以威天下盖取诸《睽》？上古穴居而野处，后世圣人易之以宫室，上栋下宇，以待风雨，盖取诸《大壮》？古之葬者，厚衣之以薪，葬之中野，不封不树，丧期无数，后世圣人易之以棺椁，盖取诸《大过》？上古结绳而治，后世圣人易之以书契，百官以治，万民以察，盖取诸《夬》？”《疏》言此九事者，皆黄帝制其初，尧、舜成其末，此难遽信。《疏》云：“《帝王世纪》载此九事，皆为黄帝之功。”《书序疏》则云：“垂衣裳而天下治，是黄帝、尧、舜之事。舟楫，服牛，重门，臼杵，弧矢，时无所系，在黄帝、尧、舜时以否皆可通。至于宫室、葬与书契，皆先言上古、古者，乃言后世圣人易之，则别起事之端，不指黄帝、尧、舜。”《书疏》此说，乃为强伸

《伪序》文籍起于伏羲时，虽不足论，然就《系辞传》文义论之，自为平允也。然黄帝以降，文物日臻美备，则可知矣。此史事之传者，所以至黄帝而较详也。

《吕览·荡兵》曰：“人曰蚩尤作兵，蚩尤非始作兵也，利其械矣。未有蚩尤之时，民固剥林木以战矣。”[①]弦木为弧，剡木为矢，亦剥林木以战之一端。《越绝书》言“轩辕、神农、赫胥之时，以石为兵；黄帝之时，以玉为兵”，《外传记宝剑》。玉亦石。盖未知用铜之时，兼用木石为兵，肃慎氏楛矢石砮其征也。《管子·地数》曰：“黄帝问于伯高曰：吾欲陶天下而以为一家，为之有道乎？伯高对曰：山之见其荣者，君谨封而祭之。修教十年，而葛卢之山，发而出水，金从之。蚩尤受而制之，以为剑铠矛戟，是岁相兼者诸侯九，雍狐之山，发而出水，金从之。蚩尤受而制之，以为雍狐之戟，芮戈。是岁相兼者诸侯十二。”《五行篇》言黄帝得六相，蚩尤为其一。盖蚩尤之后，有服属于黄帝者也。南方之知用铜，早于北方，已见第三章。蚩尤之技，盖亦受之于南，观五刑始于蚩尤可知。北方铜与锡皆少于南方，[②]故穆王及管子，皆有赎刑之制。《尚书·吕刑》《管子·中小匡》。管子言美金以铸戈剑矛戟，恶金以铸斤斧钼夷锯欘，盖以铜为兵器，以铁为农器也。《左氏》僖公八年，“郑伯朝于楚，楚子赐之金。既而悔之，与之盟，曰：无以铸兵。”《吴越春秋》《越绝书》，皆盛称南方兵甲之利，可见北方之用铜，至东周时。尚远在南方之后。然《管子》已有盐铁之篇，则北方之农器，已甚精利矣。此河域生业之所由日盛与？

---

①兵：用石时亦剥林木以战。

②工业：北用铜不如南用铁胜之。

第二节　黄帝之族与共工之争

黄帝之后，依今文家旧说，继位者为颛顼，依古文家言，则其间多一少昊，已见第六章第一节。古本无后世所谓共主。古书所谓某帝崩、某帝立者，皆后人追述之辞，不徒不必身相接，并不必其在当时，有王天下之实也。故黄帝、颛顼间，果有少昊与否，实无甚关系，而少昊、颛顼等事迹如何，乃为言古史者所必究焉。《史记·五帝本纪》，略本《大戴礼记·五帝德》，于颛顼、帝喾两代，皆仅虚辞称美，无甚实迹可指。综各种古书观之，则其时与共工之争极烈，至尧、舜、禹之世而犹未已。又黄帝灭蚩尤后，不久，二族似仍通婚媾。故颛顼、帝喾，皆与姜姓之族有关，此则其时之事，颇有关系者也。

少昊事迹，见于《左氏》。昭公十七年（前525），郯子来朝。公与晏。昭子问焉，曰：少皞氏鸟名官，何故也？郯子曰："吾祖也，我知之矣。昔者黄帝氏以云纪，故为云师而云名。炎帝氏以火纪，故为火师而火名。共工氏以水纪，故为水师而水名。太皞氏以龙纪，故为龙师而龙名。我高祖少皞、挚之立也，凤鸟适至，故纪于鸟，为鸟师而鸟名。自颛顼以来，不能纪远，乃纪于近，为民师而命以民事。"二十九年（前513），蔡墨言："少皞氏有四叔：曰重，曰该，曰修，曰熙；实能金木及水。使重为句芒，该为蓐收，修及熙为玄冥。世不失职，遂济穷桑。"穷桑近鲁，已见第六章第二节。郯为今山东郯城县。郯子言少昊、挚之立，爽鸠氏为司寇，而昭公二十年（前522），晏子对齐景公，谓昔爽鸠氏始居此地，季萴因之，有逢伯陵因之，薄姑氏因之，而后太公因之，则古代，今山东省，确有一少昊其人，谓为子虚乌有者，武断之论也。然古学家牵合黄帝之子青阳，则非是。

《史记·五帝本纪》曰："黄帝居轩辕之丘，而娶于西陵之女，是为嫘祖。嫘祖为黄帝正妃。生二子，其后皆有天下。其一曰玄嚣，是为青阳。青阳降居江水。其二曰昌意，降居若水，昌意娶蜀山氏女，曰昌仆。生高阳。高阳有圣德焉。黄帝崩，其孙昌意之子高阳立，是为帝颛顼。帝颛顼生子曰穷蝉。颛顼崩，而玄嚣之孙高辛立，是为帝喾。帝喾高辛者，黄帝之曾孙也。高辛父曰蟜极，蟜极父曰玄嚣，玄嚣父曰黄帝。自玄嚣与蟜极，皆不得在位，至高辛即帝位。”《史记》此文，与《大戴礼记·帝系篇》合，乃古系世之遗。古未必有后世之共主，然君位相袭，在一部落间，仍是分明。如忽都剌殁，蒙兀无共主，然也速该仍为尼伦全部之主是也。夏太康失国，少康中兴亦如此。自太康至相，不过不为天下王，其为夏之君自若也。参看第八章第一节自明。少昊与太昊相对，乃东西二卿之名，已见第一节。《汉书·律历志》，引刘歆所撰《世经》，据郯子之言，谓炮牺、共工、炎帝、黄帝、少昊相继，由周人迁其行序，故《易》不载。又曰：“《考德》曰：少昊曰清。清黄帝之子青阳也，名挚。”颜师古《注》曰：“《考德》，考五帝之德也。”盖即歆等所造。《后汉书·张衡传》：衡条上司马迁、班固所叙，与典籍不合者十余事。《注》举其一事曰：“《帝系》：黄帝产青阳、昌意。《周书》曰：乃命少皞清。清即青阳也。今宜实定之。”案《周书》此语，见于《尝麦解》。其文曰：“乃命少昊清司马鸟师，以正五帝之官，故名曰质。天用大成。至于今不乱。”此文疑有夺误。指清为少昊之名，实属附会。而质挚同音，盖又古学之家，据此而定少昊之名为挚者。郯子于黄、炎、共工、太皞，皆不言其名，独于少皞称其名曰挚，疑挚字乃治左氏者所旁注，而后误入正文也。要之少昊确有其人，居东方之地，亦为当时名国，然谓其曾继黄帝而为其部落之长，且为一时共主，则羌无故实也。①

---

①史事：少昊氏、爽鸠氏为司寇居齐，非继黄帝酋长。

自颛顼以至于禹，皆与共工剧争。《淮南子·天文训》曰：“昔者共工与颛顼争为帝，怒而触不周之山，天柱折，地维绝。”《兵略训》曰：“颛顼尝与共工争为帝矣。”《史记·律书》曰：“颛顼有共工之陈，以平水害。”《淮南子·原道训》曰：“昔共工之力，触不周之山，使地东南倾。与高辛争为帝，遂潜于渊，宗族残灭，继嗣绝祀。”《周书·史记》曰：“昔者共工自贤，自以无臣。久空大官，下官交乱，民无所附。唐氏伐之，共工以亡。”《书·尧典》言舜“流共工于幽州”。《淮南子·本经训》曰：“舜之时共工振滔洪水，以薄空桑。舜乃使禹疏三江、五湖，辟伊阙，导廛、涧。”《荀子·议兵篇》曰：“禹伐共工。”《战国·秦策》载苏秦之言同。《成相篇》曰：“禹劳心力抑下鸿，辟除民害逐共工。”可见其争阋之烈。《管子·揆度篇》言：“共工之王，水处十之七，陆处十之三，乘天势以隘制天下。”《礼记·祭法篇》言：“共工氏之霸九州也，其子曰后土，能平九州，故祀以为社。”王霸为后人分别之辞，在当时实无以异，然则共工后虽败亡，其初固为一强族也。

共工究何族乎？曰：共工者，炎帝之支派也。《山海经·海内经》曰：“炎帝之妻，赤水之子听訞，《补三皇本纪》曰：“神农纳奔水氏之女曰听诙为妃。”《注》曰：“见《帝王世纪》及《古史考》。”郝懿行《山海经笺疏》曰：“二书盖亦本此经为说，其名字不同，今无可考矣。”生炎居。炎居生节并。节并生戏器。戏器生祝融。祝融降处于江水，生共工。共工生术器。术器首方颠，是复土壤，以处江水。共工生后土。后土生噎鸣。噎鸣生岁十有二。洪水滔天。鲧窃帝之息壤，以湮洪水。不待帝命。帝令祝融杀鲧于羽郊。鲧复生禹。帝乃令禹卒佈土以定九州。”《山海经》诚荒怪，然世系为古人所重，虽与神话相杂，不得全虚。云炎帝生祝融，祝融生共工，可见其实为炎帝之族。而云鲧为祝融所杀，其后禹又攻共工，亦隐见二族相仇之迹也。《大荒北经》有禹攻共工国山。又云："禹杀共工之臣相繇。"《海内北经》云："禹杀共工之臣相柳。"此系一事两传。又《大荒北经》言："大荒之中，有山名曰成都。载天。有人，珥两黄蛇，把两黄蛇，名曰夸父。后土生信，信生夸父。夸父不量力，欲追日景，逮之于禺谷。将饮河而不足也，将走大泽，死于此。应龙已杀蚩尤，又杀夸父，乃去南方处之，故南方多雨。"此一事两说并载。后土，据《海内经》生于共工，应龙则《大荒北经》谓黄帝使攻蚩尤于冀州之野者也。亦隐见二族相争之迹。

古有所谓女娲者，盖创造万物之女神？[①]《楚辞·天问》曰："女娲有体，孰制匠之？"《注》曰："传言女娲人头蛇身，一日七十化。"《说文·女部》："娲，古之神圣女，化万物者也。"《天问》之意，盖谓万物皆女娲所造，女娲谁所造邪？犹今诘基督教者，言天主造物，天主又谁所造也？《御览·皇王部》引《风俗通》俗说天地开辟，未有人民。女娲抟黄土作人。剧务，力不暇供，乃引绳于泥中，举以为人。故富贵者黄土人也，贫贱凡庸者絙人也。亦此一类神话。既可以造万物，遂可以补天地，而其说，遂与共工、颛顼之争相牵合焉。《淮南子·天文训》言："共工触不周之山，天柱折，地维绝。天倾西北，故日月星辰移焉。地不满东南，故水潦尘埃归焉。"言共工而不及女娲。《览冥训》曰："往古之时，四极废，九州裂。天不兼覆，地不周载。火滥炎而不灭，水浩洋而不息。猛兽食颛民，鸷鸟攫老弱。于是女娲炼五色石以补苍天，断鳌足以立四极，杀黑龙以济冀州，积芦灰以止淫水。苍天补，四极正。淫水涸，冀州平。狡虫死，颛民生。"言女娲而不及共工，可见其各为一说。《论衡·谈天》《顺鼓》二篇，始将二事牵合为一，然犹云共工与颛顼争。司马贞《补三皇本纪》乃谓，女娲氏末年，"诸侯有

---

①史事：女娲乃造万物女神。

共工氏。任智刑以强，霸而不王，与祝融战，不胜，而怒。乃头触不周山崩，天柱折，地维缺。女娲乃炼五色石以补天，断鳌足以立四极”云云。云与祝融战者？古书言三皇，一说以为伏羲、神农、祝融，撰集古记者或以为女娲即祝融，乃改共工与颛顼争为与祝融战，而司马氏杂采之也。《注》云“按其事出《淮南子》”，乃溯其本原之辞，非谓其文全据《淮南》。古神人本不分，人固可以附会为神，神亦可以降列于人，于是诸书遂列女娲于古帝王，附会为伏羲之妹，《风俗通义》。甚或谓其陵在任城，又或谓其治平利之中皇山矣。见《路史》引《太平寰宇记》《元丰九域志》。案任城，今山东济宁县，地近雷泽。平利，今陕西平利县。《遁甲开山图注》谓伏羲生于成纪，徙治陈仓，地与平利相近，盖因此而附会也。《路史》又引《长安志》，谓骊山有女娲治处，案《汉书·律历志》，载张寿王之言，谓骊山女为天子，在殷、周间，《长安志》之说，盖又因此附会。骊山，在今陕西临潼县东南。

《帝王世纪》谓颛顼始都穷桑，后徙商丘，乃因《左氏》卫颛顼之虚而云然，说不足信。见第六章第二节。《吕览·古乐》曰：“帝颛顼生自若水，实处空桑，乃登为帝。”此言颛顼都邑最可信据者。《山海经·海内经》曰：“南海之内，黑水青水之间，有木，名曰若木，若水出焉。”《楚辞·离骚》曰：“饮余马于咸池兮，总余辔乎扶桑。折若木以拂日兮，聊逍遥以相羊。”《说文·桑部》：“叒，日初出东方汤谷所登榑桑。叒，木也。”王筠曰：“《石鼓文》有[篆]字。盖叒本作[篆]。若字盖亦作[篆]，即[篆]之重文。加口者，如𣡌字之象根形。《说文》之叒木，他书作若木，盖汉人犹多作[篆]，是以八分书桑字作桒。《集韵·类篇》云：桑古作𣜩。《说文》收若字于草部，从草，右声，似误。”此说甚精。若水实当作桑水。《东山经》曰：“东次二经之首曰空桑之山，北临食水。”又曰：“《东山经》之首曰樕𧏡之山。北临乾昧，食水出焉，而东北流注于海。”空桑即穷桑，其地当近东海。《史记·殷本纪》载《汤诰》曰：“东为江，北为济，西为河，南为淮，四渎已修，万民乃有居”，则古谓江在东方。青阳降居江水，昌意降居若水，其地皆当在东。后人误蜀山氏之蜀为巴蜀之蜀，《水经》乃谓若水出旄牛徼外，至朱提为泸江矣。[①]旄牛、朱提，皆汉县。旄牛，在今四川汉源县南。朱提，在今四川宜宾县西南。《周书》谓阪泉氏徙居至于獨鹿，獨从蜀声，獨蜀一字，蜀山实獨鹿之山，亦即涿鹿之山。黄帝破蚩尤后，至颛顼时，二族盖复通婚媾，故《大荒西经》谓颛顼生老童，老童生祝融，祝融固炎帝之族；《大荒北经》谓颛顼生欢头，欢头生苗民，苗民黎姓；《潜夫论·五德志》，谓颛顼身号高阳，世号共工，苗民即蚩尤之后，共工亦姜姓也。《吕览》言颛顼实处空桑，而《淮南》言共工振滔洪水，以薄空桑，则共工、颛顼之争，仍在东方，必不能在河北也。

第三节　禹治水

帝喾之后，继之者为帝尧。《史记·五帝本纪》曰：“帝喾娶陈锋氏女，生放勋，娶娵訾氏女，生挚。帝喾崩，而挚代立，帝挚立，不善。崩，而弟放勋立，是为帝尧。”“不善”，《索隐》曰：“古本作不著，犹不著明，不善谓微弱，”又引卫宏曰：“挚立九年，而唐侯德盛，因禅位焉。”《正义》引《帝王世纪》曰：“帝挚之母，于四人中班最在下，而挚于兄弟最长，得登帝位，封异母弟放勋为唐侯。挚在位

---

①史事：昌意处若水，青阳处江水，皆在东。蜀山即独鹿。昌意取蜀山女，故生颛顼，为姜姓。

九年，政微弱，而唐侯德盛，诸侯归之。挚服其义，乃率群臣造唐而致禅。唐侯自知有天命，乃受帝禅。乃封帝于高辛。”《御览·皇王部》引略同。末云：“事不经见，汉故议郎东海卫宏之传尔。”经传所无之说，卫宏何由知之？其妄不待言矣。

孔子删《书》，断自唐、虞，故自尧以后，史事传者较详。然《尧典》等实亦后人追述，非当时实录也。综观古书，此时代之大事，一为禹之治水，一为尧、舜、禹之禅让，今先述治水之事如下。

洪水之患，盖远起于炎、黄之际，《管子》言共工之王，水处十之七，陆处十之三；《礼记》言共工氏之子后土，能平九州；《山海经》亦言共工生术器，是复土壤，以处江水。[①]已见第二节。而《国语·周语》，载太子晋之言，谓“古之长民者，不堕山，不崇薮，不防川，不窦泽。昔共工氏弃此道也，虞于湛乐，淫失其身。欲壅防百川，堕高堙卑，以害天下。皇天弗福，庶民弗助，祸乱并兴，共工用灭。其在有虞，有崇伯鲧，播其淫心，称遂共工之过。尧用殛之于羽山。其后伯禹念前之非度，釐改制量。共之从孙四岳佐之。高高下下，疏川导滞。钟水丰物。封崇九山，决汩九川，陂障九泽，丰殖九薮，汨越九原，宅居九隩，合通四海。克厌帝心。皇天嘉之，祚以天下”云云。知自共工至禹，水患一线相承。共工与颛顼争，其距黄帝，当不甚远。而《管子·揆度》言“黄帝之王，破增薮，焚沛泽，逐禽兽”；又《轻重戊》言“黄帝之王，童山竭泽”；此即“益烈山泽而焚之”之事，知当黄帝时，业以水为患矣，《禹贡》述禹所治水，遍及江、河两流域；诸子书言禹事者亦皆极意敷张；其实皆非真相。孔子言禹卑宫室而尽力乎沟洫。[②]《论语·太伯》。《尚书·皋

①水利：古治水主填塞。

②史事：禹治水真相。

陶谟》今本分为《益稷》。载禹自道之言曰："予决九川距四海，濬畎浍距川。"九川特言其多，四海者，中国之外；中国无定境，则四海亦无定在。《国语》"封崇九山，决汩九川"云云，与《禹贡》篇末，所谓"九州攸同，四隩既宅，九山刊旅，九川涤原，九泽既陂，四海会同"者，同为泛言无实之辞。知禹之治水，亦仅限于一隅；上文道山道水及九州情形，皆后人所附益也。《说文·川部》"州，水中可居者。昔尧遭洪水，民居水中高土故曰九州"，此为州字本义。古无岛字，洲即岛也。州洲二字，异文同语，尤为易见，盖吾族古本泽居，故以水中可居之地，为人所聚处之称。古以三为多数，盖亦以三为单位。三三而九，故井田以方里之地，画为九区；明堂亦有九室。九州，初盖小聚落中度地居民之法，后乃移以区画其时所知之天下耳。《孟子》述水患情形曰："草木畅茂，禽兽繁殖。五谷不登，禽兽逼人。兽蹄鸟迹之道，交于中国。"《滕文公上》。又曰："龙蛇居之，民无所定。下者为巢，上者为营窟。"《滕文公下》。正《说文》所谓居水中高土者。兖州本吾族兴起之地，《禹贡》于此独有"降丘宅土"之文。《禹贡》固后人所文饰，然其中单辞只义，亦未必无古代史实之存也。尧时所谓洪水者，断可识矣。

《吕览·爱类》云："上古龙门未开，吕梁未凿，河出孟门，无有丘陵、沃衍、平原、高阜，尽皆灭之，名曰鸿水。"《淮南·本经训》亦云："龙门未开，吕梁未凿，江、淮流通，四海溟涬。"《人间训》则云："禹凿龙门，辟伊阙。"龙门，已见前。第六章第一节。吕梁，在今江苏铜山县东南，见《水经·泗水注》。后人或以陕西韩城县之梁山说之。孟门近太行。《左氏》襄公廿二年，齐侯伐晋，取朝歌，入孟门，登太行。伊阙在今河南洛阳县。地皆在河南、山、陕之间。夏都本在河、洛；后人又谓唐、虞、夏之都，皆在河东；因谓禹所施功，黄河为大，而河工之艰巨者，实在龙门、砥柱在今山西平陆县东。之间。此惑于传说，而不察其实者也。言尧、舜、禹都邑最古者，莫如《左氏》。《左氏》载子产之言曰：高辛氏有二子。实沈迁于大夏，唐人是因，至成王，灭唐而封太叔焉。昭公元年。又云：尧殛鲧于羽山，其神化为黄熊，以入于羽渊，实为夏郊，三代祀之。晋为盟主，其或者未之祀也乎？昭公七年。又祝鮀谓唐叔，命以唐诰，封于夏虚，启以夏政，定公四年。则尧、禹旧都，必在晋境。顾其所在，异说纷如。《汉书·地理志》：太原郡晋阳，今山西太原县。故《诗》唐国，《左氏杜注》因之，谓大夏、夏虚皆晋阳，服虔则云：大夏在汾、浍之间，《诗·唐风郑谱疏》。郑氏《诗谱》，谓尧都晋阳，唐叔所封。南有晋水。子燮，改称晋侯。尧后迁都平阳，今山西临汾县。近晋之曲沃。今山西闻喜县。又云：魏者，虞舜、夏禹所都之地。魏都安邑，今山西夏县。皇甫谧谓尧初封唐，在中山唐县。今河北唐县。后徙晋阳。及为天子，居平阳。舜所营都，或云蒲阪。今山西永济县。禹受禅，都平阳，或于安邑，或于晋阳。《诗·唐风郑谱疏》。臣瓒则谓尧都永安，《汉书·地理志注》。今山西霍县。异说虽多，要不外河、汾下流及霍山以北两地。顾炎武《日知录》谓：霍山以北，悼公以后，始开县邑。《史记》屡言禹凿龙门，通大夏。齐桓公伐晋，仅及高梁，今临汾东北。而《史记·封禅书》述桓公之言，以为西伐大夏。则大夏必在河、汾下流。近人钱穆申其说。谓《封禅书》述桓公之言曰：西伐大夏，涉流沙，束马县车，上卑耳之山。《管子·小匡篇》则曰：逾太行与卑耳之溪，拘泰夏。今本讹作秦夏，此系据戴望《校正》改。西服流沙、西虞。卑耳，《索隐》云山名，在河东大阳。今山西平陆县。《水经·河水注》：河水东过大阳县南，又东，沙涧水注之，水北出虞山，有虞城。虞山，盖即卑耳之山。沙涧水，本或作流沙水，即齐桓所涉。《史记·吴太伯世家》：虞仲封于周之北，故夏虚，即西虞，亦即大夏。《汉志》临晋县，今陕西大荔县。应劭谓以临晋水得名。《史记·魏世家》：秦拔我晋阳。《括地志》谓在虞乡县西，今山西虞乡县。《水经》涑水所径，有晋兴泽，亦在虞乡。则涑水古名晋水。《注》又谓涑亦称洮，则子产谓金天氏之裔台骀，宣汾、洮以处太原，帝用嘉之，封诸汾川，沈、姒、蓐、黄，实守其祀，今晋主汾而灭之者，亦见昭公元年。所宣亦即涑水。《汉志》谓晋武公自晋阳迁曲沃，以太原晋阳说之，虽误，其语自有所本。武公旧邑，实即虞乡之晋阳也。又云：《尚书》言禹娶涂山，《皋陶谟》，今本《益稷》。《左氏》言禹会诸侯于涂山，哀公七年。世皆谓在今寿县。考《水经·伊水注》：伊水出陆浑县今河南嵩县。西南，王母涧之北。山上有王母祠。即古三涂山。《方舆纪要》：三涂山，在嵩县南十里。即古所谓涂山者，王母即涂山氏女也。《山海经》：南望禅渚，禹父之所化。《水经注》：禅渚在陆浑县东。则涂山、羽渊，地甚相近。鲧称崇伯，崇即嵩也。又古书言禹葬会稽，世皆谓在今绍兴。其实会稽为《吕览·有始览》九山之一，八山皆在北，太山、王屋、首山、太华、岐山、太行、羊肠、孟门。太山，即霍太山。不得会稽独在南。《吴越春秋》《越绝书》皆谓禹上茅山，大会计，更名茅山曰会稽之山。《水经注》：会稽之山，古称防山，亦曰茅山。防即舜封丹朱于房之房，亦即陟方乃死之方。以茅津、茅城推之。《左氏》文公三年，秦伯伐晋，自茅津济，《水经·河水注》：河水东过陕县北，河北有茅城，故茅亭，为茅戎邑。陕县今属河南。地望正在大阳。然则禹之治水，当在蒲、今永济县，旧蒲州。解之间。其地三面俱高，惟南最下。河水环带，自蒲、潼达于陕津、砥柱，上有激湍，下有阏流；又涑水骤悍，无可容游；唐、虞故都，正在于此，此其所以为大患也。钱说见所著《西周地理考》。予谓钱氏之说辩矣。然谓古有所谓唐、夏者，在河、汾下流，不在永安、晋阳之地，则可。谓尧、禹故都，即在河、汾下流则不可。《太平御览·州郡部》引《帝王世纪》，谓“尧之都后迁涿鹿，《世本》谓在彭城”；而《孟子》谓“舜生于诸冯，迁于负夏，卒于鸣条，东夷之人也”。《离娄下》。《世本》《孟子》皆古书，可信，诸冯、负夏，诸家皆无确说，姑勿论。鸣条则实有古据。其地，当在山东。见第八章第三节。涿鹿为黄帝旧都，唐尧是因，虞舜稍迁而北，殊近事理。孟子、史公，言尧、舜、禹事，同本《书》说，以《书传》对勘可知。《史记》谓舜耕历山，渔雷泽，陶河滨，作什器于寿丘，就时于负夏。《五帝本纪》。《管》《版法解》。《墨》《尚贤中下》。《尸子》《御览·皇王部》引《吕览》《慎人》。《淮南王书》皆同，必非无据。诸家说此诸地，亦皆谓在兖、豫之域。历山，《淮南高注》谓在济阴城阳，即《汉志》尧冢所在，今山东濮县也。雷泽，郑玄谓即《禹贡》兖州雷夏泽。陶河滨，皇甫谧谓济阴定陶有陶丘亭。定陶，山东今县。寿丘在鲁东门北，见第六章第二节。负夏，郑玄云：卫地。皆见《史记·五帝本纪集解》。《史记》谓舜殛鲧于羽山，以变东夷亦本《大戴记·五帝德》。《汉志》谓在东海祝其，今江苏赣榆县。虽不中，固当不远。然则自舜以前，都邑固皆在东方也。《周书·度邑解》云“自洛汭延于伊汭，居易无固，其有夏之居”，盖尧遭洪水，使禹治之，用力虽勤，而沈灾实未能澹。自禹以后，我族乃渐次西迁。自伊、洛渡河，即为汾、浍之域。唐、虞、夏支庶，盖有分徙于是者。《周书·史记》解有唐氏、有虞氏、西夏则其国。《史记·晋世家》，谓唐叔封于河、汾之东。《集解》引《世本》，谓叔虞居鄂即大夏，《括地志》：鄂在慈州昌宁县。唐昌宁，今山西乡宁县。盖即《周书》所谓西夏，见灭于唐氏者。故其地既称唐，又称夏。《管子》所谓西虞，则《周书》之有虞氏也。虞夏皆别称西，明其国故在东。然则谓禹治水遍及江、河两域者，固非，即谓仅在蒲、解之间者，亦尚非其实矣。

《禹贡》云："禹敷土"；《诗·商颂·长发》亦云："禹敷下土方"；此即《山海经》所谓术器复土壤；复即《诗》"陶复陶穴"之复也。鲧窃帝之息壤，以湮洪水者。见第二节。《淮南·地形训》，谓禹以息土填洪水，以为名山。《时则训》亦谓禹以息壤湮洪水之州。庄逵吉曰："《御览》引此，下有注曰：禹以息土填洪水，以为中国九州。州，水中可居者。"此语非后人所能造，必沿之自古。然则古人视禹之治水，亦与术器、鲧等耳。治水诚贱湮防，贵疏泄，然此乃后世事。于古则湮防本最易知之法；亦且疆域狭小，无从知水之源流；安有"疏九河，瀹济、漯而注之海，决汝、汉，排淮、泗而注之江"等见解。其所习知者，沟洫疏治之法耳。即《皋陶谟》所谓"濬畎浍距川"者也。其或决溢，非防则湮。湮则《禹贡》所谓敷土，《国语》所谓"湮卑崇薮"也。防则《史记》所谓"鲧作九仞之城以障水"也。《五帝本纪》。后世疆域渐广，治水之法亦渐精，乃以其所善者附诸禹，所恶者附诸鲧与共工。其实《书》称禹之功曰："暨益奏庶鲜食"，"暨稷播奏庶鲜食，艰食"，《皋陶谟》。今本《益稷》。亦正犹《礼记》《祭法》。《国语》，《鲁语》。以句龙、后土并称耳。《禹贡》九州，盖后人就所知地理，为之敷衍。凿龙门，辟伊阙等说，则西迁后所见奇迹，以天工为人事，附之于禹也。禹治水之功，非后人侈陈失实，则沈灾久而自澹。抑东方本文化之区，而逮乎商、周之间，转落西方之后，水患未除，农功不进，似为其大原因。然则谓水灾实未尝除，特因西迁之后，纪载阙如，后人遂兴微禹其鱼之叹，似尤近于实矣。

第四节 尧舜禅让[①]

世所传尧、舜禅让之说，出于儒家。儒家此义，盖孔门《书》说，而孟子、史公同祖之。今之《尚书》，既非汉初经师所传，亦非后来之古文本，实东晋之伪古文本也。今文所有诸篇虽真，其字句，则亦未必尽可信矣。《史记·五帝本纪》《夏本纪》，多袭《尚书》，而字句时有异同。句之异同，由古人经文与经说不分。见第二章。字之异同，大率《尚书》古而《史记》则为汉时通用之语。论者多谓史公以今易古，以求易晓，其实直录古书，不加删改，乃古人行文通例。[②]今古之异，不徒训诂，亦在语法。史公果求易晓，何不并《书》语而改之，而惟易其字也？然则今《尚书》与《史记》之异正未必《尚书》是而《史记》非矣。故今于儒家所传尧、舜禅让之事，即引《史记》之文如下。

《五帝本纪》曰："尧曰：嗟四岳，朕在位七十载，汝能庸命，践朕位。岳应曰：鄙德，忝帝位。尧曰：悉举贵戚及疏远隐匿者。众皆言于尧曰：有矜在民间曰虞舜。尧曰：然，朕闻之。其何如？岳曰：盲者子。父顽，母嚚，弟傲。能和以孝，烝烝治，不至奸。尧曰：吾其试哉。于是尧妻之二女，观其德于二女。舜饬下二女于妫汭，如妇礼。尧善之。乃使舜慎和五典，五典能从。乃遍入百官，百官时序。宾于四门，四门穆穆，诸侯远方宾客皆敬。尧使舜入山林川泽，暴风雷雨，舜行不迷。尧以为圣。召舜曰：女谋事至而言可绩，三年矣，女登帝位。舜让：于德不怿。正月上日，舜受终于文祖。文祖者，尧太祖也。于是

①史事：禅让真相。

②经学：古人例不改字，则《史记》不应改《尚书》之字，与今《尚书》异，或正今书改今为古。

帝尧老，命舜摄行天子之政，以观天命。”又曰：“尧立七十年得舜，二十年而老，令舜摄行天子之政，荐之于天。尧辟位凡二十八年而崩。尧知子丹朱之不肖，不足授天下，于是乃权授舜。授舜则天下得其利而丹朱病，授丹朱则天下病而丹朱得其利。尧曰：终不以天下之病而利一人，而卒授舜以天下。尧崩，三年之丧毕。舜让，辟丹朱于南河之南，诸侯朝觐者，不之丹朱而之舜；狱讼者，不之丹朱而之舜；讴歌者，不讴歌丹朱而讴歌舜。舜曰：‘天也。夫而后之中国，践天子位焉。’”又曰：“舜子商均亦不肖。舜乃豫荐禹于天。十七年而崩。三年丧毕，禹乃亦让舜子，如舜让尧子，诸侯归之，然后禹践天子之位。尧子丹朱，舜子商均，皆有疆土，以奉先祀。服其服，礼乐如之。以客见天子，天子弗臣。示不敢专也。”《夏本纪》曰：“帝禹立，而举皋陶，荐之，且授政焉。而皋陶卒。封皋陶之后于英、六。《集解》：“徐广曰：《史记》皆作英字，而以英布是此苗裔。”《索隐》：“《地理志》：六安国六县，咎繇后偃姓所封国。英地阙，不知所在。”《正义》：“英盖蓼也。《括地志》云：光州固始县，本春秋时蓼国，偃姓，皋陶之后也。《太康地志》云：蓼国先在南阳故县，今豫州郾县界故胡城是。后徙于此。”六，今安徽六安县。固始，今河南固始县。郾，今河南郾城县。或在许，今河南许昌县。而后举益，任之政。十年，帝禹东巡狩，至于会稽而崩。以天下授益。三年之丧毕，益让帝禹之子启，而辟居箕山之阳。《集解》：“《孟子》阳字作阴。”《正义》：“按阴即阳城也。《括地志》云：阳城县，在箕山北十三里。”案唐阳城县，在今河南登封县东南。禹子启贤，天下属意焉。及崩，虽授益，益之佐禹日浅，天下未洽，故诸侯皆去益而朝启，曰：吾君帝禹之子也。于是启遂即天子之位。”此儒家所传尧、舜、禹禅继之大略也。

禅让之事，自昔即有疑之者。《三国·魏志·文帝纪注》引《魏氏春秋》曰：“帝升坛礼毕，顾谓群臣曰：舜、禹之事，吾知之矣。”

《史记·五帝本纪正义》曰："《括地志》云：故尧城，在濮州鄄城县东北十五里。鄄城，在今山东濮县东。《竹书》云：昔尧德衰，为舜所囚也。又有偃朱故城，在县西北十五里。《竹书》云：舜囚尧，复偃塞丹朱，使不与父相见也。"[①]《晋书·束皙传》曰："太康二年（281），汲郡人不准，盗发魏襄王墓。或言安釐王冢。得竹书数十车。其《纪年》十二篇，纪夏以来，至周幽王为犬戎所灭，以事接之。三家分，仍述魏事。至安釐王之二十年（前257）。盖魏国之史书。大略与《春秋》皆多相应。其中经传大异，则云：夏年多殷，益干启位，启杀之。太甲杀伊尹，文丁杀季历。自周受命至穆王百年，非穆王寿百岁也。幽王既亡，有共伯和者，摄行天子事，非二相共和也。"杜预《春秋经传集解后序》谓："《纪年》称仲壬崩，伊尹放太甲于桐，乃自立。七年，太甲潜出自桐，杀伊尹。立其子伊陟、伊奋，命复其父之田宅而中分之。"汲冢得书，当实有其事，然其书实无传于后。《晋书》所云，乃误据后人伪造之语，《杜序》则为伪物。盖魏、晋之际，篡窃频仍；又其时之人，疾两汉儒者之拘虚，好为非尧、舜，薄汤、武之论。造此等说者，其见解盖正与魏文帝同，适有汲冢得书之事，遂附托之以见意也。唐刘知幾据之，《史通·疑古篇》引汲冢书云：舜放尧于平阳，益为启所诛，太甲杀伊尹，文丁杀季历。又引《汲冢琐语》云：舜放尧于平阳。案《琐语》，《束皙传》云"诸国卜梦妖怪相书也"，安得有舜放尧事？唐人所谓汲冢书者，其不足信，概可见矣。又刺取古书中言尧、舜、禹、汤、文、武、周公事可疑者，以作《疑古》之篇。其说诚为卓绝。然《竹书》非可信之书；而知幾所疑，亦有未尽。予昔尝作《广疑古》之篇自谓足以羽翼古人，由今思之，其说亦殊未允也。今先述旧说，更以今所见者，辩之

---

①史事：囚尧偃朱之说。

如下。

其（一）《书·皋陶谟》今本《益稷》。曰："无若丹朱傲，惟慢游是好，傲虐是作，罔昼夜頟頟。罔水行舟。朋淫于家，用殄厥世。"《释文》曰："傲字又作奡。"《说文·夰部》奡下引《虞书》曰："若丹朱奡。"又引《论语》"奡荡舟"。俞正燮《癸巳类稿·奡证》，谓《庄子·盗跖篇》曰："尧杀长子。"《韩非子·说疑篇》曰："记云：尧诛丹朱。"《书》称"胤子朱"，史称"嗣子丹朱"，案谓《尧典》及《史记·五帝本纪》。则尧未诛丹朱。然《吕氏春秋·去私篇》云："尧有子十人"；《求人篇》云："妻以二女，臣以十子"；而《孟子》止言九男；《万章上》："帝使其子九男事之，二女女焉。"《淮南·泰族训》亦云："尧属舜以九子"；《书》云"殄厥世"；是尧十子必失其一，而又必非丹朱。《管子·宙合篇》云："若觉卧，若晦明，若敖之在尧也。"即若丹朱敖之敖，与朱各为一人。罔水行舟，则《论语》云"奡荡舟"。朋淫于家，则《汉书·邹阳传》曰："不合则骨肉为仇敌，朱、象、管、蔡是已。"乃朱与奡以傲虐朋淫相恶。殄厥世，则《论语》云"不得其死也"。予昔据此，疑奡实为舜所杀，然罔水行舟非荡舟，朋淫非骨肉为仇敌，殄厥世亦非不得其死。敖乃嶅之借。《说文·山部》：嶅，山多小石也。《尔雅》释山作磝。尧，高也。敖在尧，犹言小石在高山。以之牵合人名，更无当矣。《韩子》之文曰："尧有丹朱，舜有商均，启有五观，商《楚语》作汤。有太甲，武王《楚语》作文王。有管、蔡，此五王之所诛者，皆父子兄弟之亲也。"《楚语》曰："此五王者，皆元德也，而有奸子。"邹阳之说本之，而易商均为象。朱、均与象，古书皆未传其有争夺相杀之事，如五观、管、蔡者；太甲更终陟帝位；然则谓五王诛父子兄弟之亲，所谓诛者，亦责问之意而已。以此疑尧之子为舜所杀，则见卵而求时夜矣。

其（二）《史记·伯夷列传》曰："夫学者载籍极博，犹考信于六艺。《诗》《书》虽缺，然虞、夏之文可知也。尧将逊位，让于虞舜；舜、禹之间，岳牧咸荐；乃试之于位，典职数十年，功用既兴，然后授政。示天下重器，王者大统，传天下若斯之难也。而说者曰：尧让天下于许由，许由不受，耻之逃隐；及夏之时，有卞随、务光者，此何以称焉？太史公曰：余登箕山，其上盖有许由冢云。孔子序列古之仁圣贤人，如吴太伯、伯夷之伦，详矣。余以所闻，由、光义至高，其文辞不少概见，何哉？"宋翔凤《尚书略说》曰："《周礼疏序》引郑《尚书注》云：四岳，四时之官，主四岳之事。始羲、和之时，主四岳者，谓之四伯。至其死，分岳事置八伯，皆王官，其八伯，惟驩兜、共工、放齐、鲧四人而已。其余四人，无文可知矣。"案上文羲、和四子，分掌四时，即是四岳，故云四时之官也。云八伯者？《尚书大传》称阳伯、仪伯、夏伯、羲伯、秋伯、和伯、冬伯，其一阙焉。《郑注》以阳伯，伯夷掌之，夏伯，弃掌之，秋伯，咎繇掌之，冬伯，垂掌之，余则羲、和、仲、叔之后，《尧典》注言驩兜四人者？郑以《大传》所言，在舜即真之年，此在尧时，当别自有人，而经无所见，故举四人例之。案唐、虞四岳有三：其始羲、和四子，为四伯。其后共、驩等为八伯。其后伯夷诸人为之。《白虎通·王者不臣篇》：先王老臣不名。亲与先王戮力共治国，同功于天下，故尊而不名也。《尚书》曰：咨尔伯，不言名也。案班氏说《尚书》，知伯夷逮事尧，故在八伯之首而称太岳。《左氏》隐十一年，夫许，太岳之胤也。申、吕、齐、许同祖，故吕侯训刑，称伯夷、禹、稷为三后。知太岳定是伯夷也。《墨子·所染篇》《吕氏春秋·当染篇》并云舜染于许由、伯阳，由与夷，夷与阳，并声之转。《大传》之阳伯，《墨》《吕》之许由、伯阳，与《书》之伯夷，正是一人。伯夷封许，故曰许由。《史记》尧让天下于许由，元注本《庄子》。正傅会咨四岳逊朕位之语，百家之言，自有所出。《周语》，太子晋称共之从孙四岳佐禹。又云："胙四岳国，命曰侯伯，赐姓曰姜，氏曰有吕。《史记·齐太公世家》云：吕尚，其先祖尝为四岳，佐禹平水土。虞、夏之际，封于吕，姓姜氏，此云四岳，皆指伯夷。盖伯夷称太岳，遂号为四岳，其实四岳非指伯夷一人也。"案《书·尧典》言舜摄政："流共工于幽州，放驩兜于崇山，窜三苗于三危，殛鲧于羽山，四罪而天下咸服。"如宋氏说，则四岳之三，即在四罪之中。且共工、三苗皆姜姓，既见流窜，而许由亦卒不得在位，则四凶之流放，又甚似姬、姜之争矣。此亦余昔所据以疑尧、舜禅让之事者也，然郑以驩兜等四人为四岳，实億说无确据；而四罪中有鲧，亦黄帝子孙也。又安能指为姬、姜之争乎?

其（三）《史记》言舜崩于苍梧之野，葬于江南九疑，各书皆同，惟《孟子》谓舜卒于鸣条。予谓孟子史公同用《书》说，《史记》此语，必遭后人窜改，此说是也。然昔时以鸣条近南巢，南巢即今安徽巢县。霍山实古南岳，后人移之衡山，乃并舜之葬地而移之零陵。汤居亳在陕西商县，其放桀于南巢；周起丰镐，王业之成，由成王之定淮徐；秦之并天下，楚亦迁于寿春，以为自秦以前，有天下者，皆自西北向东南，如出一辙也。今知中国民族，实起东南，而鸣条亦在古兖域，则昔之所疑，全无根据矣。《礼记·檀弓》："舜葬于苍梧之野"；《淮南·修务》："舜南征三苗，道死苍梧"；均未言苍梧所在。即《史记》亦未言苍梧、九疑究在何地。《续汉书·郡国志》，乃谓九疑在营道。其地为今湖南宁远县。舜之葬处，乃移至湘边。案《山海经·海内东经》云："湘水出舜葬东南陬，西环之，入洞庭下。"则所谓湘水者，不过环绕舜陵，决非如今日之源流千里。《海内经》云："南方苍梧之丘，苍梧之渊，其中有九嶷山，舜之所葬。"山在渊中，亦洲渚之类耳，决非今之九疑也。《史记·秦始皇本纪》二十八年，浮江至湘山祠。逢大风，几不得渡。上问博士曰：湘君何神？对曰：尧女，舜之妻，而葬此。此为今洞庭中山无疑。《檀弓》言舜葬苍梧，三妃不从，三妃盖二妃之误。曰不从，正以其死在一地。若舜死营道，二女死今洞庭中，则相去千里，古本无辇柩从葬之法也。然则苍梧、九疑，秦、汉间说，犹不谓在今洞庭中也。钱穆有《战国时洞庭在江北辩》，谓《史记·苏秦传》，言秦之攻楚曰：汉中之甲，乘船下巴，乘夏水而下汉，四日而至五渚。《战国·秦策》，张仪说秦王，言秦破荆袭郢，取洞庭、五都。《史记集解》引其辞，五都亦作五渚。《索隐》引刘伯庄，谓五渚在宛、邓之间，临汉水，则洞庭在江北明矣。此说甚辨。然则传说之初，并在北方而不在今之洞庭也。然鸣条果在兖域，则荆、豫间之传说，犹为后起矣。

其（四）《史记·秦本纪》曰："秦之先，帝颛顼之苗裔，孙曰女修。孙上疑有夺字。女修织，玄鸟陨卵，女修吞之，生子大业。大业娶少典之子，曰女华。女华生大费。与禹平水土，佐舜调驯鸟兽，鸟兽多驯服，是为伯翳。"《正义》曰："《列女传》云：陶子生五岁而佐禹。曹大家《注》云：陶子者，皋陶之子伯益也。按此即知大业是皋陶。"《索隐》曰："寻检《史记》上下诸文，伯翳与伯益是一人不疑，而《陈杞系家》，即叙伯翳与伯益为二，未知太史公疑而未决耶？抑亦缪误耳？"案《陈杞世家》叙唐虞之际有功德之臣十一人：曰舜，曰禹，曰契，曰后稷，曰皋陶，曰伯夷，曰伯翳，曰垂、益、夔、龙。《五帝本纪》则曰：禹、皋陶、契、后稷、伯夷、夔、龙、垂、益、彭祖，自尧时而皆举用，未有分职；次记命十二牧，次载命禹、弃、契、皋陶、垂、益、伯夷、夔、龙之辞；而终之曰："嗟女二十有二人"；明二十二人，即指禹、皋陶、契、后稷、伯夷、夔、龙、垂、益、彭祖及十二牧。翳益即为一人；《陈杞世家》，伯翳与益衍其一；而《五帝本纪》又佚命彭祖之辞；遂令后人滋疑耳。予昔据此，谓皋陶卒而禹举益，既行禅让，何以所禅者反父子相继？然此实更不足疑也。

其（五）《淮南子·齐俗训》云："有扈氏为义而亡。"高《注》曰："有扈，夏启之庶兄也，以尧、舜举贤，禹独与子，故伐启。启亡之。"予昔据此，谓启之继世，亦有兵争。然《周书·史记篇》曰："弱小在强大之间，存亡将由之，则无天命矣。不知命者死，有夏之方兴也，扈氏弱而不恭，身死国亡。"则有扈为义，乃徐偃、宋襄之流，与禅继之争无涉，高《注》实億说也。

先秦诸子之文，言尧、舜禅让，有类于后世争夺相杀之事者甚多。然皆为寓言。如《韩非子·说疑篇》曰："舜逼尧，禹逼舜，汤放桀，武王伐纣，此四王者，人臣之弑其君者也。"《忠孝篇》曰："尧为人君而君其臣，舜为人臣而臣其君，汤、武人臣而弑其主，刑其尸。"又曰："瞽瞍为舜父而舜放之，象为舜弟而舜杀之。放父杀弟，不可为仁。妻帝二女，而取天下，不可为义。仁义无有，不可谓明。"其视尧、舜、禹、汤、文、武，直卓、懿之不若。然《五蠹篇》曰："尧之王天下也，茅茨不翦，采椽不斫，粝粱之食，藜藿之羹，冬日麑裘，夏日葛衣，虽监门之服养，不亏于此矣。禹之王天下也，身执耒臿，以为民先，股无胈，胫不生毛，虽臣虏之劳，不苦于此矣。以是言之，夫古之让天子者，是去监门之养，而离臣虏之劳也。故古传天下而不足多也。"则立说迥异矣，何也？一以著奸劫弑臣之戒，一以明争让原于羡不足之情，皆借以明义，非说史实也。儒家言尧、舜、禹之事者，莫备于《孟子·万章上》。此篇又辩伊尹、百里奚、孔子之事，亦皆可作如是观。夫以后世事拟古事者，必不如以古事拟古事之切。后世但有董卓、司马懿之伦，而谓古独有天下为公之尧、舜，诚觉其不近于情。然秦、汉后之事势，与古迥殊，谓据卓、懿之所为，可以测尧、舜、禹、汤、文、武，则亦缪矣。古让国者固多，如伯夷、叔齐、《史记·伯夷列传》。吴太伯、《史记·吴太伯世家》。鲁隐公、《春秋》隐公元年、十一年。宋宣公、隐公三年。曹公子喜时、成公十六年。吴季札、襄公二十九年。邾娄叔术、昭公三十一年。楚公子启哀公八年。之伦皆是。固非若迂儒之所云，亦非如造《竹书》者之所测也。《论衡》圣人重疑之言，《奇怪篇》。《史通》轻事重言之论，《疑古篇》。可谓最得其实矣。

《五帝本纪》云："虞舜者，名曰重华。重华父曰瞽叟，瞽叟父曰桥牛，桥牛父曰句望，句望父曰敬康，敬康父曰穷蝉，穷蝉父曰帝颛顼，颛顼父曰昌意。以至舜七世矣。[①]自从穷蝉以至帝舜皆微为庶人。"《左氏》昭公九年。史赵云："自幕至于瞽瞍，无违命舜重之以明德。寘德于遂。遂世守之，及胡公不淫。故周赐之姓，使祀虞帝。"《国语·鲁语》云："幕能帅颛顼者也，有虞氏报焉。杼能帅禹者也，夏后氏报焉。上甲微能帅契者也，商人报焉。高圉、太王能帅稷者也，周人报焉。"《郑语》云："夫能成天地之大功者，其子孙未尝不章，虞、夏、商、周是也。虞幕能听协风，以成乐物生者也；夏禹能单平水土，以品处庶类者也；商契能和合五教，以保于百姓者也；周弃能播殖百谷，以衣食民人者也；其后皆为王公侯伯。"言舜之先，名号不同，贵贱亦异。《三国·蜀志·秦宓传》，谓"宓见《帝系》之文，五帝皆同一族，宓辨其不然之本"。说虽不可得闻，窃疑即本于此。传言谯允南少时，数往咨访，纪录其言于《春秋然否论》。谯氏尊信古文，窃疑宓亦当信《左》《国》也。《左氏》《国语》之文，幕必舜之先世，而贾逵、韦昭咸以幕为虞思，盖亦取与《帝系》相调和，贾说见《史记·陈杞世家集解》。《集解》又引郑众说，则以幕为舜之先。然古人名号不同者甚多，古事传者亦互异，古君民相去无几，耕稼陶渔之事，本未必不可躬亲。况舜又失

①史事：舜之先世。

爱于父，又安保其不旧劳于外，爰暨小人乎？此实与微为庶人不同，然自后世言之，则以为微为庶人，且并穷蝉以下，亦皆曰微为庶人矣。《夏本纪》云："禹之曾太父昌意及父鲧，皆不得在帝位，为人臣。"为人臣与微为庶人不同，然古之传者，未必知致谨于是。自穷蝉至帝舜，或皆为人臣，而后乃误为庶人，亦事所可有者也。要之古事传者，多非其真；古人措辞，又不甚审谛；观其大体则可，斤斤较计于片言只字之间，必无当也。似不必曲为调停，更不应以此而疑《帝系》之不实也。《世本》舜姓姚。《左氏疏》引。《左氏》哀公元年，述夏少康事，亦云虞思妻之以二姚，而《史记·陈杞世家》言舜居妫汭，其后因姓妫氏。《左氏杜注》，谓武王乃赐胡公姓曰妫。《疏》因诋马迁为妄。然古人多从母姓。黄帝二十五子，得姓者十有四人，《史记·五帝本纪》。即其一证。又安知舜后无姚、妫二姓乎？舜、禹同事尧，而《夏本纪》曰："禹之父曰鲧，鲧之父曰帝颛顼。"一为颛顼孙，一为颛顼七世孙，相去未免太远。《三代世表索隐》引《世本》、皇甫谧，并与《本纪》同。《墨子·尚贤中》云"昔者伯鲧，帝之元子"，似亦以为颛顼子。《汉书·律历志》《淮南·原道训高注》则以鲧为颛顼五世孙。《离骚》王逸《注》引《帝系》曰："颛顼五世而生鲧。"则《帝系》本有异同也。遂，《春秋》庄公十三年（前681），为齐所灭。《杜注》云："遂国在济北蛇丘县东北。"蛇丘，在今山东肥城县南。此亦舜居东方之一证。《左氏》昭公三年，晏子曰："箕伯、直柄、虞遂、伯戏，其相胡公、太姬，已在齐矣。"此以四人并举，并未言其世次，亦未及其受封之事。昭公九年，《杜注》云"遂、舜后，盖殷之兴，存舜之后而封遂"，已近億度。《陈杞世家索隐》引宋忠云"虞思之后箕伯、直柄中衰，殷汤封遂于陈以为舜后"，则弥为穿凿矣。遂封于陈，何时更徙蛇丘邪？

第五节 尧舜禹与三苗之争

尧、舜、禹虽以禅让闻，然其时各族之间，相争颇烈。《史记·五帝本纪》述舜摄政后事曰："岁二月东巡守，至于岱宗。五月南巡守。八月西巡守。十一月北巡守。归至于祖祢庙，用特牛礼。"又曰："驩兜进言共工。尧曰：不可。而试之工师。共工果淫辟。四岳举鲧治鸿水，尧以为不可。岳强请试之，试之而无功，故百姓不便。三苗在江、淮、荆州，数为乱。于是舜归而言于帝。请流共工于幽陵，以变北狄；放驩兜于崇山，以变南蛮；迁三苗于三危，以变西戎；殛鲧于羽山，以变东夷。四罪而天下咸服。"云归言于帝，乃承上文巡守言之。可知四族为当时强国。共工与鲧，均已见前。驩兜古书言者较少，似其势较弱。其为尧、舜、禹之劲敌者，则三苗也。

三苗之事，见于《书》之《吕刑》。《吕刑》曰："王曰：若古有训：蚩尤惟始作乱，延及于平民，罔不寇贼鸱义奸宄，夺攘矫虔。苗民弗用灵，制以刑，惟作五虐之刑曰法。杀戮无辜。爰始淫为劓、刵、椓、黥。越兹丽刑并制，罔差有辞。民兴胥渐，泯泯棼棼，罔中于信，以覆诅盟。虐威庶戮，方告无辜于上。上帝监民，罔有馨香德，刑发闻惟腥。皇帝哀矜庶戮之不辜，报虐以威，遏绝苗民，无世在下。乃命重、黎，绝地天通，罔有降格。群后之逮在下。明明棐常，鳏寡无盖。皇帝清问下民，鳏寡有辞于苗。德威惟畏，德明惟明。乃命三后，恤功于民。伯夷降典，折民惟刑。禹平水土，主名山川。稷降播种，农殖嘉谷。三后成功，惟殷于民。士制百姓于刑之中，以教祗德。穆穆在上，明明在下。灼于四方，罔不惟德之勤。故乃明于刑之中，率乂于民棐彝。"案《国语·楚语》："昭王问于观射父曰：《周书》所谓重、黎实使天地不通者，何也？若无然，民将能登天乎？对曰：非此之谓也。

古者民神不杂，及少皞之衰也，九黎乱德，民神杂糅。颛顼受之，乃命南正重司天以属神，命火正黎司地以属民。使复旧常，无相侵渎。是谓绝地天通。其后三苗复九黎之德，尧复育重、黎之后不忘旧者，使复典之。以至于夏、商。故重黎氏世叙天地，而别其分主者也。其在周，程伯休父其后也。当宣王之时，失其官守，而为司马氏。宠神其祖，以取威于民，曰：重实上天，黎实下地；遭世之乱，而莫之能御也。不然，夫天地成而不变，何比之有？”此言实与《尚书》合。然则郑玄谓“自皇帝哀矜庶戮之不辜，至罔有降格，皆说颛顼之事；皇帝清问以下，乃说尧事”；见《疏》。其说是也。《礼记·缁衣疏》引《甫刑郑注》曰：“苗民，谓九黎之君也。九黎之君，于少昊氏衰，而弃善道，上效蚩尤重刑，必变九黎言苗民者？有苗九黎之后。颛顼代少昊，诛九黎，分流其子孙，为居于西裔者三苗者疑当作之，或为字当在者字下。至高辛之衰，又复九黎之恶，尧兴，又诛之。尧末，又在朝。舜时，又窜之。后王深恶此族三生凶恶，故著其氏而谓之民，民者，冥也，言未见仁道。”亦檃栝《尚书》《国语》为说。可见此族与颛顼、尧、舜，相争之烈也。

《山海经·大荒西经》曰：“大荒之中，有山名曰日月，山天枢也。吴姖天门，日所出入。有神，人面无臂，两足反属于头。山名曰嘘。颛顼生老童，老童生重及黎。帝令重献上天，令黎卬下地。下地是生噎。处于西极，以行日月星辰之行次。”“令重献上天，令黎卬下地”，即《楚语》所谓“重寔上天，黎寔下地”者，可见此语实自古相传，非司马氏之自神其祖也。《经》又云：“有人，名曰吴回，奇左，是无右臂。”又云：“大荒之山，日月所入。有人焉，三面，是颛顼之子，三面一臂。”案《史记·楚世家》，“谓颛顼生称，称生卷章，卷章生重黎，重黎为帝喾高辛火正，帝喾命曰祝融。共工氏作乱，帝喾使重黎诛之而不尽。帝乃以庚寅日诛重黎而以其弟吴回为重黎后，复居火正为祝融”。卷章疑老童形讹。《史记》之世系，实多称一世。“下地是生噎”句当有讹。《海内经》炎帝之后有祝融，祝融生共工，共工生后土，后土生噎鸣。见第七章第二节。噎鸣似即噎。炎帝者，祝融之异名，非神农。《大荒北经》又谓颛顼生苗民，苗民黎姓，则三苗九黎，实颛顼之后矣。盖古代或从母姓，昌意取蜀山氏女而生颛顼，蜀山即涿鹿之山，实蚩尤氏故国，蚩尤姜姓，故颛顼之后，亦为姜姓也。

三苗之国，世皆以为在南方。以《国策》《史记》，并谓其在洞庭、彭蠡之间也。近人钱穆，撰《古三苗疆域考》，曰：《魏策》云：三苗之居，左有彭蠡之波，右有洞庭之水，汶山在其南，衡山在其北。以殷纣之国，左孟门，右漳、釜例之，左当在西，右当在东。《史记》作左洞庭，右彭蠡，无汶山、衡山之文；《韩诗外传》则作衡山在南，岐山在北；显有改易之迹。《禹贡》：岷山之阳，至于衡山。衡山者，《汉志》南阳郡雉县有衡山，雉县，在今河南南召县南。《水经》谓之雉衡山，在《禹贡》荆州之北，故曰荆及衡阳惟荆州。《吴越春秋·吴太伯传》：太伯、仲雍，托采药于衡山，遂之荆蛮，亦即此。汶山者，《齐语》：桓公伐楚，济汝，逾方城，望汶山。《管子·小匡》《霸形》同。《淮南子·地形训》：汝水出猛山。猛或即汶之声转。钱氏谓《楚辞·天问》，“桀伐蒙山”之蒙山，亦即此。然则洞庭、彭蠡，殆非今之洞庭、鄱阳。彭蠡为水湍回之称，《吕览·爱类》，谓禹为彭蠡之障，乾东土是也。《淮南子·人间训》云：修彭蠡之防。洞则通达之称。《山海经·海内东经》云：湘水出舜葬东南陬，西环之，入洞庭下。《注》云：洞庭，地穴也。在长沙巴陵。今吴县南太湖中有包山，下有洞庭。穴道潜行水底，云无所不通。号为地脉。《水经·沔水注》云：太湖有苞山。《春秋》谓之夫椒山。有洞室，入地潜行，北通琅邪东武县。今山东诸城县。俗谓之洞庭。旁有青山，一名夏架山。山有洞穴，潜通洞庭。《尔雅》《说文》皆云：荣，桐木。《说文》又云：桐，荣也。东冬与庚青通转，桐即洞，荣即荥。《禹贡》：济入于河，溢为荥，潜行复出，与洞庭地穴意类。盖古大河两岸，水泉伏涌，随地成泽，皆称洞庭。故《淮南》谓尧使羿射修蛇于洞庭，《本经训》。《庄子》亦谓黄帝张咸池之乐于洞庭之野也。《天运》。《书·牧誓》有髳，《春秋》河东有茅戎，盖三苗之族。予案钱说甚辩。然《史记》先言三苗在江、淮、荆州，继言迁三苗于三危，以变西戎，则其族似初在南，后乃徙于西。三苗姜姓，姜为炎帝之族，其初固当在东南。后来姜姓之族，多在西方，钱穆《西周地理考》云：太史公曰：余登箕山，其上盖有许由冢。箕山，《方舆纪要》在平陆县东北，《左氏》僖公三十三年，狄伐晋，及箕。成公十三年吕相绝秦围我箕郜是其地。其后许封河南，箕山之名，乃南迁颍阳。《水经·阴沟水注》引《世本》：许、州、向、申，姜姓也。炎帝后。《左氏》隐公十一年，王与郑人苏忿生之田，有向、州，《杜注》属河内。《庄子·让王》：尧以天下让许由，又让子州支父，即此州。《逍遥游》：尧见四子藐姑射之山，汾水之阳，四子亦指四岳。霍太山，亦曰太岳。《崧高》之诗曰：惟岳降神，生甫及申。甫即吕，其后吕尚封于东方，泰山因之亦得岳称。而晋仍有吕甥，其后有吕相。盖亦因洪水而西迁，未必尽舜、禹之所窜逐也。

三危之名，见于《禹贡》。《禹贡》雍州曰："三危既宅，三苗丕叙。"道川曰："道黑水，至于三危，入于南海。"雍州之界，为黑水、西河；梁州之界，为华阳、黑水。说黑水者，自当以《山海经》为最古，然不易求其所在。①《南山经》曰："鸡山，黑水出焉。而南流注于海。"《史记·夏本纪集解》：郑玄引《地说》云："三危山，黑水出其南。"又云："郑玄曰：《地理志》，益州滇池有黑水祠，而不记此

①地理：黑水。

山水所在。《禹贡疏》云："郑云：今中国无也。"《地记》云：三危山，在鸟鼠之西南。"《左氏》昭公九年，允姓之奸，居于瓜州。《杜注》云："允姓，阴戎之祖，与三苗俱放三危者。瓜州，今敦煌。"今甘肃敦煌县。此两说，后人多祖述之。《水经》："江水东过江阳县，今四川泸县。洛水从三危山，东过广魏洛县南，今四川广汉县。东南注之。"《注》曰："《山海经》曰：三危山在敦煌南，与岷山相接，南带黑水。"《禹贡·山水泽地所在》云："三危山，在敦煌县南。《山海经》云：三危之山，三青鸟居之。是山也，广圆百里，在鸟鼠山西。《尚书》所谓窜三苗于三危者也。"皆是也。然黑水所在，卒不可得。昔人或以金沙江当之，此江古称泸水，泸即黑；又《汉志》所谓黑水祠，即在此江流域；其说自古。然无解于入于南海之文。又或以澜沧江、怒江当之，以解入于南海则得矣，然此两江，安能为雍州西界？若谓怒江蕃名哈喇乌苏，哈喇译言黑，则此为蒙古语，恐系明代蒙古人居青海后始有，不可以释《禹贡》也。又有谓雍州黑水，梁州黑水，当分为二者，则无解于《禹贡》本文，绝无可分为二之迹。予昔亦主金沙江之说。释入于南海之海，为夷蛮戎狄谓之四海之海，谓雍州西南界，抵今青海之江北岸，梁州西界，抵今西康之江东岸，三危则为江、河上源间之山，正在鸟鼠之西南，与岷山相接。揆之于理，似颇可通。然作《禹贡》者，所知必不能如是之远，况欲以释《尧典》邪？且《汉志》犍为南广今四川珙县西南。自有黑水，至僰道今四川宜宾县西南。入江。滇池黑水祠，所祠恐即此水，未必为今金沙江，如是，则徒据泸水之名以相附会，证佐亦未免太孤矣。《御览》引《张掖记》云："黑水出县界鸡山，亦名玄圃。昔有娀氏女简狄，浴于玄邱之水，即黑水也。"移《南山经》之鸡山于张掖，灭裂自不待言。然简狄浴于玄邱，其说当有所本。《楚辞·天问》曰："黑水玄趾，三危安在？"则黑水、三危，亦神话中地名。古言地理者，多杂以荒唐之辞，未易凿求所在，读《山经》《吕览》《淮南》等书可知。作《禹贡》者，于西南地理，盖亦初不审谛，即据此等不经之说，姑为编次耳。《尧典》之三危，自系实有其地，今既未易凿求，则姑顺迁于四裔之文，谓在尧、舜都邑之西可也。《后汉书·羌传》云："西羌之本，出自三苗。其国近南岳。及舜流四凶，徙之三危，河关之西南羌地是也。"亦億说无据。汉河关县，在今甘肃导河县西南。

《史记·五帝本纪》云："昔高阳氏有才子八人，世得其利，谓之八恺。高辛氏有才子八人，世谓之八元。此十六族者，世济其美，不陨其名。至于尧，尧未能举。舜举八恺，使主后土，以揆百事，莫不时序。举八元，使布五教于四方；父义，母慈，兄友，弟恭，子孝，内平，外成。昔帝鸿氏有不才子，掩义隐贼，好行凶慝，天下谓之浑沌。少皞氏有不才子，毁信恶忠，崇饰恶言，天下谓之穷奇。颛顼氏有不才子，不可教训，不知话言，天下谓之梼杌。此三族，世忧之，至于尧，尧未能去。缙云氏有不才子，贪于饮食，冒于货贿，天下谓之饕餮，天下恶之，比之三凶。舜宾于四门，乃流四凶族。迁于四裔，以御螭魅，于是四门辟，言无凶人也。"《左氏》文公十八年略同。《史记》上文云："尧乃试舜五典，百官皆治。"下文云："舜入于大麓，烈风雷雨不迷，尧乃知舜之足授天下。"盖《书》"慎徽五典，五典克从；纳于百揆，百揆时序；宾于四门，四门穆穆；纳于大麓，烈风雷雨弗迷"之传。《大戴记·四代》，谓舜取相十有六人，盖亦据《书》说也。古者官人以族，八恺必禹之族，八元必契之族矣。四凶亦必即四罪。[①]惟诸儒以浑沌当驩兜，穷奇当共工，梼杌当鲧，饕餮当三苗，《书疏》引郑玄，《释文》引马融、王肃，《史记集解》引贾逵、服虔及《左氏》杜预《注》

①史事：八恺舜族，八元禹族，四凶即四罪。

皆同。殊无确据。《淮南子·修务训高注》以浑敦、穷奇、饕餮为三苗，则更必不然耳。

《伪古文尚书·大禹谟》曰：“帝曰：咨禹，惟时有苗弗率，汝徂征。禹乃会群后，誓于师曰：济济有众，咸听朕命。蠢兹有苗，昏迷不恭。侮慢自贤，反道败德。君子在野，小人在位。民弃不保，天降之咎，肆予以尔众士，奉辞伐罪。尔尚一乃心力，其克有勋。三旬，苗民逆命。益赞于禹曰：惟德动天，无远弗届。满招损，谦受益，时乃天道。帝初于历山，往于田，日号泣于旻天，于父母，负罪引慝。只载见瞽瞍，夔夔齐栗。瞽瞍亦允若。至诚感神，矧兹有苗？禹拜昌言曰：俞。班师振旅，帝乃诞敷文德舞干羽于两阶。七旬，有苗格。”王鸣盛《尚书后案》曰：“禹奉舜命征三苗，作誓，又偃兵修政。舞干羽，三苗自服，古书所载甚多。就予所见：在《战国策》卷二十二《魏策》一篇，又卷二十三《魏策》二篇，《墨子》卷四《兼爱下篇》，又卷五《非攻下篇》，《韩非子》卷十九《五蠹篇》，《荀子》卷十《议兵篇》，又卷十八《成相篇》，《贾子新书》卷四《匈奴篇》，《淮南子》卷十《缪称训》，又卷十一《齐俗训》，又卷十三《氾论训》，桓宽《盐铁论》卷九《论功篇》，刘向《说苑》卷一《君道篇》，《古文苑》卷十五扬雄《博士箴》。此事散见群书，晋人掇入《大禹谟》，以己意润饰之。”案此事传者之众如此，可见当时争竞之烈也。

三苗之苗系国名，后世所谓苗族，则系蛮字之转音，此本极易见之事。近世或混二者为一，因谓苗族先入中国，后为汉族所逐，此真不值一噱，然予昔者亦沿其误。予说谓三苗系国名，九黎则民族之名，[①]故《郑注甫刑》，谓苗民为九黎之君；《淮南子高注》，亦别列一说云：

---

①民族：予误以三苗为黎族，黎盖即重黎之黎，族分为九，曰九黎。

"放三苗国民于三危。"《修务训》。《郭注山海经》亦曰："尧以天下让舜，三苗之君非之。帝杀之，有苗之民，叛入南海，为三苗国。"《海外南经》。其实苗民二字，郑解极确，高诱、郭璞，皆附会不通之说也。予又引《后汉书·南蛮传》：建武十二年（36），"九真徼外蛮里张游，率其种人，慕化内属，封为归汉里君。"《注》曰："里，蛮之别号，今呼为俚人。"谓里、俚皆即黎。其实九真与古三苗，相去数千里也。黎盖即重黎之黎。《左氏》昭公二十九年："颛顼氏有子曰犁，为祝融。"异文同语。其族盖分九派，故曰九黎。《尧典》之"黎民于变时雍"亦即此。援秦人黔首之义以释之，已非其实，况更牵合后世之黎族邪？

第八章　夏殷西周事迹

第一节　夏后氏事迹

夏后氏事迹，略见《史记·夏本纪》。《夏本纪》曰：“夏后帝启，禹之子。其母，涂山氏之女也。有扈氏不服，启伐之。大战于甘，遂灭有扈氏。天下咸朝。夏后帝启崩，子帝太康立。帝太康失国，昆弟五人，须于洛汭，作《五子之歌》。太康崩，弟中康立，是为帝中康。帝中康时，羲、和湎淫，废时乱日，胤往征之，作《胤征》。中康崩，子帝相立。帝相崩，子帝少康立。帝少康崩，子帝予立。《索隐》曰：“《系本》云：季伫作甲者也。《左传》曰，杼灭豷于戈。《国语》云：杼能师禹者也。”案见《鲁语》。帝予崩，子帝槐立。《索隐》曰：“《系本》作帝芬。”帝槐崩，子帝芒立。帝芒崩，子帝泄立。帝泄崩，子帝不降立。《索隐》曰：“《系本》作帝降。”帝不降崩，弟帝扃立。帝扃崩，子帝廑立。帝廑崩，立帝不降之子孔甲，是为帝孔甲。帝孔甲立，好方鬼神事，淫乱。夏后氏德衰，诸侯畔之。孔甲崩，子帝皋立。帝皋崩，子帝发立。帝发崩，子帝履癸立。是为桀。《索隐》："《系本》：帝皋生发及桀。此以发生桀，皇甫谧同也。"帝桀之时，自孔甲以来，而诸侯多畔夏，桀不务德而武，伤百姓。百姓弗堪。乃召汤而囚之夏台。已而释之。汤修德，诸侯皆归汤。汤遂率兵以伐夏桀。桀走鸣条。遂放而死。汤乃践天子位，代夏朝天下。"《史记》此文，盖据《尚书》及《帝系》，其中"帝太康失国，昆弟五人，须于洛汭，作《五子之歌》，帝中康时，羲、和湎淫，废时乱日，胤往征之，作《胤征》"诸语，崔适《史记探原》，谓后人据《书序》窜入，其说是也。五观、羿、浞之乱，《尚书》无文《系世》但记人君生卒统绪，故《史记》于此，亦不之及。《大戴礼记·少间篇》："禹崩，十有七世，乃有末孙桀即位"；《国语·周语》："孔甲乱夏，四世而陨"；世数皆与《史记》合。

有扈之事，[①]已见第七章第四节引《周书》及《淮南子》。又《楚辞·天问》曰："该秉季德，厥父是臧。胡终弊于有扈，牧夫牛羊？"王逸《注》曰："该，苞也。秉，持也。父，谓契也。季，末也。臧，善也。言汤能苞持先人之末德，修其祖父之善业，故天祐之，以为民主也。有扈，浇国名也。浇灭夏后相，相之遗腹子少康，后为有仍牧正，典主牛羊，遂攻杀浇，灭有扈。"又曰："有扈牧竖，云何而逢？击床先出，其命何从？恒秉季德，焉得夫朴牛？"《注》曰："言有扈氏本牧竖之人耳，因何逢遇，而得为诸侯乎？启攻有扈之时，亲于其床上击而杀之，其先人失国之原，何所从出乎？恒，常也。季，末也。朴，大也。言汤常能秉持契之末德，修而弘之，天嘉其志，出田猎得大牛之瑞也。"其说恐非。该与恒当俱是人名。该为有扈所毙，为牧

①史事：夏灭有扈。

牛羊，其后曰恒，转大，逢大也。得朴牛之瑞也。《史记·秦本纪》：襄公[1]二十七年（前739），“伐南山大梓，丰大特。”《集解》引徐广曰：“今武都故道今甘肃成县。有怒特祠，图大牛。上生树木，有牛从木中出。后见于丰水之中。”《正义》引《括地志》曰：“大梓树，在岐州陈仓县南十里仓山上。”陈仓，今陕西宝鸡县。又引《录异传》曰：“秦文公时，雍南山有大梓树。文公伐之，辄有大风雨，树生合不断。时有一人病，夜往山中，闻有鬼语树神曰：秦若使人被发，以朱丝绕树伐汝，汝得不困邪？树神无言。明日，病人语闻。公如其言伐。树断，中有一青牛出，走入丰水中。其后牛出丰水中，使骑击之。不胜。有骑堕地复上，发解，牛畏之，不出。故置髦头，汉、魏、晋因之。武都立怒特祠，是大梓牛神也。”案《后汉书·羌传》，言其“被发覆面”。则《录异传》之说，当出羌中。《汉书·地理志》：“右扶风，鄠县古国。有扈谷亭。扈，夏启所伐。酆水出东南。”鄠，即今陕西鄠县。禹之都，郑玄以为在魏，皇甫谧谓或在平阳，皆不足据。已见第七章第三节。《汉书·地理志》：“颍川郡，阳翟，夏禹国。”今河南禹县。应劭曰：“夏禹都也。”臣瓒曰：“《世本》禹都阳城，今河南登封县。《汲郡古文》亦云居之，《礼记·缁衣疏》，谓《世本》及《汲郡古文》皆云禹都咸阳，咸阳乃阳城字误。不居阳翟也。”《世本》古书，较可信据。[2]《汲郡古文》，则依《世本》伪造。禹都当在河、洛之间，鄠县非其兵力所及。《夏本纪》：“太史公曰：禹为姒姓。其后分封，用国为姓，故有夏后氏有扈氏、有男氏、斟寻氏、彤城氏、褒氏、费氏、杞氏、缯氏、辛氏、冥氏、斟氏、戈氏。”斟寻氏，《集解》引徐广曰：“一作斟氏、

---

①当为文公。——编者注

②史事：夏都所在。

寻氏。”《索隐》曰：“《系本》男作南，寻作郡，费作弗，而不云彤城及褒。斟戈氏《左传》《系本》皆云斟灌氏。”郡，盖即《左氏》昭公二十三年“郊郡溃”之郡，《杜注》云：河南巩县西南有地名郡中，《水经·洛水注》：洛水北径偃师城东北历郡中者也。羌即姜，本东方之族。窃疑是时，姜姓、姒姓，皆因水患，西迁河、洛之间，后乃更西向而入陕西。甘，当即《左氏》王子带邑，见僖公二十四年。在今洛阳东南。《甘誓·伪孔传》云：“有扈与夏同姓。”《疏》云：“孔与郑，王与皇甫谧等，皆言有扈与夏同姓，并依《世本》之文。”皆无为启庶兄之说。高诱之云，未知何据。《甘誓》之文，《墨子·明鬼》引之作《禹誓》。《庄子·人间世》云：“禹攻有扈。”《吕览·召类》亦云：“禹攻曹、魏、屈、骜、有扈，以行其教。”《先己》则云：“夏后柏启与有扈战于甘。”窃疑禹先灭有扈，以封其同姓，至启时复叛也。自伊、洛之域，渡河而北，则入河东；更渡河而西，即达雍、梁之境；此皆地理自然之势。禹之遗迹，在西方者甚多，盖皆褒、扈等西迁时，传说随之而散布者也。褒，今陕西褒城县。《史记·六国表》云：“禹兴于西羌。”《夏本纪正义》引扬雄《蜀王本纪》云：“禹本汶山郡广柔县人也，生于石纽。”又引《括地志》，谓其地在茂州汶川县。此说亦见《水经·沫水注》。广柔，汉县，唐时为汶川，故城在今四川汶川县西北。《河水注》云：“洮水东径临洮县故城北，禹治洪水，西至洮水之上。见长人，受黑玉书于斯水上。”又云：“大夏川水，东北径大夏故城。王莽之顺夏。《晋书·地道记》，县有禹庙，禹所出也。”《江水注》云：“江州县，江之北岸，有涂山，有夏禹庙、涂君祠，庙铭存焉。常璩、庾仲雍，并言禹娶于此。”临洮，今甘肃岷县。大夏，今甘肃临夏县。江州，今四川江北县。

五观之乱，与羿代夏政相因，然非一事也。《楚语》曰：“启有五观。”韦《注》曰：“启子太康昆弟也。”《汉书·古今人表》：“太康，启子，昆弟五人，号五观。”《潜夫论·五德志》亦曰：“启子太康、仲康更立，兄弟五人，皆有昏德，不堪帝事，降在洛汭，是为五观。”《伪古文尚书·五子之歌》曰“太康尸位以逸豫，灭厥德，黎民咸贰。乃盘游无度，畋于有洛之表，十旬弗反。有穷后羿，因民弗忍，距于河。厥弟五人，御其母以从，徯于洛之汭。五子咸怨，述大禹之戒以作歌”，则并太康而六矣。《墨子·非乐》曰：“于《武观》曰：启乃淫溢康乐，野于饮食。将将铭苋磬以力。湛浊于酒，渝食于野。万舞翼翼。章闻于天，天用弗式。”《楚辞·离骚》曰：“启《九辩》与《九歌》兮，夏康娱以自纵。不顾难以图后兮，五子用失乎家巷。”《天问》曰：“启棘宾商，九辩九歌。”又曰：“何勤子屠母，而死分竟地？”扬雄《宗正箴》曰：“昔在夏时，太康不共。有仍二女，五子家降。”综观诸文，则失德自启，而乱成于太康。盖始荒于饮食歌舞，又有嬖妾蛊惑，诸子争立之事。终至潜踪家巷，夷于氓庶。与荒于游田，了无干涉也。《左氏》昭公元年，“夏有观扈”。《杜注》云：“观国，今顿丘卫县。”卫本汉东郡观县。观与畔系两县。《汉书》刻本，误以畔、观二字连书，中未空格，后人遂误畔、观为一县，非也。后汉光武更名。晋属顿丘。后魏曰卫国县。今山东观城县。《汉志注》引应劭曰：“夏有观、扈。”《水经·河水注》“浮水故渎，东南经卫国邑城北。又东，经卫国县故城南”，亦引应说。又《淇水注》：“径顿丘北，又屈径顿丘故城西，顿丘，汉县。晋为郡。故城在今河北清丰县西南。《古文尚书》以为观地矣。”应劭、杜预，盖并用古文书说也。此说似即因汉世县名附会，无确据。《周书·尝麦》曰：“其在殷之五子，忘伯禹之命，假国无正，用胥兴作乱。遂凶厥国。皇天哀禹，赐以彭寿，思正夏略。”殷，朱右曾《集训校释》改为启，云形近而讹，其实启、殷形并不近；且下文明言忘伯禹之命，讹为夏则可矣，何由讹为殷乎？殷，盖即后来之亳殷，五观据之以作乱。[①]《左氏》哀公六年引《夏书》曰：“惟彼陶唐，帅彼天常，有此冀方。今失其行，乱其纪纲，乃灭而亡。”贾、服、孙、杜，皆以为指夏桀。惟王肃云太康时。见《疏》。《伪书》与肃说多同，盖亦谓夏都河东，故云太康畋于洛表，羿距于河。盖谓太康渡河而南，而羿据河拒之，阻其北返，非其实也。

羿代夏政之事，见于《左氏》。[②]《左氏》襄公四年，载魏绛之言曰：“昔有夏之方衰也，后羿自鉏迁于穷石。因夏民以代夏政，恃其射也，不修民事，而淫于原兽，弃武罗、伯因、熊髡、尨圉而用寒浞。寒浞，伯明氏之谗子弟也。伯明后寒弃之，夷羿收之。信而使之，以为己相。浞行媚于内，而施赂于外。愚弄其民，而虞羿于田，树之诈慝，以取其国家。羿犹不悛。将归自田，家众杀而亨之。以食其子。其子不忍食诸，死于穷门。靡奔有鬲氏。浞因羿室，生浇及豷。恃其谗慝诈伪，而不德于民。使浇用师，灭斟灌及斟寻氏。处浇于过，处豷于戈。靡自有鬲氏，收二国之烬，以灭浞而立少康，少康灭浇于过，后杼灭豷于戈。有穷由是遂亡。失人故也。昔周辛甲之为太史也，命百官，官箴王阙。于虞人之箴曰：芒芒禹迹，画为九州，经启九道，民有寝庙，兽有茂草，各有攸处，德用不扰。在帝夷羿，冒于原兽。忘其国恤，而思其麀牡，武不可重，用不恢于夏家。兽臣司原，敢告仆夫。《虞箴》如是，可不惩乎？”哀公元年，载伍员之言曰：“昔有过浇，杀斟灌以伐斟鄩，灭夏后相。后缗方娠，逃出自窦归于有仍，生少康焉。为仍牧正。惎浇能，戒之。浇使椒求之，逃奔有虞，为之庖正，以除其害，虞思于是妻之以二姚而邑诸纶。有田一成，有众一旅。能布其德，而兆其

①史事：五观在殷。

②史事：羿浞之乱。

谋。以收夏众，抚其官职。使女艾谍浇，使季杼诱豷。遂灭过、戈，复禹之绩。祀夏配天，不失旧物。”《史记·吴世家》载伍员之言略同。《楚辞·离骚》曰：“羿淫游以佚田兮，又好射夫封狐。固乱流其鲜终兮，浞又贪夫厥家。浇身被服强圉兮，纵欲而不忍。日康娱以自忘兮，厥首用夫颠陨。”《天问》曰：“帝降夷羿，革孽夏民。胡射夫河伯，而妻彼雒嫔。冯珧利决，封豨是射。何献蒸肉之膏，而后帝不若？浞娶纯狐，眩妻爰谋，何羿之射革，而交揆吞之？惟浇在户，何求于嫂？《注》：“言浇无义，淫佚其嫂，往至其户，佯有所求，因与行淫乱也。”何少康逐犬，而颠陨厥首？《注》：“言夏少康因田猎放犬逐兽，遂袭杀浇而断其头。”女岐缝裳，而馆同爰止。《注》：“女岐，浇嫂也。言女岐与浇淫佚，为之缝裳，于是共舍而宿止也。”何颠易厥首，而亲以逢殆？”《注》：“言少康夜袭，得女岐头，以为浇，因断之。”案此注恐误。伍员、屈原皆楚人，故所言颇相会，女岐盖即女艾也。

《左氏》杜《注》曰：“羿代相，号曰有穷。钼，羿本国名。寒国，北海平寿县东有寒亭。今山东潍县。有鬲，国名，今平原鬲县。今山东德县。乐安寿光县有灌亭。今山东寿光县。北海平寿县南有斟亭。今山东潍县。东莱掖县北有过乡。今山东掖县。戈在宋、郑之间。案据《左氏》哀公十二年宋、郑之间有隙地曰戈为说。梁国有虞县。今河南虞城县。”《疏》曰“杜地名言有者，皆是疑辞”，则杜亦本不自信。然后之言地理者多因之。遂若羿、浞之乱，绵延青、兖，喋血千里矣。此决非其实。《左氏》谓羿因夏民，又谓其不恢于夏家；即《楚辞》亦谓其射河伯，妻雒嫔；则羿都必在河、洛之域。《汉志》：北海郡平寿，应劭曰：“故斟寻。禹后，今斟城是也。”臣瓒曰：“斟寻在河南，不在此也。《汲郡古文》云：太康居斟寻，羿亦居之，桀亦居之。《尚书序》云：太康失邦，昆弟五人，须于洛汭，此即太康所居为近洛也。又吴起对武侯曰：

昔夏桀之居，左河、济，右太华，伊阙在其南，羊肠在其北，河南城为近之。又《周书·度邑篇》曰：吾将因有夏之居，南望过于三涂，北瞻望于有河。有夏之居，即河南是也。”《书序》及《汲郡古文》，虽不足信，《周书》《国策》，自可据依。斟鄩说已见前。斟戈，《索隐》云“《左氏》《世本》皆作斟灌”，则戈灌一地。窃疑戈即斟灌，过即斟鄩，寒浞灭二国后，以分处其二子，地亦在河、洛之域也。《夏本纪正义》引《括地志》，谓自禹至太康，与唐、虞皆不易都城。案《御览州郡部》引《世纪》云：“少康中兴，复还旧都，故《春秋传》曰：复禹之绩，不失旧物是也。”故禹城，在洛州密县界。今河南密县。故钼城，在滑州卫南县东。今河南滑县。故鄩城，在洛州巩县西南。今河南巩县。又引《晋地记》云：“河南有穷谷，盖本有穷氏所迁。”固亦以为在河、洛之域。《路史·国名纪》亦以钼在卫南，谓即《左氏》襄公十一年城相之相，又谓安丰有穷谷、穷水，今安徽霍丘县境。即《左氏》昭公二十七年，楚师救潜，与吴师遇处，实羿之故国。其说殊较《杜注》为胜。《水经·河水注》：“大河故渎，西流经平原鬲县故城西，《地理志》曰：鬲津，故有穷后羿国也。应劭曰：鬲，偃姓，皋陶后。”《路史·国名纪》云“羿，偃姓。《世纪》云不闻其姓，失之”，盖本诸此。谓穷在平原不足据，云偃姓，当有所受之。鬲盖羿同姓国，故羿亡而靡奔之，藉其力为羿报仇。其立少康，则以羿身死世殄，无可扶翼之故。靡盖有穷之忠臣，非夏后氏之遗老也。《史记》谓禹初授政皋陶，皋陶卒，复以授其子益。《楚辞·天问》曰：“启代益作后，卒然离蠥。何启惟忧，而能拘是达？”《注》曰：“离，遭也。蠥，忧也。言天下皆去益而归启，益卒不得立，故曰遭忧也。”《汉书·律历志》：张寿王言伯益为天子，代禹，则禹、益二族，权力实相颉颃。穷、潜地近英、六，盖偃姓聚居之所。以此为羿之故国，揆以事理，殊为近之。河南之穷，卫南之相，或其代夏时之遗迹也。《说文·羽部》:“羿，羽之羿风，亦古诸侯也。一曰射师。”《幵部》:“芎，帝喾射官，夏少康灭之。《论语》曰:芎善射。”二字实即一字。《淮南·本经》谓:“尧之时，十日并出，焦禾稼，杀草木。猰貐，凿齿，九婴，大风，封豨，修蛇，并为民害。尧乃使羿杀凿齿于畴华之野，杀九婴于凶水之上，缴大风于青丘之泽，上射十日，而下杀猰貐，断修蛇于洞庭，禽封豨于桑林。”则羿之族特长于射，自喾至尧皆当征讨之任，宜其强不可御。五观之乱，彭寿是戡。彭寿，疑即舜时之彭祖，因其寿考，乃以是称之。彭城实尧、禹之旧都，然则夏室西迁之初，东方诸侯，声势固犹甚盛也。

羿、浞之事，《夏本纪》一语不及，而后相见灭，少康流离中兴，《纪》亦但云“帝相崩，子帝少康立”，一似其安常处顺者，《正义》以此议其疏，其实非也。古人著书，信以传信，疑以传疑。所据不同，初不以之相订补，亦不使之相羼杂。[①]《夏本纪》之所据，盖《系世》之伦，《吴世家》之所据，则《国语》之类，其文本各不相涉也。或谓《系世》虽但记统绪，然于君身祸变，亦不能略。如《秦始皇本纪》后，重录秦君生、卒、葬处，然于厉、躁、简公、出子之不宁，亦无所讳饰是也。后相见灭，安得云崩，岂如孔子修《春秋》，内大恶讳与?殊不知口说流传，多非实在。《左氏》之女艾，即《楚辞》之女岐。《天问》又曰:“女岐无合，夫焉取九子?”《注》曰“女岐，神女，无夫而生九子”，以此推之，则《左氏》之二姚，亦即《离骚》所云“及少康之未家兮，留有虞之二姚”者，同皆神话中人物也。不宁惟是。后缗逃出自窦，亦显见其为齐东野人之言矣。夏史之传，盖本皆神

①经籍:古各传所传不搀，《夏本纪》盖据《系世》，故不以羿、浞之乱搀之，羿、浞见《左》襄四哀元，《史记·吴世家》略同。

话传说。魏绛、伍员，檃栝而为之辞，虽似雅驯，仍不掩其荒陋之迹。然则其所言者，又安能尽据为信史乎？君位与王位不同，魏绛言羿代夏政，王符谓太康不堪帝事，所失者王位而已，其为夏邑之君，固自若也。[①]《三国·魏志·四裔传注》引《魏略》，谓氐虽都统郡国，然亦自有王侯，在其墟落间。则外臣于人，固无妨内君其众。少康虽为牧正于仍，为庖正于虞，自夏人言之，固可云君位迄未尝旷。又曷怪系世之书，谓其继父而立也？况夫伍员之言，亦未必尽信邪？

第二节　殷先世事迹

《史记·殷本纪》曰："殷契母曰简狄，有娀氏之女，为帝喾次妃。三人行浴。见玄鸟堕其卵。简狄取吞之。因孕，生契。契长而佐禹治水，有功帝舜乃命契曰：百姓不亲，五品不训，汝为司徒，而敬敷五教。五教在宽。封于商。赐姓子氏。契兴于唐、虞、大禹之际，功业著于百姓。百姓以平。契卒，子昭明立。昭明卒，子相土立。相土卒，子昌若立。昌若卒，子曹圉立。曹圉卒，子冥立。冥卒，子振立。振卒，子微立。微卒，子报丁立。报丁卒，子报乙立。报乙卒，子报丙立。报丙卒，子主壬立。主壬卒，子主癸立。主癸卒，子天乙立。是为成汤。"曹圉，《索隐》曰："《系本》作粮圉。"《祭法疏》引《世本》作遭圉。且云："遭圉生根圉，根圉生冥。"则较《本纪》多一世。案《国语·周语》云："玄王勤商，十四世而兴。"《荀子·成相》云："契玄王，生昭明，居于砥石，迁于商。十有四世，乃生天乙

①政体：太康失王位，非失君位。

是成汤。”与《国语》合，则《世本》似误也。《鲁语》曰：“上甲微能帅契者也，商人报焉。”又言：“冥勤其官而水死。”《礼记·祭法》同。此外事迹无考。

《殷本纪》又曰：“自契至汤八迁。汤始居亳，从先王居。作《帝诰》。”《书序》同。“作《帝诰》”三字，盖后人所窜，造《书序》者即据《史记》以为资也。《伪孔传》曰：“契父帝喾都亳，汤自商丘迁焉，故曰从先王居。”《疏》曰：“《商颂》云：帝立子生商，是契居商也。《世本》云：昭明居砥石。《左传》称相土居商丘。及今汤居亳。事见经传者，有此四迁。其余四迁，未详闻也。郑玄云：契本封商，国在太华之阳。皇甫谧云：今上洛商是也。今陕西商县。襄九年《左传》云：陶唐氏之火正阏伯居商丘，相土因之。杜预云：今梁国睢阳，宋都是也。其砥石，先儒无言，不知所在。”又曰：“郑玄云：亳，今河南偃师县有汤亭，今河南偃师县。《汉书音义》臣瓒者云：汤居亳，今济阴亳县是也。今亳有汤冢，已氏有伊尹冢。亳，今安徽亳县。已氏，在今山东曹县东南。杜预云：梁国蒙县北有亳城。城中有成汤冢。其西又有伊尹冢。蒙在今河南商丘县东北。皇甫谧云：孟子称汤居亳，与葛为邻。葛伯不祀，汤使亳众为之耕。葛即梁国宁陵之葛乡也。宁陵今河南宁陵县。若汤居偃师，去宁陵八百余里，岂当使民为之耕乎？亳今梁国谷熟县是也。谷熟，在今河南商丘县。诸说不同，未知孰是。”案经传之文，皆出后人追叙。其称谓略有一定。古书从无称五帝为王，三王为帝者。帝喾亦五帝之一安得忽称先王？伪传之非，不言可喻。《水经·谷水注》：“阳渠水又东径亳殷南，昔盘庚所迁。改商曰殷，始此也。班固曰：尸乡，故殷汤所都者也，故亦曰汤亭。薛瓒《汉书注》，皇甫谧《帝王世纪》并以为非，以为帝喾都矣。”案《御览·州郡部》引《帝王世纪》曰：“帝喾氏都亳，今河南偃师是也。或言在梁，非也。又云：《世本》言夏后在阳城，本在大梁之南，于战国，大梁魏都，今陈留浚仪是也。”以大梁为古都，于逐渐西迁之迹颇相合。至郑玄之说，则本于《汉志》。王鸣盛《尚书后案》申之曰：薄县，汉本属山阳郡。后汉分其地置蒙、谷熟二县，与薄并改属梁国。晋又改薄为亳，且改属济阴，故臣瓒所谓汤都在济阴亳县者，即其所谓在山阳薄县者也。案《汉书·地理志》：山阳郡薄县下《注》引臣瓒曰：“汤所都。”其“汤居亳，今济阴亳县是也”之说：见河南郡偃师县下。亦即司马彪所谓在梁国薄县，《续汉书·郡国志》。杜预所谓在蒙县北亳城者也；而亦即皇甫谧所分属于蒙、谷熟者也。本一说也，孔颖达《书诗疏》，案指《诗·商颂疏》。皆认为异说，其误已甚。又《书·立政》：“三亳阪尹。”《疏》云：“郑玄以三亳阪尹，共为一事。云汤旧都之民，服文王者，分为三邑。其长居险，故言阪尹。盖东成皋，汉县，今河南氾水县。南轘辕，山名，在今河南偃师县东南。西降谷也。”王鸣盛云：降谷，即《续汉书·地理志》：谷城县之函谷。案谷城，在今河南洛阳县西北。皇甫谧以为三亳，三处之地，皆名为亳。蒙为北亳，谷熟为南亳，偃师为西亳。王氏亦力斥之，谓其巧于立说，其说是矣。然于偃师去宁陵八百里，岂当使民为之耕之难，不能解也。又《诗·商颂谱疏》，谓郑以汤取契之所封，以为代号。服虔、王肃则不然。襄九年《左传》曰：“阏伯居商丘，相土因之。”服虔曰：“汤以为号。”又《书序》王肃《注》云：“契孙相土居商丘，故汤因以为国号。”《左氏》襄公九年《疏》引《释例》曰：“宋、商、商丘，三名一地。”伪孔、杜预，多同王肃，然则《汤誓伪传》，谓“契始封商，汤遂以为天下号”者，意亦不谓其在太华之阳，乃《疏》强分商与商丘为两地，转谓《伪传》、杜预之说，同于郑玄。又阏伯居商丘之语，亦见于《史记·郑世家集解》引贾逵曰：“在漳南。”《水经·瓠子河注》：“河水旧东决，径濮阳城东北，故卫也，今河北濮阳县。帝颛顼之虚。昔颛顼自穷桑徙此，号曰商丘，或谓之帝丘，本陶唐氏火正阏伯之所居，亦夏伯昆吾之邦，相土因之。”盖依贾说，则杜以商丘、帝丘为二，贾自以商丘、帝丘为一也。《义疏》于此，亦无所疏通证明，支离灭裂甚矣。

欲明成汤先世事迹，必先明其所谓八迁者，《义疏》仅数其四，既为不具。[①]且数契居商为一迁。夫契本封商不可云迁也。今案扬雄《兖州牧箴》云：“成汤五徙，卒都于亳。”然则汤身凡五迁，自此以前，共得三耳。三者？《水经·渭水注》引《世本》曰：“契居蕃”，盖自商丘而迁，一也。《荀子·成相篇》曰：“契玄王，生昭明，居于砥石，迁于商。”云居于砥石。与《书疏》引《世本》合，二也。居于商，盖即相土事，《成相》皆三七言句，为言数所限，故言之不具，三也。成汤五徙者？汤始居亳，盖自商丘而迁，一也。《吕览·慎大览》曰：“汤立为天子，夏民大说，亲郼如夏。”《具备篇》曰：“汤尝约于郼薄矣。”郼即韦。《诗·商颂·长发》曰：“韦、顾既伐，昆吾、夏桀。”盖汤伐韦之后，尝徙居其地，二也。《周书·殷祝》曰：“汤将放桀，于中野。《尚书大传》作居中野，案居字是也。士民闻汤在野，皆委货，扶老携幼奔，国中虚。桀请汤曰：国所以为国者以有家，家所以为家者以有人也。今国无家，无人矣。无人矣上，当夺家字。君有人，请致国，君之有也。君之有也上，亦当夺国字。汤曰：否。昔大帝作道，明教士民。今君王灭道残政，士民惑矣，吾为王明之。士民复致于桀，曰：以薄之君，济民之残，何必君更？桀与其属五百人南徙千里，止于不齐。不齐士民，往奔汤于中野。桀复请汤：言君之有也。汤曰：否。我为君明之。士民复重请之。桀与其属五百人徙于鲁。鲁士民复奔汤。桀又曰：国，君之有也。吾则外人有言，彼以吾道是邪？我将为之。汤曰：此君王之

①史事：商八迁。其后之迁徙。

土也，君王之民也。委之何？汤不能止桀。汤曰：欲从者从之。桀与其属五百人去居南巢。”此以汤之放桀，文致为禅让之事，言汤三让然后取桀之国也。文致为禅让非，云取桀之国则实矣。是三迁也。《春秋繁露·三代改制质文篇》曰：“汤受命而王，作官邑于下洛之阳。”此盖灭桀后所作新邑。既作之，必尝居之，是四迁也。《风俗通·三王篇》曰：“汤者，攘也，言其攘除不轨改亳为商，成就王道，天下炽昌。”改亳为商，即扬雄所谓卒都于亳，乃汤最后定居之事也。是五迁也。

八迁之可考者如此，而商先世之地，亦有可得而言者。契之本封，郑玄、皇甫谧之言，盖因后世地名而误。汤之所居，《管子·地数》《轻重甲》《荀子·议兵》《吕览·具备》《墨子·非攻下篇》皆作薄。惟《非命上篇》及《孟子》书作亳。《说文》亳字下不言汤所都，然《史记·六国表》，以“汤起于亳”，与“禹兴于西羌，周以丰镐伐殷，秦用雍州兴，汉之兴自蜀汉”并言，则汉人久混薄、亳为一。故纬候有“天乙在亳，东观于洛”之文。《诗·商颂玄鸟疏》引《中候雒予命》。以吾族原起东南言之，自以谓在东方为是。商丘、帝丘，贾逵合为一，杜预析为二。案《左氏》僖公三十一年，卫迁于帝丘。卫成公梦康叔曰：相夺予享。此即昭公十七年所云卫颛顼之虚者。而《太平御览》引《世本》曰：“相徙商丘，颛顼之虚”，则亦以商丘、帝丘为一。《世本》古书，较可信据，贾说自优于杜也。蕃，《水经注》以郑西之峦都城当之，此郑谓西郑，今陕西华县。恐非。王国维谓为鲁国之蕃县，见《观堂集林·说自契至于成汤八迁》。蕃，今山东滕县。其地近亳，当是。王氏又谓《左氏》庄公十一年“公子御说奔亳”之亳，即汉之薄县。案古书传于今者，多出春秋、战国人手，必以其时之地名述古事。《史记·货殖列传》言：“尧作游成阳，舜渔于雷泽，汤止于亳。”其说颇古，其地固与蕃县密迩也。惟砥石不可考，近人丁山云：汉常山郡薄吾县，今河北平山县。战国时谓之番吾，即蕃。《史记·五帝本纪》：青阳降居江水，《大戴记·帝系》作泜水。《山海经·北山经》：敦与之山，泯水出于其阴，而东流注于彭水。《郭注》云：今泜水出中丘县西穷泉谷，东注于堂阳县，入漳。《汉志》：常山郡元氏县，沮水首受中邱穷泉谷，东至堂阳入横河。又常山郡房子县赞皇山，石济水所出，东至廮陶入泜，中邱，今河北内邱县。堂阳，今河北新河县。元氏，今河北元氏县。房子，今河北高邑县。廮陶，今河北宁晋县。以互摄通称之例言之，颇疑泜与石济下游，古有泜氏石之名，即昭明所居。见所著由《三代都邑论其民族文化》，载《历史语言研究所集刊》。案此说稍嫌凿空。且纣都朝歌，今河南淇县。台在沙丘，今河北平乡县。而《孟子》言纣之罪曰："坏宫室以为污池，弃田以为园囿；园囿污池，沛泽多而禽兽至。"则纣之世，朝歌以往，尚为旷废之区，昭明安得建国其地？窃疑砥石亦当去商不远也。

王国维《说亳》曰："昆吾之墟，地在卫国。案见下节。《左传》《世本》，说当可据。韦国，《郑笺》以为豕韦。《续志》：东郡白马今河南滑县。有韦乡白马之津，在滑县北。《史记·曹相国世家》谓之围泽。是韦与昆吾，实为邻国。"案此所举证亦颇古，汤所居亳，盖即其地。桀都别见下节，作官邑于下洛之阳，盖即偃师之地，其卒归于亳，则疑即汉之薄县，故应劭云改亳为商也。

第三节　夏殷兴亡[①]

殷汤代夏之事，《史记·殷本纪》述之曰："汤征诸侯。葛伯不

---

①史事：夏殷兴亡。

祀，汤始伐之。当是时，夏桀为虐政，淫荒，而诸侯昆吾氏为乱；汤乃兴师。率诸侯。伊尹从汤。汤自把钺，以伐昆吾，遂伐桀。于是汤曰：吾甚武，号曰武王。桀败于有娀之墟，桀奔于鸣条。夏师败绩。汤遂伐三嵏，俘厥宝玉。于是诸侯毕服。汤乃践天子位。平定海内。汤归至于泰卷陶，还亳。”《孟子·滕文公下篇》曰：“汤始征，自葛载。十一征而无敌于天下。”《注》曰：“载始也。一说言当作再字。再十一征，言汤再征十一国，凡征二十二国也。”案《梁惠王下篇》引《书》曰“汤一征，自葛始”，则一说非也。十一征不可考。《诗·商颂·长发》曰：“武王载旆，有虔秉钺。如火烈烈，则莫我敢遏。韦、顾既伐，昆吾、夏桀。”汤用兵之事可考者，如此而已。

葛为汉宁陵县葛乡，韦为汉白马县韦乡，已见上节。顾地无考。王国维《说亳》曰：“顾，《汉书·古今人表》作鼓。与昆吾《郑语》均以为己姓之国。帝丘有戎州己氏，而梁国蒙薄之北，汉亦置己氏县。疑当在昆吾之南，蒙薄之北。”其说亦颇近之。昆吾有二：一《左氏》昭公十二年，楚灵王曰：“昔我皇祖伯父昆吾，旧许是宅。”为今河南许昌县。一哀公十七年，卫侯梦于北官，见人登昆吾之观。杜《注》曰：“卫有观，在古昆吾之墟，今濮阳城中。”则今河北濮阳县也。《国语·郑语》韦《注》曰：“昆吾，卫是也。其后夏衰，昆吾为夏伯，迁于旧许。”故说者多以此时之昆吾在今许昌。然观上节引《吕览》之言，则汤居韦颇久，濮阳地与韦近，韦说恐未必然也。桀之居：吴起对魏武侯曰：“左河、济，右太华，伊阙在其南，羊肠在其北。”见《战国·魏策》《史记·吴起列传》。伊阙，见第七章第三节。羊肠阪，在今山西晋城县南。又幽王三年（前779），西周三川地震。伯阳父曰：“周将亡矣。昔伊、洛竭而夏亡，河竭而商亡。”见《国语·周语》《史记·周本纪》。则仍在河、洛之境。《续汉书·郡国志》：上党郡高都，今晋城县。《注》曰："《前志》曰：有天井关。《战国策》曰：桀居天井，即天门也。"案《礼记·缁衣》引尹吉曰"尹躬天见于西邑夏"，似即指伊尹五就汤五就桀之事言之。见《孟子·告子下》。《殷本纪》亦曰："伊尹去汤，适夏，既丑有夏，复归于亳。"郑《注》释为尹之先祖见夏先君臣，殊迂曲。《吕览·慎大览》曰：末喜言天子梦西方有日，东方有日，两日相与斗，西方日胜，东方日不胜，故令师从东方出于国西以进。《墨子·非攻下篇》，言天命融隆，火于夏之城间西北隅。皆汤都在桀东，用兵顾出桀西之证。汤居于韦，可渡河绕出桀西，若桀居天井，则当时太行以北，尚为未开辟之地，汤无从更出其西矣。故桀都必当在河、洛也。《商颂》郑《笺》曰："汤先伐韦、顾，克之。昆吾、夏桀则同时诛。"案《礼记·檀弓下篇》曰："子卯不乐。"郑《注》曰："纣以甲子死，桀以乙卯亡。"《释文》引贾逵说同。盖旧有此说。《左氏》昭公十八年："春，王二月，乙卯，周毛得杀毛伯过而代之。苌弘曰：毛得必亡，是昆吾稔之日也。"郑《笺》盖本于此。然殊億说无据也。又《左氏》昭公四年，椒举曰："夏桀为仍之会；有缗叛之。"《韩非子·十过篇》，亦有是语。仍作娀。盖声之转。伍员言后缗方娠，逃出自窦，归于有仍。杜《注》云："后缗，有仍氏女。"盖仍其国名，缗其君姓。上云有仍，下云有缗，名虽异，仍是一国。古人文法，往往如此。仍故夏婚姻之国，然是时叛之，或亦桀致败之由也。梁履绳《左通补释》云："《春秋》桓公五年，天王使仍叔之子来聘。《穀梁经传》，并作任叔。仍任声相近，或是一地。"《续书·地理志》：东平国任城县，故任国，汉任城，今山东济宁县。案仍、任即是一国，自夏至周，亦未必无迁徙。娀即戎，《春秋》鲁西固多戎。《吕览·简选篇》曰："殷汤良车七十乘，必死六千人，战于郕，登自鸣条，乃入巢门。"战于郕，登自鸣条，似与《史记》之"桀败于有娀之虚，桀奔于鸣条”相当。郕或即有娀所在也。郕，见《春秋》隐公五年。《公羊》作成。今山东宁阳县。鸣条为舜卒处，已见第七章第四节。《书序》曰：“伊尹相汤伐桀，升自陑，遂与桀战于鸣条之野。”《书序》虽伪物，亦当有所本。陑盖鸣条近旁高地，故《吕览》亦云登也。《伪孔传》曰：“桀都安邑，汤升道从陑，出其不意。陑在河曲之南。”又曰：“鸣条地在安邑之西，桀逆拒汤。”《疏》引皇甫谧曰：“今安邑见有鸣条陌昆吾亭。《左氏》以为昆吾与桀，同以乙卯日亡，明昆吾亦来安邑，欲以卫桀，故同日亡，而安邑有其亭也。”可谓善于凿空矣。《淮南子·修务训》曰：“汤整兵鸣条，困夏南巢，谯以其过，放之历山。”《荀子·解蔽篇》曰：“桀死于亭山。”巢门者，南巢之门。亭、历声之转。后人以春秋时地名释之，乃谓南巢为今巢县，历山在今和县。窃疑历山即舜耕处，仍在今山东境内也。[①]三朡，《书序伪孔传》曰：“今定陶。”今山东定陶县。泰卷陶，《书序》作大坰。《史记集解》引徐广曰：“一无此陶字。”《索隐》曰：“邹诞生卷作饷又作坰，则卷当为坰，与《尚书》同，非衍字也，其下陶字是衍耳。解《尚书》者，以大坰今定陶，旧本或旁记其地名，后人传写，遂衍斯字也。”案《书序疏》曰“云今定陶者，相传为然”，则亦无确据。然定陶确当自鸣条归亳之途，则旧说或当不误也。桀都实在亳西，然其败亡反向东走，殊不可解。《史记·殷本纪》载《汤诰》曰：“维三月王自至于东郊”，亦汤用兵在东之证。《左氏》昭公十一年曰“桀克有缗以丧其国”，岂力征经营于东，汤顾自西袭其后欤？《周书》谓桀之败，南徙千里，至于不齐，又南徙至于鲁。不齐傥即齐，则汤与桀之战，乃在齐之北千里，深入今河北境矣。岂二国尝剧战于此，桀乃败逋东南走欤？书阙有间，难以质言矣。

---

①史事：升自陑即战于郕，以而即仍也。历山疑即舜耕处。

第四节 殷代事迹

《史记·殷本纪》曰："汤崩，太子太丁，未立而卒，于是乃立太丁之弟外丙，是为帝外丙。帝外丙即位二年崩，立外丙之弟中壬，是为帝中壬。帝中壬即位四年崩，伊尹乃立太丁之子太甲。太甲，成汤嫡长孙也。是为帝太甲。帝太甲既立三年，不明，暴虐。不遵汤法，乱德。于是伊尹放之于桐宫，三年。伊尹摄行政当国，以朝诸侯。帝太甲居桐宫三年，悔过，自责，反善。于是伊尹乃迎帝太甲而授之政。帝太甲修德，诸侯咸归殷，百姓以宁。帝太甲称太宗。太宗崩，子沃丁立。沃丁崩，弟太庚立，是为帝太庚。帝太庚崩，子帝小甲立。《汉书·古今人表》同。《三代世表》太庚弟。帝小甲崩，弟雍己立，是为帝雍己。殷道衰，诸侯或不至。帝雍己崩，弟太戊立。《三代世表》太戊，小甲弟。伊陟为相，巫咸治王家有成，殷复兴，诸侯归之，故称中宗。中宗崩，子帝中丁立。《三代世表》同。《古今人表》太戊弟。帝中丁迁于隞，河亶甲居相，祖乙迁于邢。帝中丁崩，弟外壬立，是为帝外壬。帝外壬崩，弟河亶甲立，是为帝河亶甲。河亶甲时，殷复衰。河亶甲崩，子帝祖乙立。《三代世表》同。《古今人表》河亶甲弟。帝祖乙立，殷复兴。巫贤任职。祖乙崩，子帝祖辛立。帝祖辛崩，弟沃甲立，是为帝沃甲。《索隐》曰："《系本》作开甲。"帝沃甲崩，立沃甲兄祖辛之子祖丁，是为帝祖丁。帝祖丁崩，立帝沃甲之子南庚，是为帝南庚。帝南庚崩，立帝祖丁之子阳甲，是为帝阳甲。帝阳甲之时，殷衰。自中丁以来，废嫡而更立诸弟子，弟子或争相代立，比九世乱，于是诸侯莫朝。帝阳甲崩，弟盘庚立，是为帝盘庚。帝盘庚之时，殷已都河北，盘庚渡河南，复居成汤之故居。乃五迁无定处，殷民咨胥皆怨，不欲徙。盘庚乃告谕诸大臣曰：昔高后成汤，与尔之先祖，俱定天下，法则可修。舍而弗勉，何以成德？乃遂涉河南，治亳，行汤之政。然后百姓由宁，殷道复兴，诸侯来朝，以其遵成汤之德也。帝盘庚崩，弟小辛立，《三代世表》同。《古今人表》盘庚子。是为帝小辛。帝小辛立，殷道复衰。帝小辛崩，弟小乙立，是为帝小乙。帝小乙崩，子帝武丁立。帝武丁即位，思复兴殷，而未得其佐，三年不言，政事决定于冢宰，以观国风。武丁夜梦得圣人，名曰说。以梦所见视群臣百吏，皆非也。于是乃使百工营求之野，得说于傅险中。《集解》："徐广曰：尸子云：傅岩在北海之洲。"《索隐》："旧本作险，亦作岩也。"案岩险同字。古都邑恒筑于山险之地。下文云："故遂以傅险姓之，号曰傅说"，则其地名傅也。是时说为胥靡，筑于傅险。见于武丁，武丁曰：是也。得而与之语，果圣人，举以为相，殷国大治。故遂以傅险姓之，号曰傅说。帝武丁祭成汤，明日，有飞雉登鼎耳而呴。武丁惧。祖己曰：王勿忧，先修政事。武丁修政行德，天下咸欢，殷道复兴。帝武丁崩，子帝祖庚立。祖己嘉武丁之以祥雉为德，立其庙，为高宗。帝祖庚崩，弟祖甲立，是为帝甲。帝甲淫乱，殷复衰。帝甲崩，子帝廪辛立。《索隐》曰："《汉书·古今人表》及《帝王代纪》皆作冯辛。"案《代纪》即《世纪》，唐人避讳改。帝廪辛崩，弟庚丁立，是为帝庚丁。帝庚丁崩，子帝武乙立。殷复去亳，徙河北。帝武乙无道，为偶人，谓之天神，与之搏，令人为行。天神不胜，乃僇辱之。为革囊盛血，仰而射之，命曰射天。武乙猎于河、渭之间，暴雷，武乙震死。子帝太丁立。帝太丁崩，子帝乙立。帝乙立，殷益衰。帝乙长子曰微子启，启母贱，不得嗣。少子辛，辛母正后，辛为嗣。帝乙崩，子辛立，是为帝辛，天下谓之纣。"以上自汤至纣，凡三十王。《大戴记·少间篇》言："成汤卒崩，二十二世，乃有武丁即位；武丁卒崩，九世，乃有末孙纣即位"；《国语·周语》言："帝甲乱之，七世而亡"；世数皆相合。惟《晋语》谓"商之享国三十一王"，多一世。《大戴记·保傅》亦谓“殷为天子，三十余世，而周受之”。盖并武庚数之。[①]武庚继纣而立，固犹可云未失位也。《孟子》言“由汤至于武丁，贤圣之君六七作”，《公孙丑上》。《史记》太甲、太戊、祖乙、盘庚皆贤君，并汤与武丁而六，说亦相合。《书·无逸》：“周公曰：乌乎！我闻曰：昔在殷王中宗，严恭，寅畏天命，自度，治民祗惧，不敢荒宁。肆中宗之享国，七十有五年。其在高宗，时旧劳于外。爰暨小人，作其即位，乃或谅阴，三年不言，其惟不言，言乃雍。不敢荒宁，嘉靖殷邦。至于小大，无时或怨。肆高宗之享国，五十有九年。其在祖甲，不义惟王，旧为小人，作其即位，爰知小人之依，能保惠于庶民，不敢侮鳏寡。肆祖甲之享国，三十有三年。自时厥后立王，生则逸。生则逸，不知稼穑之艰难，不闻小人之依，惟耽乐之从。自时厥后，亦罔或克寿。或十年，或七八年，或五六年，或四三年。”高宗享国，《汉石经残碑》作百年，《史记·鲁世家》作五十五年。已见第四章。祖甲，《伪孔传》谓即太甲，王肃同。疏引郑玄云“祖甲，武丁子帝甲也。有兄祖庚，武丁欲废兄立弟，祖甲以此为不义，逃于人间，故云旧为小人”。案不义惟王，旧为小人，实与太甲事合；而祖甲，《史记》《国语》皆以为乱君，安能保惠庶民？《疏》引此以驳郑是也。太甲不应次中宗、高宗后，郑玄盖因此而以祖庚弟释之。[②]《伪传》云“以德优劣，立年多少为先后”，亦属牵强。皮锡瑞云：“《无逸石经》，肆高宗之飨国百年，下接自时厥后，则其在祖甲，今文作昔在殷王太宗，以为太甲，在周公曰乌乎下。后乃曰其在中宗其在高宗。《古文尚书》前失太宗，后增祖甲也。”《书经通论》。

①史事：《晋语》言商多一世，盖并武庚数之。

②经学、史事：《无逸》祖甲即太甲。

殷代事迹最异者，为其君位承袭之法。自五帝以前君位承袭之法，实不可知。史所传五帝之序，盖后人就当时强部，能号令诸侯者言之，犹齐桓、宋襄、晋文之继霸，非一国之内，君位相承之序也。自夏以来，君位承袭，乃有可考；周家特重嫡长，明白无疑。夏后氏：据《史记本纪》所载，惟太康、仲康兄弟相及。又扃以弟继不降，扃卒，子廑立，廑卒，还立不降子孔甲，亦颇类有殷。然此乃承袭之法，偶失其常，不能谓夏弟兄相及也。殷三十王，弟兄相及者十四外丙、仲壬、太庚、雍己、太戊、外壬、河亶甲、沃甲、南庚、盘庚、小辛、小乙、祖甲、庚丁。若兼据《三代世表》及《古今人表》，则小甲、中丁、祖乙，亦皆兄弟相及，凡十七。春秋时吴诸樊、馀祭、馀眛相及。季弟札让不肯立，立余眛之子僚。诸樊子光，以为不传季子，光当立，卒弑僚而代之。可见弟兄相及者，季弟死，当还立长兄之子。殷代亦然。太甲之继仲壬祖丁之继沃甲，皆如此。其不然者，盖弟兄相及，年代孔长长兄之子或先季弟死，又或在位者用私；诸弟子争立；不能尽如法也。《春秋繁露·三代改制质文篇》曰："主天者法商而王，立嗣予子，笃母弟；《公羊》隐公七年何《注》曰：母弟，同母弟；母兄，同母兄。分别同母者，《春秋》变周之文，从殷之质，质家亲亲，明当亲厚，异于群公子也。主地者法夏而王，立嗣予孙，笃世子。"必非虚语矣。母系之族，兄弟为一家，父子则否，故多行相及之法。兄弟尽，还立长兄之子，亦诸族类然。[①]《史记》言"自中丁以来，废嫡而更立诸弟子"，所谓嫡者，实兼弟言之，如太丁死后之外丙，仲壬死后之太甲；所谓诸弟子，则太丁死时之仲壬、太甲也。后世行此法者惟吴，而鲁自桓公以前，亦一生一及，见《公羊》庄公三十二年，《史记·鲁世家》作一继一及。盖东南之俗故如此，此可考见殷

①政体：立弟殷鲁吴。

人之所起矣。

《论语·宪问篇》："子张问曰：《书》云：高宗谅阴，三年不言，何谓也？子曰何必高宗？古之人皆然。君薨，百官总己，以听于冢宰，三年。"盖居丧之时，不自为政，实殷代之成法也。[①]《史记》曰："帝太甲既立，三年，不明，暴虐，不遵汤法，乱德，于是伊尹放之于桐宫三年。"两云三年，明先后凡六年。《伪古文尚书·太甲篇》曰："王徂桐宫居忧。"又曰："惟三祀，十有二月朔，伊尹以冕服奉嗣王归于亳。"《伪孔传》曰："汤以元年十一月崩，至此二十六月服阕。"[②]又释《书序》之"太甲元年"为"汤殁而太甲立，称元年"。释《伪伊训》之"惟元祀，十有二月，乙丑，伊尹祠于先王"，曰："汤崩逾月，太甲即位，奠殡而告。"于是中失外丙、仲壬两君；而太甲居丧，伊尹摄政，先后凡六年者，亦只得三年矣。观《大戴礼记》《国语》言殷代世数，皆与《史记》合，即知其作伪之不雠矣。《帝王世纪》亦仍有二君，见《伊训肆命徂后序疏》。《太甲下疏》引《纪年》云："殷仲壬即位，居亳，其卿士伊尹。仲壬崩，伊尹乃放太甲于桐而自立也。伊尹即位于太甲七年，太甲潜出自桐，杀伊尹，乃立其子伊陟、伊奋，命复其父田宅而中分之。"杜预《春秋后序》说同，已见第七章第四节。又《御览》引《璅语》云："仲壬崩，伊尹放太甲，乃自立四年。"此等伪书，皆一鼻孔出气，然皆以为太甲之见放，在谅阴之后也。又《沃丁序疏》引皇甫谧云："沃丁八年，伊尹卒，卒年百有余岁。大雾三日。沃丁葬之以天子礼。葬，祀以太牢，亲临丧，以报大德。"案此说出汉张霸之《百两篇》，见《论衡·感类篇》。然谅阴总己之制，后似不能常行。观《礼记·丧服四制》言高宗之时，礼废而

---

①政体：亮阴之制，后似不能常行。

②政体：伊尹废太甲在三年非，伪孔传并入其中。

复起可知。此亦可见君权之日扩也。

《史记》仲丁迁于隞，《书序》作嚣。河亶甲居相，《书序》同。祖乙迁于邢，《书序》作圮于耿。《书·盘庚篇》云：“不常厥邑，于今五邦。”《释文》引马云：“五邦，谓商丘、亳、嚣、相、耿也。”《疏》引郑亦云：“汤自商徙亳，数商、亳、嚣、相、耿为五。”案《经》言于今，则当并盘庚所居言之。五迁盖当数亳、嚣、相、耿，暨盘庚所治之亳也。《书序》曰：“盘庚五迁，将治亳殷。”《伪孔传》曰：“自汤至盘庚，凡五迁都。”《疏》曰：“上文言自契至于成汤八迁，并数汤为八，此言盘庚五迁，又并数汤为五，故班固云：殷人屡迁，前八后五，其实正十二也。此序云盘庚将治亳殷，下《传》云：殷，亳之别名，则亳殷即是一都。《汲冢古文》云：盘庚自奄迁于殷。殷在邺南三十里。束皙云：《尚书序》盘庚五迁，将治亳殷，旧说以为在亳。亳殷在河南。《孔子壁中尚书》云：将始宅殷，是与古文不同。《汉书·项羽传》云：洹水南殷虚上。今安阳西有殷。束皙以殷在河北，与亳异也。孔子壁内之书，安国先得其本，亳字磨灭，容或为宅，治皆作乱，与治不类，无缘误作始字，知束皙不见壁内之书，妄为说也。”案《竹书》传于后者尽是伪物，此《疏》所引，亦未必真出束皙，然作伪者之用心，则可见矣。《太平御览·皇王部》引《竹书》：“仲丁自亳迁于嚣。河亶甲自嚣迁于相。祖乙居庇。南庚自庇迁于奄。盘庚自奄迁于北蒙，曰殷。”盖不满五迁之并数汤，故益一南庚；又欲以殷墟为殷，故谓盘庚所迁为北蒙也。河、洛之地，实名为殷，已见第一节。《盘庚上篇》：“盘庚迁于殷。”《疏》引郑玄曰“商家自徙而号曰殷”，谓“郑以此前未有殷名”，郑说当有所本。仲丁迁于嚣，《书疏》曰：“李颙云：嚣在陈留浚仪县。今河南开封县北。皇甫谧云：仲丁自亳徙嚣，在河北也。或曰：今河南敖仓。今河南荥阳县北。二说未知孰是也。”以殷代都邑，多在河北言之，皇甫谧嚣在河北之说，似较得当。《太平御览·州郡部》引《帝王世纪》转引《世本》曰：“太甲迁上司马，在邺之南。”《世纪》果有此语，不得又谓仲丁自亳徙嚣。《吕览·音初篇》曰：“殷整甲徙宅西河，犹思故土，实始作为西音。”近人钱穆《子夏居西河辩》引此；又引《史记·孔子世家》“卫灵公问孔子：蒲可伐乎？对曰：可。其男子有死之志，妇人有保西河之志，吾所伐者，不过四五人”。《索隐》曰：此西河在卫地，非魏之西河也。《艺文类聚》卷六十四，《文选》左大冲《招隐诗注》引《尚书大传》：“子夏对夫子云：退而穷居河、济之间。”以证子夏居西河，不在龙门汾州。汾州今山西汾阳县。其说甚确。然则《世本》之太甲，乃整甲或河亶甲之误，相正后世之相州也。今河南安阳县。《韩诗外传》曰：“武王伐纣到邢丘，更名邢丘曰怀。”此即春秋时之邢国。今河北邢台县。《史记·殷本纪》言纣广沙丘苑台，又言其最乐戏于沙丘，沙丘固邢分，《书序》作“圮于耿”，皇甫谧以河东皮氏县耿乡当之，皮氏今山西河津县。误矣。《伪传释书序》曰“圮于相，迁于耿”，此大不辞。《疏》引郑玄曰：“祖乙去相居耿，而国为水所毁，于是修德御之，不复徙也。录此篇者，善其国圮毁，改政而不徙”，亦近億说。《书序》即杂采古书为之，非有异闻，窃疑本亦作迁于耿，迁既讹为圮，郑玄、伪孔等，乃从而为之辞也。扬雄《兖州牧箴》曰“盘庚北迁，牧野是宅”，盖指其未涉河以前。造《竹书》者，盖因此億盘庚徙居河北，乃億改牧野之名为北蒙以当之。《国语·楚语》曰“昔殷武丁，能耸其德，至于神明，以入于河，自河徂亳”，盖谓其自外藩入居大位，即《书》所谓旧劳于外。足征武丁犹在亳殷，《史记》武乙去亳徙河北之说甚确。《御览·州郡部》引《帝王世纪》云：“武丁徙朝歌，于周为卫，今河内县也。”《水经·淇水注》引《晋书·地道记》曰：“朝歌本沬邑也，殷王武丁始迁居之。”盖皆误解《楚语》。造竹书者，既谓盘庚已居河北，不得再有武乙之徙，乃谓“自盘庚徙殷，至纣之灭，更不徙都”，《史记·殷本纪正义》。其不雠又甚矣。洹水之南殷墟，近岁发掘，虽有所得，为古都邑无疑，然安能决殷王室之必居于是耶？

殷墟甲骨，出于清末，未几即有以其太多而疑之者。至中央研究院派人查勘，则伪物充塞市肆，作伪者且确有主名。见第二章。案甲骨文之出土，事在光绪戊戌（1898）、己亥（1899）间。贾人携至北平，为福山王懿荣所得。庚子（1900）秋，懿荣殉难。所藏皆归丹徒刘铁云鹗。小屯土人，农隙掘地，岁有所得，亦归焉。光、宣间所出，大半归上虞罗叔言振玉。王氏所藏，凡千余片。刘氏所藏，三千余片。罗氏所藏，二三万片。其余散在诸家者，亦当以万计。驻安阳之某国牧师，所藏亦近万片。见近人自署亢父者所撰《二十年间中国旧学之进步》，载《东方杂志》。又有自署老圃者，于十四年四月九日《时报》论其事曰：“光绪间，安阳掘得龟甲兽骨。或刻有篆文。而无文者尤累累。好事者购之百文辄得一大裹。然皆碎块块不过数字，不能详其文义。其可辨者，以干支字为多。间有大片，字亦寥寥。其后购求者踵至，而续出者亦愈多。价亦飞腾，或一片索一金矣。无文之骨，亦不知何往，盖一变而为有文矣。藏者以多字为贵。遂有连篇累牍者，夸示于众，而真伪益不可究诘矣。”董作宾《试掘安阳小屯报告书》，言尝晤钟楼巷遵古斋肆主王姓，告以伪造甲骨者，以蓝葆光为最工。其人本善刻玉雕骨。号称小屯出土之物，是人所造为多。又有王姓者，亦能放制，而远不如蓝。遵古斋壁间累累者，皆新出土无字之甲骨也。其《安阳侯家庄出土之甲骨文字篇》，谓十七年（1928）以后，真字骨几绝迹，大都蓝、王二人所造。又吴县国学会所出《国学论衡》，载章炳麟之言，谓伪造甲骨文者，即收藏最有名之士夫，则有不忍言者矣。故此物最近发掘，众目昭彰者，自可据为研究之资。其前此所有者，则为矜慎起见，不如弗用之为愈也。乃近人多好据之以言古史。其魁桀当推王国维。所撰《殷卜辞中所见先王先公考》，据甲骨文，以王亥为殷之先王；谓天乙为太乙之讹；中宗实为祖乙；疑《史记》报丁、报乙、报丙之次为误。其所得先公之次，适与十干之次同，明系作伪者不闲殷代掌故，亦曲说为诸公生卒之日，汤定祀典时已不可知，即用十日之次追名之。又作《殷周制度论》，谓周人言殷礼，已多失实；甚至谓殷人祭无定制，或九世，或廿世，或八世，或三世，或二世，或五世，或四世，而不顾其事理之不可通也。章炳麟《理惑篇》谓言古物者，首贵其人之贞信。见《国故论衡》。民国以来，有矢忠清室者，大抵愚暗无识之人。王氏蚤岁，治叔本华之学，议论精辟无伦，断非愚暗无识者，而晚岁亦以清室遗老自居，立言是否由衷？令人不能无惑。此编于近世据殷墟甲骨以言殷事者，皆不之取，盖其慎也。

第五节　周先世事迹

《史记·周本纪》曰：“周后稷，名弃，其母，有邰氏女，曰姜原。姜原为帝喾元妃。姜原出野，见巨人迹，心忻然说欲，践之。践之而身动如孕者。居期而生子。以为不祥，弃之隘巷。马牛过者，皆辟不践。徙置之林中，适会山林多人，迁之而弃渠中冰上，飞鸟以其翼覆荐之。姜原以为神，遂收养长之。初欲弃之，因名曰弃。弃为儿时，屹如巨人之志，其游戏好种树麻菽，麻菽美，及为成人，遂好耕农。相地之宜，宜谷者稼穑焉。民皆法则之。帝尧闻之，举弃为农师。天下得其利，有功。帝舜曰：弃，黎民始饥，尔后稷，播时百谷。封弃于邰，号曰后稷，别姓姬氏。后稷之兴，在陶唐、虞、夏之际，皆有令德。后稷卒，子不窋立。不窋末年，夏后氏政衰，去稷不务，不窋以失其官，而奔戎狄之间。不窋卒，子鞠立。鞠卒，子公刘立。公刘虽在戎狄之间，复修后稷之业。务耕种，行地宜，自漆、沮度渭取材用。行者有资，居者有畜积。民赖其庆。百姓怀之，多徙而保归焉。周道之兴自此始。故诗人歌乐思其德。公刘卒，子庆节立，国于豳。庆节卒，子皇仆立。皇仆卒，子差弗立。差弗卒，子毁隃立。《集解》："《世本》作榆。"《索隐》："《世本》作伪榆。"毁险卒，子公非立。《索隐》："《世本》作公非辟方，皇甫谧云：公非，字辟方也。"公非卒，子高圉立。《索隐》：《世本》云：高圉侯侔。高圉卒，子亚圉立。《集解》："《系本》云：亚圉云都。皇甫谧云：云都，亚圉字。"《索隐》："《汉书·古今表》曰：云都，亚圉弟按如此说，则辟方、侯侔，亦皆二人之名，实未能详。"亚圉卒，子公叔祖类立。《索隐》："《世本》云：太公组绀诸盩。"《三代世表》称叔类，凡四名。皇甫谧云："公祖一名组绀诸盩，字叔类，号曰太公也。"公叔祖类卒，子古公亶父立。古公亶父复修后稷、公刘之业，积德行义，国人皆戴之。薰育戎狄攻之，欲得财物，予之。已复攻，欲得地与民。民皆怒，欲战。古公曰：有民立君，将以利之。今戎狄所为攻战，以吾地与民，民之在吾。与其在彼，何异？民欲以我故战，杀人父子而君之，予不忍为。乃与私属遂去豳，[①]度漆、沮，逾梁山，止于岐下。豳人举国扶老携弱，尽复归古公于岐下。及他旁国，闻古公仁，亦多归之。于是古公乃贬戎狄之俗，而营筑城郭室屋，而邑别居之，作五官有司，民皆歌乐之，颂其德。古公有长子曰太伯，次曰虞仲。太姜生少子季历。季历娶太任，皆贤妇人。生昌，有圣瑞。古公曰：我世当有兴者，其在昌乎？长子太伯、虞仲知古公欲立季历以传昌，乃二人亡如荆蛮，文身断发，以让季历。古公卒，季历立，是为公季。公季修古公遗道，笃于

①阶级：古公与私属去豳。

行义，诸侯顺之。公季卒，子昌立，是为西伯，西伯曰文王。”案《史记》述殷周先世，皆据《诗》《书》之说。[①]周先代事迹，见于《诗》者较多，故其传亦较详。然周世系不如殷之完具。“自封弃于邰”至“不窋立”三十四字之间，后稷二字，凡有三解。号曰后稷之后稷指弃；后稷之兴之后稷，苞弃以后不窋以前居稷官者；后稷卒之后稷，则不窋之父也。《国语·周语》：太子晋谓“自后稷之始基靖民，十五王而文始平之”；卫彪傒谓“后稷勤周，十有五世而兴”，世数皆与《史记》合。《汉书·古今人表》，以辟方为公非子，高圉为辟方子，侯侔、亚圉皆高圉弟，云都为亚圉弟，则多辟方、侯侔、云都三代。故杜氏《释例》，以高圉为不窋九世孙。《路史发挥》引。然《酒诰疏》引《世本》世数悉与《史记》合；惟鞠作鞠陶，差弗作羌弗，公非作公飞，公叔祖类作组绀。《吴越春秋》亦云：公刘卒，子庆节立，后八世而得古公亶父；《吴太伯传》。此八世系除本计，亦与《史记》《世本》同，《汉书》殆非也。

《史记·刘敬传》：敬言公刘避桀居豳，《吴越春秋·吴太伯传》同，《史记·匈奴列传》曰：夏道衰，而公刘失其稷官，变于西戎，邑于豳，虽不言何时，然下文云“其后三百有余岁，戎狄攻太王亶父”，则亦以为在夏末也。韦《注》《国语》，谓不窋当太康时；郑氏《诗谱》，以公刘当太康时；缪矣。[②]此盖由误解后稷卒之后稷为弃之故。《索隐》引《帝王世纪》云：后稷纳姞氏，生不窋，亦同此误。姞为后稷元妃，见《左氏》宣公三年，《史记·郑世家》同。谯周谓“《国语》云：世后稷以服事虞、夏，言世稷官，是失其代数”，亦见《索隐》。其说是

---

①史事：周先世世系。

②史事：公刘当桀，以为当太康误。

矣。商自汤至纣三十王，不窋在夏末，至文王十五世，由商兄弟相及，而周父子相继也。其年代实略相当，可见系世之传不尽诬也。

周之兴，盖自公刘始，《诗·公刘》毛《传》曰："公刘居于邰而遭夏人乱，追逐公刘，公刘乃避中国之难，遂平西戎，而迁其民，邑于豳。盖诸侯之从者十有八国焉。"案《史记》言庆节立，国于豳，则公刘尚未居豳，《刘敬》及《匈奴列传》皆言公刘居豳者，乃约略之辞，毛《传》盖亦如此。诸侯从者十八国《疏》云："不知出何书"，疑即《史记》所谓"百姓怀之，多徙而保归焉"者，诸侯，谓邑落君长也。邰旧说谓今陕西武功县，豳为今豳县，岐为今岐山县，钱穆《西周地理考》谓邰即台骀之地。《左氏》昭公九年，言金天氏有裔子曰昧，生台骀，"宣汾、洮，障大泽，以处太原。帝用嘉之，封诸汾川"。《水经·涑水注》：涑水兼称洮水。是台骀居汾、涑之域也。《左氏》昭公九年，王使詹桓伯辞于晋，曰："我自夏以后稷、魏、骀、芮、岐、毕，吾西土也。"《御览》引《隋图经》："稷山，在绛郡，今山西稷山县。后稷播百谷于此。"《水经注》：山西去介山五十里。介山，在今山西万泉县东。汉武帝尝用事介山。见本纪。《封禅书》：汾阴巫锦，为民祠魏脽后土营旁。后汉立后土祠于汾阴脽上。汾阴，汉县，在今山西荣河县北。《周书·度邑》：武王升汾之阜，以望商邑。汾即邠，亦即豳。然则公刘旧邑，实在山西；太王逾梁山，当在今韩城；岐山亦当距梁山不远也。予案虞、夏之间，吾族以避水患，西迁河、洛，更渡河而入河东，说已见前。山西之地，三面皆山，惟自蒲津渡河入渭域为平坦，钱氏之言，衡以地理情势，固无不合矣。庆节而后，贤君当推高圉、亚圉，故《鲁语》谓高圉、太王能帅稷，而《左氏》昭公十七年载王命卫侯之辞，亦曰"余敢忘高圉、亚圉"也。古公贬戎狄之俗，营筑城郭宫室，事盖与公刘同。以农耕之族，介居戎狄之间，而迄未为其所同化，亦可谓难矣。

第六节 殷周兴亡上

《史记·周本纪》曰："西伯曰文王。遵后稷、公刘之业，则古公、公季之法，笃仁，敬老，慈少，礼下贤者，日中不暇食，以待士。士以此多归之。伯夷、叔齐在孤竹，闻西伯善养老，盍往归之。太颠、闳夭、散宜生、鬻子、辛甲大夫之徒，皆往归之。崇侯虎谮西伯于殷纣，曰：西伯积善累德，诸侯皆向之，将不利于帝。帝纣乃囚西伯于羑里。闳夭之徒患之，乃求有莘氏美女，《正义》："《括地志》云：古㜪国城，在同州河西县南二十里。《世本》云：莘国姒姓，夏禹之后。"案《诗·大雅·大明》曰："缵女维莘，长子维行。"《笺》曰"莘国之长女太姒，则配文王"，乃周婚姻之国也。唐河西，今陕西朝邑县。骊戎之文马，《正义》："《括地志》云：骊戎故城，在雍州新丰县东南十六里。"案今陕西临潼县新丰镇。有熊九驷，《正义》："《括地志》云：郑州新郑县，本有熊氏之墟也。"案今河南郑县。此释恐未确。他奇怪物，因殷嬖臣费仲而献之纣，纣悦曰：此一物足以释西伯，况其多乎？乃赦西伯，赐之弓矢斧钺，使西伯得征伐，曰：谮西伯者，崇侯虎也。西伯乃献洛西之地，以请纣去炮烙之刑。纣许之。西伯阴行善，诸侯皆来决平。于是虞、芮之人，《集解》："《地理志》：虞在河东大阳县。芮在冯翊临晋县。"案大阳，今山西平陆县。临晋，今陕西大荔县。有狱不能决，乃如周。入界，耕者皆让畔，民俗皆让长。虞、芮之人，未见西伯，皆惭，相谓曰：吾所争，周人所耻，何往？为只取辱耳。遂还。俱让而去。诸侯闻曰：西伯盖受命之君。明年，伐犬戎。明年，伐密须。《集解》："应劭曰：

密须氏，姞姓之国。瓒曰：安定阴密县是。”案今甘肃灵台县。钱穆《西周地理考》曰：《国语》：共王游于泾上，密康公从，其地当在泾水下流。明年，败耆国。《集解》：“徐广曰：一作阢。”案《殷本纪》作饥，《集解》引徐广曰：“饥一作阢，又作耆”，《宋微子世家》作阢。《集解》引徐广曰：“阢音耆。今《尚书》作黎。《括地志》：故黎城，黎侯国也。在潞州黎城县东北十八里。《尚书》云：西伯既戡黎是也。”案唐黎城，今山西黎城县。殷之祖伊闻之，惧。以告帝纣。纣曰：不有天命乎？是何能为？明年，伐邘。《集解》：“徐广曰：邘城，在野王县西北。”案今河南沁阳县。明年，伐崇侯虎。《正义》：“皇甫谧云：夏鲧封。虞、夏、商、周皆有崇国。崇国，盖在丰、镐之间，《诗》云：既伐于崇，作邑于丰，是国之地也。”而作丰邑，《集解》：“徐广曰：丰在京兆鄠县东，有灵台。镐在上林昆明北，有镐池。去丰二十五里。皆在长安南数十里。”自岐下而徙都丰。明年，西伯崩，太子发立，是为武王。西伯盖即位五十年。其囚羑里，盖益《易》之八卦为六十四卦。诗人道西伯，盖受命之年，称王而断虞、芮之讼。后九年而崩，改法度，制正朔矣，追尊古公为太王，公季为王季。盖王瑞自太王兴。”案《孟子》言：“文王生于岐周，卒于毕郢。”《离娄下篇》。《周书·大匡解》曰：“维周王宅程三年，遭天之大荒。”《大开武解》曰：“天降寤于程。”程即郢，是文王又尝居于郢也。《诗·大雅·皇矣》之篇曰：“密人不恭，敢距大邦，侵阮、徂、共。[①]王赫斯怒，爰整其旅，以按徂旅，以笃于周祜，以对于天下。依其在京，侵自阮疆。陟我高冈，无矢我陵，我陵我阿；无饮我泉，我泉我池，度其鲜原，居岐之阳。在渭之将，万邦之方，下民之王。”毛《传》以侵阮徂共为“密须氏侵阮，遂往侵共”，文义似顺。然释“以按徂旅”之旅为

①经学：侵阮、徂、共。

地名。《疏》曰："盖自共复往侵旅。"又以侵自阮疆为密人侵周，则殊为不辞。郑《笺》以阮、徂、共为三国名，释以按徂旅为却止徂国之兵众，侵自阮疆为往侵阮国之疆，实于义为协。《疏》谓《鲁诗》之说如此。盖郑君初治《韩诗》，《韩》《鲁》说同。汉初经师，皆自有传授，不专恃简策，未可以阮、徂、共为三国不见古书而疑之也。《疏》引皇甫谧，亦有侵阮、徂、共而伐密须之说。谧虽好附会，然此言不能凭空造作；况谧非佞郑者，其学术多同王肃，而肃则申毛难郑者也。故知谧此言必有所据。其所据，或即三家遗说也。钱穆《西周地理考》云：《左氏》文公四年（前623），晋侯伐秦，围邧新城，《史记·魏世家》：文侯十六年（前623），伐秦，筑临晋、元里。元里即邧，亦即阮，地当近临晋。共，即齐王建入秦所处也。《笺》云："文王但发其依居京地之众，以往侵阮国之疆。登其山脊，而望阮之兵。兵无敢当其陵及阿者。又无敢饮食于其泉及池水者。文王见侵阮而兵不见敌，知己德盛而威行，可以迁居定天下之心，乃始谋居善原广平之地。亦在岐山之南，居渭水之侧，为万国之所乡，作下民之君。后竟徙都于丰。"《疏》曰："太王初迁，已在岐山，故言亦在岐山之阳。《周书》称文王在程，作《程寤》《程典》；皇甫谧云：文王徙宅于程，盖谓此也。"案《疏》以文王所居之岐阳，非即太王之所迁是也。至谓其地即程则非。伐密须为文王受命后事，而《程典》云："文王合六州之侯，奉勤于商，商王用宗谗，震怒无疆，诸侯不娱，逆诸文王。"盖即《论语》所谓"三分天下有其二，以服事殷"；《太伯篇》。《左氏》所谓"纣囚文王七年，诸侯皆从之囚者"，襄公三十一年。七年五伐，《诗·大雅·文王序疏》引《书传》，谓一年断虞、芮之讼，二年伐邗，三年伐密须，四年伐犬夷，五年伐耆，六年伐崇，七年而崩，与《史记》异，盖当以《史记》为是。犬戎、密须皆近患，故先伐之。耆在上党，邗在野王，则所以图崇。崇盖纣党最大者，故最后伐之。用兵先后，次序井然，不得如《书传》所云。殷、周《本纪》，多据《书传》，此事亦不得有异同，盖《书传》本同《史记》，后乃倒乱失次也。羑里之囚，郑注《书序》，以为在三伐之后，伐耆之前。《疏》据《殷传》，"西伯得四友献宝，免于虎口而克耆"，《大传》"得三子献宝，纣释文王而出伐黎"之文，曲为之说。殊不知《书传》此文，乃以献宝伐耆，为文王大事而偏举之，非谓其事必相衔接。以情理论之，文王既三伐皆胜，安能复为纣所囚？故不如襄三十一年《左疏》之说，以被囚在虞、芮质狱之前为当也。《韩非·难二》："昔者文王侵盂，克莒，举丰，三举事而纣恶之。文王乃惧，请入洛西之地，赤壤之国方千里，以解炮烙之刑。"似亦谓文王被囚，在三伐之后，然此乃约略之辞，且误谓克丰在前，更不足据矣。而郑注纬候，以文王称王在受命六年后，见《文王序疏》。更无当矣。夫知被囚在受命之前，则知《程典》必不能作于伐密须之岁。《周书·史记》曰："昔有毕程氏，损禄增爵，群臣貌匮，比而戾民，毕程氏以亡。"毕程盖古国，文王灭之而居其地，其事尚在作《大匡》之前。至于《皇矣》之诗，所谓居岐之阳者，则即《史记》所谓"自岐下而徙居丰"之岐下；其地亦名鲜原，《周书·和寤解》所谓"王乃出图商，至于鲜原"者也。文王虽作丰邑，而卒于郢，葬于毕；武王图商，仍在鲜原；盖丰为新都，营建初就，尚未定居故耳。《吕览·具备》："武王尝穷于毕程矣。"则武王亦尝居郢。《括地志》：周文王墓，在雍州万年县西南二十八里毕原上。唐万年，今陕西长安县。郑《笺·皇矣》，初不据《史记》，而其说密合如此，则以其原本《鲁诗》，而《史记》亦据诗人之言故也。亦可见汉初经师之学，自有真传矣。

《殷本纪》曰："帝纣资辩捷疾，闻见甚敏。材力过人，手格猛兽。知足以距谏，言足以饰非。矜人臣以能，高天下以声，以为皆出己之下。好酒淫乐，嬖于妇人。爱妲己。妲己之言是从。于是使师涓作新淫声，北里之舞，靡靡之乐。厚赋税以实鹿台之钱，而盈巨桥之粟。益收狗马奇物，充仞宫室。益广沙丘苑台，多取野兽蜚鸟置其中。慢于鬼神。大最乐戏于沙丘。以酒为池，县肉为林，使男女裸相逐其间，为长夜之饮。百姓怨望，而诸侯有畔者。于是纣乃重辟刑，有炮烙之法。以西伯昌、九侯、《集解》："徐广曰：一作鬼侯。邺县有九侯城。"《索隐》："九亦依字读，邹诞生音仇也。"案邺，今河南临漳县。鄂侯《集解》："徐广曰：一作邘，音于。野王县有邘城。"案此恐以纣都河北，谓鄂地在今湖北，疑其太远而改之。古书述纣醢九侯，脯鄂侯，囚西伯事者甚多，无作邘者。为三公。九侯有好女，入之纣。九侯女不憙淫。纣怒，杀之，而醢九侯。《春秋繁露·王道篇》："纣刑九侯之女而取其环。"鄂侯争之强，辨之疾，并脯鄂侯。西伯昌闻之，窃叹。崇侯虎知之，以告纣。纣囚西伯羑里。《集解》："《地理志》曰：河内汤阴有羑里城。"案《北堂书钞》引《白虎通》曰："夏曰夏台，殷曰羑里，周曰囹圄。"《意林》引《风俗通》同则但以为狱名耳，不必求其地以实之。汤阴，今河南汤阴县。西伯之臣，闳夭之徒，求美女奇物善马以献纣。纣乃赦西伯。西伯出而献洛西之地，《正义》："洛水，一名漆沮水。在同州。洛西之地，谓洛西及丹、坊等州也。"案唐同州，今陕西大协县。丹州，今陕西宜川县。坊州，今陕西中部县。以请除炮烙之刑。纣乃许之。赐弓矢斧钺，使得征伐，为西伯，而用费仲为政。费仲善谀，好利，殷人弗亲，纣又用恶来。恶来善毁，谗诸侯，以此益疏。以此益疏上，疑当重诸侯字。西伯归，乃阴修德行善。诸侯多叛纣而往归西伯，西伯滋大，纣由是稍失权重。王子比干谏，弗听。商容贤者，百姓爱之，纣废之。及西伯伐饥国，灭之。纣之臣祖伊，闻之而咎周，恐奔告纣。纣曰：我生不有命在天乎？祖伊反曰：纣不可谏矣。西伯既卒，周武王之东伐，至盟津，今河南孟津南。诸侯叛殷会周者八百诸侯。皆曰：纣可伐矣。武王曰：尔未知天命。乃复归。纣愈淫乱不止。微子数谏，不听，乃与太师、少师谋，遂去。比干曰：为人臣者，不得不以死争。乃强谏纣。纣怒曰：吾闻圣人心有七窍。剖比干观其心。箕子惧，乃详狂为奴。纣又囚之，殷之太师、少师，乃持其祭乐器奔周。周武王于是遂率诸侯伐纣。纣亦发兵距之牧野。集解："郑玄曰：牧野纣南郊地名也。"案见《诗·大雅·大明笺》。甲子日，纣兵败，纣走入，登鹿台，衣其宝玉衣，赴火而死。周武王遂斩纣头，悬之白旗，杀妲己，释箕子之囚，封比干之墓，表商容之闾，封纣子武庚禄父，以续殷祀，令修行盘庚之政。殷民大悦。"

《周本纪》曰："武王即位，太公望为师，周公旦为辅，召公、毕公之徒，左右王师，修文王绪业。九年（前1048），武王上祭于毕。东观兵，至于孟津。为文王木主，载以车，中军。武王自称太子发，言奉文王以伐，不敢自专。是时诸侯不期而会盟津者八百诸侯。诸侯皆曰：纣可伐矣。武王曰：女未知天命，未可也。乃还师归。居二年，闻纣昏乱，暴虐滋甚。杀王子比干，囚箕子。太师疵、少师强抱其乐器而奔周。于是武王遍告诸侯曰：殷有重罪，不可以不毕伐。乃遵文王。遂率戎车三百乘，虎贲三千人，甲士四万五千人，以东伐纣。十一年十二月戊午，师毕渡萌津。诸侯咸会，曰：孳孳无怠。武王乃作《太誓》，告于众庶。二月甲子。昧爽，武王乃朝至于商郊牧野乃誓。誓已，诸侯兵会者车四千乘。陈师牧野。帝纣闻武王来亦发兵七十万人距武王。武王使师尚父与百夫致师。以大卒驰帝纣师。纣师虽众，皆无战之心，心欲武王亟入。纣师皆倒兵以战，以开武王。武王驰之。纣兵皆崩，畔纣。纣走。反入，登于鹿台之上。蒙衣其珠玉，自燔于火而死。武王持大白旗以麾诸侯。诸侯毕拜武王。武王乃揖诸侯。诸侯毕从。武王至商国，商国百姓，咸待于郊。于是武王使群臣告语商百姓曰：上天降休。商人皆再拜稽首。武王亦答拜。遂入。至纣死所。武王自射之，三发。

而后下车，以轻剑击之。以黄钺斩纣头，悬大白之旗。已而至纣之嬖妾二女。二女皆经自杀。武王又射三发，击以剑，斩以玄钺，县其头小白之旗。武王已，乃出，复军。其明日，除道修社及商纣宫。及期，百夫荷罕旗以先驱。武王弟叔振铎奉陈常车。周公旦把大钺，毕公把小钺，以夹武王。散宜生、太颠、闳夭皆执剑以卫武王。既入，立于社南。大卒之左右毕从。毛叔郑奉明水，卫康叔奉布兹，召公奭赞采，师尚父牵牲。尹佚筴祝曰：殷之末孙季纣，殄废先王明德，侮蔑神祇不祀，昏暴商邑百姓，其章显闻于天皇上帝。于是武王再拜稽首曰：膺更大命，革殷，受天明命。武王又再拜稽首。乃出。封商纣子禄父殷之余民。武王为殷初定，未集，乃使其弟管叔鲜、蔡叔度相禄父治殷。《正义》："《地理志》云：河内，殷之旧都，周既灭殷，分其畿内为三国，《诗》邶、鄘、卫是。邶以封纣子武庚，鄘，管叔尹之，卫，蔡叔尹之，以监殷民，谓之三监。《帝王世纪》云：自殷都以东为卫，管叔监之；殷都以西为鄘，蔡叔监之；殷都以北为邶，霍叔监之；是为三监，二说各异，未详也。"案《书·大诰序伪孔传》云：三监，管、蔡、商，说同《汉志》。《诗·邶鄘卫谱》云："邶、鄘、卫者，商纣畿内之地。周武王伐纣，以其京师，封纣之子武庚为殷后。乃三分其地，置三监。使管叔、蔡叔、霍叔尹而教之。自纣城而北谓之邶，南谓之鄘，东谓之卫。"《疏》谓："王肃、服虔，以为鄘在纣都之西。"是谧言三监本郑，言鄘所在，则依服、王也：三监为古监察之制，不可并所监之人计入；况《尚书大传》明言"禄父及三监叛"，禄父在三监之外明矣。然《书传》亦但云："武王使管叔、蔡叔监禄父。"《卫康叔世家》云："武王令管叔、蔡叔傅相武庚禄父。"《管蔡世家》云："武王封叔鲜于管，封叔度于蔡，二人相纣之子武庚禄父，治殷遗民。"亦皆不及霍叔。《左氏》僖公二十四年，载富辰之言，亦但曰二叔不成而已，是何哉？案《周书·作雒》云："武王克殷，乃立王子禄父，俾守商祀，建管叔于东，建蔡叔、霍叔于殷，俾监殷臣。"又曰

"俾禄父守于殷，俾仲旄父宇于东"，则霍叔实从蔡叔，故古人多不之及。《管蔡世家》言："周公分殷余民为二：其一封微子启于宋，以续殷祀，其一封康叔为卫君。"疑康叔所受武庚地，微子所受，则管叔、中旄父之所宇也。三监但为监察之制之名，其人不必定三，[1]三人之权力，尤必有高下，不容相侔，故古多以管、蔡并称。亦有但举管叔者，如《孟子·公孙丑下》，陈贾谓"周公使管叔监殷，管叔以殷畔"是也。明乎此，则知必画三监之地为三，已为无据，而鄘之在南在西，更不必论矣。《汉志》谓周公诛三监，尽以其地封康叔。服虔及孔、贾、马相同，见《诗谱》及《左氏》襄公二十九年疏，惟郑谓卫后世始兼邶、鄘，亦皆以意言之耳。已而命召公释箕子之囚。命毕公释百姓之囚。表商容之闾。命南宫括散鹿台之财，发巨桥之粟，以振贫弱萌隶。命南宫括、史佚展九鼎、保玉。《集解》："徐广曰：保一作宝。"命闳夭封比干之墓。命宗祝享祀于军。乃罢兵西归。行狩。武王追思先圣王，乃褒封神农之后于焦，《集解》："《地理志》：弘农陕县有焦城，故焦国也。"案陕，今河南陕县。黄帝之后于祝，《正义》："《左传》云：祝其实夹谷。杜预云：夹谷即祝其也。服虔云：东海郡祝其县也。"案今江苏赣榆县。帝尧之后于蓟，[2]《集解》："《地理志》燕国有蓟县。"案今河北蓟县。帝舜之后于陈，今河南淮阳县。大禹之后于杞。今河南杞县。于是封功臣谋士，而师尚父为首封。封尚父于营丘，曰齐。今山东昌乐县。封弟周公旦于曲阜，曰鲁。今山东曲阜县。封召公奭于燕。《正义》："封帝尧之后于蓟，封召公奭于燕，观其文，稍似重也。《水经注》云：蓟城内西北隅有蓟丘，因取名焉。《括地志》云：燕山，在幽州渔阳县东南六十里。宗国《都城记》云：周武王封召公奭于燕，地在燕山之野，故国取名焉。按周封以五等之爵，蓟、燕二

[1] 史事：三监不必三人并立，霍从蔡地分为二。

[2] 史事：封尧后于蓟，或不近燕。

国，俱武王立，因燕山蓟丘为名，其地足自立国蓟微燕盛，乃并蓟居之。蓟名遂绝焉。今幽州蓟县，古燕国也。”案唐渔阳郡，治蓟。封叔鲜于管。今河南郑县。弟叔度于蔡。今河南上蔡县。余各以次受封。武王征九牧之君，登豳之阜，以望商邑。武王至于周，自夜不寐。周公旦即王所曰：曷为不寐？王曰：我未定天保，何暇寐？王曰：定天保，依天室。自洛汭延于伊汭，居易毋固，其有夏之居。我南望三涂，北望狱鄙，顾詹有河，粤詹雒、伊，毋远天室。营周居于雒邑而后去。纵马于华山之阳，放牛于桃林之虚，今潼关函谷间之地。偃干戈，振兵，释旅，示天下不复用也。”

《史记》武王胜殷之事，略同《周书·克殷解》。足见《周书》虽非孔子所传，实与《尚书》同类，为古之遗书，颇可信据也。《周书·世俘解》，亦述武王伐殷之事。又有命太公望御方来，吕他命伐越、戏方，侯来命伐靡，集于陈，百弇以虎贲誓命伐卫，陈本命伐磨，百韦命伐宣方，新荒命伐蜀，百韦命伐厉，则《史记》皆未之及。《世俘解》又曰：“武王狩禽。虎二十有二，猫二，麋五千二百三十五，犀十有二，牦七百二十有一，熊百五十有一，罴百一十有八，豕三百五十有二，貉十有八，麈十有六，麝五十，麋朱有曾《集训校释》改麇。三十，鹿三千五百有八。武王遂征四方，凡憝国九十有九国。馘磿或作磨或作魔。亿有十万七千七百七十有九。俘人三亿万有二百三十。凡服国六百五十有二。”其言似诞，然即《史记》所谓“行狩”，亦即《孟子》所谓“灭国者五十驱虎豹犀象而远之”也。《滕文公下篇》。《孟子》又言纣之罪曰：“壤宫室以为污池，民无所安息，弃田以为园囿，使民不得衣食。园囿污池，沛泽多而禽兽至。”今按《汉书·地理志》，以朝歌为纣所都。又曰：纣所作沙丘台，在钜鹿东北七十里。汉钜鹿，今河北平乡县。则纣之苑囿绵地甚广。当时沙丘附近，盖皆荒秽之区，故多禽兽沛泽也。然而周之先，虽云世后稷，公刘、古公，仍世以农业兴；“文王卑服，即康功田功”；《书·无逸》。而其不脱野人好猎之习，亦可见矣。不特此也。《史记》殷、周本纪皆言纣衣宝玉赴火死，纣何所衣以死，则何足记？然而斤斤记之者？《周书·世俘》又曰：“商王纣取天智玉琰璲身厚以自焚，凡厥有庶，告焚玉四千。五日，武王乃俾千人求之。四千庶则销。天智玉五在火中不销。凡天智玉，武王则宝与同。凡武王俘商旧玉，億有百万。”《史记》曰：“命南宫括、史佚展九鼎、保玉。”《克殷解》曰：“命南宫百达、史佚迁九鼎三巫。”孔《注》“三巫，地名”。此即《左氏》桓公二年，臧哀伯所谓“武王克商，迁九鼎于洛邑，义士犹或非之”者。周之所求可见，而亲戮敌国帝后之尸，则又暴秦之所不为，[①]更无论齐桓、晋文也。周之为德，亦可见矣。

夏曾佑《古代史》曰：“中国言暴君，必数桀纣，犹之言圣君，必数尧、舜、汤、武也。今案各书引桀、纣事多同，可知其必多附会。盖既亡之后，兴者必极言前王之恶，而后己之伐暴为有名，天下之戴己为甚当，不如此不得也。今比而观之：桀宠妺嬉，元注：《晋语》。纣宠妲己，元注：《晋语》。一也。桀为酒池，可以运舟，一鼓而牛饮者三千人。元注：刘向《新序》。纣以酒为池，悬肉为林，使男女裸相逐其间，为长夜之饮。元注：《史记·殷本纪》。二也。桀为琼台瑶室，以临云雨。元注：刘向《列女传》。纣造倾宫瑶台，七年乃成，其大三里，其高千仞。元注《太平御览》八十四引《帝王世纪》。三也。桀杀关龙逢，元注：《太平御览》八十二引《尚书·帝命验》。纣杀比干，元注：《史记·殷本纪》。四也。桀囚汤于夏台，元注：《史记·殷本纪》。汤行赂，桀释之。元注：太公《金匮》。纣囚文王于羑里，西伯之徒，献美女、奇物、

---

①史事：武王戮纣尸，暴秦所不为。

善马，纣乃赦西伯，元注：《史记·殷本纪》。五也。桀曰：时日曷丧。元注：“《孟子》。时日，言生之时日，即命也。与纣称有命在天同意。前人以天上之日不丧解之，又讹为桀失日，恐非。”案时日与命异。失日见《韩非子》，亦与此无关。夏说恐非。纣曰：我生不有命在天。元注：《尚书》。六也。故一为内宠，二为沉湎，三为土木，四为拒谏，五为贿赂，六为信命，而桀、纣之符合若此，天下有为善而相师者矣，未有为恶而相师者也，故知必有附会也。”案谓言桀、纣之恶者多附会，是也。然谓附会之由，由于兴者极言前王之恶，则误以后世事度古人。古本无信史，古人又不知求实，凡事皆以意言之，正如希腊荷马之《史诗》，宋、元以来之平话耳。或侈陈而过其实，或億说而失其真，皆意中事。然附会之辞，虽或失实，亦必有由，不能全无根据也。就桀、纣言之，则纣之世近，而事之传者较详，桀之世远，而事之传者较略，故以纣之恶附诸桀者必多，以桀之恶附诸纣者必少。《史记·周本纪》载《太誓》之辞曰：“今殷王纣，乃用其妇人之言，自绝于天。毁坏其三正。离逖其王父母弟。乃断弃其先祖之乐。乃为淫声，用变乱正声，怡说妇人。”又载《牧誓》之辞曰：“古人有言：牝鸡无晨。牝鸡之晨，惟家之索。今殷王纣，维妇人之言是用。自弃其先祖肆祀不答。昏弃其家国，遗其王父母弟不用。乃维四方之多罪逋逃，是崇是长，是信是使。俾暴虐于百姓，以奸轨于商国。”二誓所言实同。数其罪：则用妇言一，弃祠祀二，作淫乐三，疏亲族四也。《左氏》昭公七年，陈无宇谓武王数纣之罪曰“纣为天下逋逃主，萃渊薮”，此与《牧誓》所谓“遗其王父母弟”者，只是一事，所谓弃亲用羁也。《酒诰》曰：“在今后嗣王酣身。”《无逸》曰：“无若殷王受之迷乱，酗于酒德哉。”《诗·大雅·荡》曰：“文王曰咨，咨女殷商。天不湎尔以酒，不义从式，既愆尔止，靡明靡晦，式号式呼，俾昼作夜。”观《酒诰》所言，沫邦沉湎之习，盖久而未改，则纣之迷乱，决非虚语也。《荀子·成相》曰："飞廉知政任恶来。卑其志意，大其园囿高其台。"此即《孟子》所谓"弃田以为园囿"者。倾宫琼台，固非其时所能有，台与园囿，则非其所不能为矣。褚先生《补龟策列传》曰："纣有谀臣，名为左强。夸而目巧，教为象廊。将至于天。又有玉床。犀玉之器，象箸而羹。"又曰："桀为瓦室，纣为象廊。"《鲁颂》言元龟象齿，则鲁之南有象，夸张之辞，非尽无据。《补龟策列传》又言："桀有谀臣，名曰赵梁。教为无道，劝以贪狼。系汤夏台，杀关龙逢。左右恐死，偷谀于旁。国危于累卵，皆曰无伤。称乐万岁，或曰未央。蔽其耳目，与之诈狂。汤卒伐桀，身死国亡。听其谀臣，身独受殃。《春秋》著之，至今不忘。"云《春秋》著之，则赵梁、左强之名决非億造。《史记解》曰："好货财珍怪，则邪人进。邪人进，则贤良日蔽而远。赏罚无位，随财以行。夏后氏以亡。"又曰："严兵而不仁者其臣慑。其臣慑而不敢忠。不敢忠则民不亲其吏。刑始于亲，远者寒心。殷商以亡。"《史记》乃取遂事为要戒，必无故毁前人之理。则谓桀、纣拒谏好贿，亦非虚语也。要之古代传述之辞，多不审谛，亦无绝无根据者。要在细心读之，不可一笔抹杀，尤不可妄以后世之情形度古事也。《史记解》又曰："昔者有洛氏，宫室无常，池囿广大，工功日进，以后更前。民不得休，农失其时。饥馑无日。成商伐之，有洛以亡。"此有洛氏亦即桀，与夏后氏分言者，意主列举遂事，以为要戒，故随其恶而列举之。变夏后氏为有洛氏者，行文避复，亦古人文例也。

《史记》文王受命七年而崩，九年，武王东观兵，十一年伐纣，十二年克之。《周书》则文王受命九年，犹在镐召太子发。刘歆因以为文王受命九年而崩。再期在大祥而伐纣，还归二年，乃遂伐纣，克殷，自文王受命至此十二年。[①]致误之由实由周人自讳文王死时，武王秘丧伐纣，而事为众所习知，讳之卒不能尽之故，已见第四章。文王受命惟中身，似当解为年五十岁。《补龟策列传》言：纣“杀周太子历，囚文王昌”，则季历实未即位，其见杀尚在太王时，更无论文王也。纣囚文王七年，文王受命后亦七年而崩，则其受命之岁，适当在位年数之中，故曰受命惟中身。《周书·酆保》“惟二十三祀，九州之侯，咸格于周”，似为文王即位之岁。《小开》作于三十五祀，意在谋开后嗣。下继以《文儆》《文传》，则文王将殁时事。若其事在作《小开》之明年，则自二十三祀至三十六祀，固适得十四年也。《史记》言王瑞自太王兴。《大匡》言三州之侯咸率。《程典》合六州之侯。《酆保》则九州咸格。古言九州，犹云天下。三州咸率，谓三分天下有其一，合六州有其二，九州格则天下服矣。然犹王季见杀，文王被囚，武王且传有王门之辱。《吕览·首时》：“王季历困而死。文王苦之。有不忘羑里之丑。时未可也。武王事之，夙夜不懈。亦不忘王门之辱。立十二年而成甲子之事。”《韩非·喻老》：“文王见詈于王门，颜色不变，而武王擒纣于牧野。”《难四》：“武身受詈。”《战国·赵策》：“昔者文王拘于牖里，而武王羁于玉门。”则纣在当日，兵力犹强。楚庄称纣之百克，非无由也。《左氏》宣公十二年。又十五年，伯宗曰：“夫恃才与众，亡之道也。殷纣由之，故灭。”九侯，旧说在邺，似因其近纣都而附会。宋翔凤谓即《文王世子》“西方有九国焉”之九国，亦即《诗》“我征自西，至于艽野”之艽野。见《过庭录·艽野即鬼方条》。其说颇长，九鬼同声，《书传》之二年伐邗，《礼记·文王世子疏》引作伐鬼方，九侯之在西方，隐约可见。《易》言高宗伐鬼方，《既济》。则武丁似尝用兵于西。武乙去亳徙河北，而暴

---

①史事：殷周竞争之迹。

雷震死于河、渭之间，不知其果震死欤？抑亦如周昭王之南征，名陨于江，实覆于敌也。然武乙踪迹，曾至河西，则可见矣。鄂似即《左氏》隐公六年，“翼九宗五正顷父之子嘉父逆晋侯于随，纳诸鄂”之鄂。其地当在河、汾下流。然则见脯、见杀、见囚者，固皆西方之诸侯也。《秦本纪》言：蜚廉为纣石北方，为坛霍太山而报，遂葬于霍太山，则纣时声教又尝远暨河东。《礼记·乐记》言武之乐曰：“始而北出，再成而灭商，三成而南，四成而南国是疆，五成而分周公左，召公右，六成复缀以崇。”洛西之地，《正义》以丹、坊等州当之，其地距殷太远，恐非纣所能有，洛雒二字，相淆已久。河、洛固有夏之居，成汤作官邑焉，盘庚又徙居之；窃疑周之初图，实在于此，迨为纣所迫而献洛西，乃改途而戡耆，出上党以临河内，所谓始而北出也。纣虽曰不有天命乎，然于是时，亦当稍严河内之防，武王乃复出其不意，济孟津而临牧野，所谓再成而灭商也。灭商之后，亟营洛邑，自此声威浸及于南，则所谓三成而南，四成而南国是疆者。其后周、召分陕，而周南之地，实在南阳、南郡之间，《水经·江水注》引韩婴叙《诗》。则周之重南，固过于其重北。以东北之地，自沙丘以往，多为禽兽沛泽之区，而河洛则自夏以来之都邑也。椒举谓“商纣为黎之搜，东夷叛之”。《左氏》昭公四年。叔向谓“纣克东夷而陨其身”。昭公十一年。所谓东夷，盖即沙丘以往之地。纣之为此，盖徒以肆其苑囿田猎之乐，不图力竭于东而敝于西，周人遂乘其后也。淫乐而重之以武，固罔不丧其邦欤？

第七节　殷周兴亡下

武王之克殷，奄尚未灭，然《史记》述周封诸侯，已有封周公于鲁之文。又帝尧之后，与召公奭封地相同，《正义》虽曲为之说，究属牵强。《左氏》昭公九年，王使詹桓伯辞于晋曰：“自武王克商以来，肃慎、燕、亳，吾北土也。”肃慎所在不可知，然必近于燕。此燕为南燕，在今河南延津县。亳盖殷人旧都，观春秋时宋之社犹称亳社可知。哀公四年，《公羊》作蒲社，案《札记·郊特牲》亦作亳社。则亦隞、相、邢、朝歌等处耳。此时周之兵力，实未逾殷之旧境。《史记》述周初封国，盖杂后来之事言之，非当时实录也。《周书·大匡》曰：“惟十有三祀，王在管。管叔自作殷之监。东隅之侯，咸受赐于王。”《文政》曰：“惟十有三祀，王在管。管、蔡开宗循。”盖管为东方重镇，周初兵力所极。纣地既未能有，仍以封其子武庚；淮夷、徐戎等，又为力所未及；则武王时，周之王业，所成者亦仅矣。故殷、周之兴亡，实至武庚败亡而后定。《国语》言商代列王，并武庚数之，非偶然也。

《史记·周本纪》曰：“武王病，天下未集。群公惧穆卜。周公乃祓齐自为质，欲代武王。武王有瘳，后而崩。太子诵代立，是为成王。成王少，周初定天下，周公恐诸侯畔，周公乃摄行政，当国。管叔、蔡叔群弟疑周公与武庚作乱，畔周。周公奉成王命伐，诛武庚、管叔，放蔡叔。以微子开代殷后，国于宋。今河南商邱县。颇收殷余民，以封武王少弟封，为卫康叔。周公行政七年，成王长，周公反政成王，北面就群臣之位。成王在丰，使召公复营洛邑，如武王之意。周公复卜申视，卒营筑，居九鼎焉。曰：此天下之中，四方入贡道里均。兴正礼乐。度制于是改，而民和睦，颂声兴。”《鲁周公世家》曰：“周公不就封留佐武王。武王克殷二年，天下未集。武王有疾，不豫。群臣惧。太公、召公乃缪卜。周公曰：未可以戚我先王？周公于是乃自以为质。令史策告太王、王季、文王，欲代武王发。藏其策金滕匮中。诫守者勿敢言。明日，武王有瘳。其后武王既崩，成王少，在襁褓之中。周公恐天下闻武王崩而畔。周公乃践祚代成王，摄行政，当国。管叔及其群弟流言于国曰：周公将不利于成王。周公乃告太公望、召公奭曰：我之所以弗辟而摄行政者，恐天下畔周，无以告我先王太王、王季、文王。三王之忧劳天下久矣，于今而后成；武王早终，成王少；将以成周，我所以为之若此。于是卒相成王，而使其子伯禽代就封于鲁。管、蔡、武庚等果率淮夷而反。周公乃奉成王命，兴师东伐。遂诛管叔，杀武庚，放蔡叔，收殷余民，以封康叔于卫。封微子于宋，以奉殷祀。宁淮夷东土。二年而毕定。诸侯咸服宗周。东土以集。周公归报成王。乃为诗诒王，命之曰《鸱鸮》。王亦未敢训周公。成王七年，二月，乙未，王朝步自周，至丰。使太保召公先之雒相土。其三月，周公往营成周雒邑，卜居焉。曰：吉，遂国之。成王长，能听政。于是周公乃还政于成王。成王临朝。周公之代成王治，南面背依，以朝诸侯。《书·大诰》："王若曰。"《疏》云："郑玄云：王周公也。周公居摄，命大事则权称王。"案《周书·度邑》：武王谓周公曰："乃今我兄弟相后。"则武王曾欲传位于周公。此其所以为管、蔡所疑也。及七年后，还政成王。北面就臣位，匑匑如畏然。初，成王少时病，乃自揃其蚤，沉之河，以祝于神，曰：王少，未有识，奸神命者乃旦也。亦藏其策于府。成王病有瘳。及成王用事，人或谮周公，周公奔楚。成王发府，见周公祷书，乃泣，反周公。周公在丰，病，将没，曰：必葬我成周，以明吾不敢离成王。周公既卒。成王亦让，葬周公于毕，从文王，以明予小子不敢臣周公也。周公卒后，秋，未获，暴风雷雨。禾尽偃，大木尽拔。周国大恐。成王与大夫朝服，以开金縢书。王乃得周公所自以为功代武王之说。二公及王，乃问史百执事。史百执事曰：信有。昔周公命我勿敢言。成王执书以泣曰：自今后其无缪卜乎？昔周公勤劳王家，惟予幼人弗及知。今天动威，以彰周公之德，惟朕小子其迎。我国家礼亦宜之。王出郊，天乃雨，反风，禾尽起，二公命国人，凡大木所偃，尽起而筑之，岁则大熟。于是成王乃命鲁得郊，祭文王，鲁有天子礼乐，以褒周公之德也。”史公此文，所用者亦系《书》说。《周书·作雒解》曰：“武王克殷，乃立王子禄父，俾守商祀。建管叔于东。建蔡叔、霍叔于殷，俾监殷臣。武王既归，乃岁十二月，崩镐，殚于岐周。周公立，相天子。三叔及殷、东、徐、奄及熊、盈以略。略，或作畔。周公、召公，内弭父兄，外抚诸侯，元年（前1042），夏，六月，葬武王于毕。二年（前1041），又作师旅，临卫政殷。殷大震溃。降辟三叔。王子禄父北奔。管叔经而卒。乃囚蔡叔于郭凌。《左氏》定公四年，祝佗曰：“王于是杀管叔而蔡蔡叔，以车七乘，徒七十人。”《诗·豳风·破斧疏》云：“《据书传》，禄父、管叔皆见杀。蔡叔以车七乘，徒七十人，止言徒之多少，不言放之何处。”疏家盖未考《周书》。凡所征熊、盈族十有七国，俘维九邑。俘殷献民，迁于九、毕。案此九，疑即九侯之国。俾康叔宇于殷，俾中旄父宇于东。周公敬念于后曰：予畏同室克追《初学记》引作周室不延。俾中天下。及将致政，乃作大邑成周于土中，以为天下之大凑。”其说亦与《史记》合。《礼记·明堂位》曰：“武王崩，成王幼弱，周公践天子之位，以治天下。六年（前1038），朝诸侯于明堂，制礼作乐，颁度量，而天下大服。七年（前1037），致政于成王。成王以周公为有勋劳于天下，是以封周公于曲阜，地方七百里，革车千乘；命鲁公世世祀周公以天子之礼乐。”说亦与《史记》合。书家、礼家，无异说也。《疏》曰：周公制礼摄政，孔、郑不同。孔以武王崩，成王年十三。至明年摄政，管叔等流言，故《金縢》云：武王既丧，管叔及其群弟流言于国，曰：公将不利于孺子。时成王年十四，即位，摄政之元年。周公东征管、蔡。后二年，克之。故《金縢》云：周公居东二年，则罪人斯得。除往年，时成王年十六，摄政之三年也。故《诗序》云：周公东征，三年而归。摄政七年，营洛邑，封康叔而致政，时成王年二十，故孔注《洛诰》，以时成王年二十是也。郑则以为武王崩，成王年十岁。《周书》以武王十二月崩至成王年十二，十二月，丧毕，成王将即位，称己小，求摄，周公将代之，管、蔡等流言，周公惧之，辟居东都。故《金縢》云：武王既丧，管叔等流言，周公乃告二公曰：我之不辟，无以告我先王。既丧，谓丧服除，辟谓辟居东都。时成王年十三。明年，成王尽执拘周公属党。故《金縢》云：周公居东二年，则罪人斯得；罪人，谓周公属党也。时成王年十四。至明年，秋，大熟，有雷风之异。故郑注《金縢》云：秋，大熟，谓二年之后明年秋。迎周公而反，反则居摄之元年。时成王年十五。《书传》所谓一年救乱。明年，诛武庚、管、蔡等，《书传》所谓二年克殷。明年，自奄而还，《书传》所谓三年践奄。四年封康叔，《书传》所谓四年建侯卫，时成王年十八也。故《康诰》云孟侯。《书传》云：天子太子十八称孟侯。明年，营洛邑，故《书传》云：五年（前1039）营成周。六年（前1038），制礼作乐。七年（前1037），致政于成王。年二十一。明年，乃即政，时年二十二也。《时·豳谱疏》引郑《金縢注》云："文王十五生武王，九十七而终，终时，武王八十三矣，于文王受命为七年。后六年伐纣，后二年有疾。疾瘳后二年崩。崩时年九十三矣。周公以武王崩后三年出。五年秋反而居摄。四年作康诰。五年作《召诰》。七年作《洛诰》。伐纣至此十六年也。作《康诰》时成王年十八。《洛诰》时年二十一也。即政时年二十二也。然则成王以文王终明年生也。"又引王肃《金縢注》云："文王十五而生武王，九十七而终，时受命九年，武王八十三矣。十三年伐纣。明年有疾，时年八十八矣。九十三而崩，以冬十二月。其明年称元年。周公摄政，遭流言，作《大诰》而东征。二年克殷，杀管、蔡，三年而归，制礼作乐，出入四年。至六年而成。七年营洛邑，作《康诰》《召诰》《洛诰》，致政成王。然则文王崩之年，成王已三岁，武王八十而后有成王，武王崩时，成王已十三。周公摄政七年，致政，成王年二十。”二家说虽不同，然《大戴礼记·文王世子》“文王十三生伯邑考，十五生武王”，《小戴礼记·文王世子》“文王九十七而终，武王九十三而终”，则其所同据也。[①]此说殊不足信。若将《无逸》之厥享国五十年，解作年五十岁，则文王崩时，武王当三十左右，周公当更小也。《史记》言武王崩，成王少在襁褓之中，说本《书传》，见《诗·斯干疏》，《贾子·修政语下》，谓成王年二十岁即位，亦以弱冠当亲政言之耳，非能确知其年也。二说皆不与《书传》合，而郑说乖异尤甚。《书传》云一年救乱者，即《周书》所谓“内弭父兄，外抚诸侯”也。其云二年克殷者，即《周书》所谓“二年又作师旅，临卫政殷”也。践奄，建侯卫，营成周，《周书》不言其年，然其叙次与《书传》悉合。制礼作乐，致政成王，具于《明堂解》。亦与《礼记》之《明堂位》合。盖周公制礼摄政之事，古无异言如此。安得其前忽多出三年？且谓成王居丧时能自为政欤？不应即位而反求摄。谓谅阴不言，不待摄，周公自然知政欤？何孔子于子张之间，不曰殷、周皆然，乃曰古之人皆然也？当武王既崩。成王初立，主少国疑之际，管、蔡、武庚，不以此时叛，顾待诸丧毕之后；而周公块然，辟居东都，管、蔡、武庚，亦不以此时进攻，顾待其再奠镐京，养成气力；有是理乎？王肃以居东之东，为洛邑，见《疏》。《史记·卫世家》云：管叔、蔡叔疑周公，乃与武庚禄父作乱，欲攻成周。成王既疑周公，执其属党，安能听其复入？谓此乃史家饰辞，周公实挟兵力而入，又何能略无后顾之忧，而明年即出兵以诛武庚、管、蔡也？郑之所言，无一与情理合者，而其解“武王既丧”，“我之不解”，“罪人斯得”，文义之牵强，更不俟论也。《左氏》昭公七年：“公将适楚，梦襄公祖，梓慎曰：‘襄公之适楚也，梦

---

①年代、史事：郑王皆用文王九十七，武王九十三之说，不近事情。

周公祖而行。'子服惠伯曰：'先君未尝适楚，故周公祖以道之，襄公适楚矣，而祖以道君。'"则周公适楚，确有其事，然俞正燮引此，谓奔楚即居东，《癸巳类稿·周公奔楚义》。则非。《史记·蒙恬列传》，恬曰："昔周成王初立，未离襁褓，周公旦负王以朝，卒定天下。及成王有病，甚殆，公旦自揃其爪，以沉于河，曰：王未有识，是旦执事。有罪殃，旦受其不祥。乃书而藏之记府，可谓信矣。及王能治国，有贼臣，言周公旦欲为乱久矣，王若不备，必有大事。王乃大怒。周公旦走而奔于楚。成王观于记府，得周公旦沈书，乃流涕曰：孰谓周公旦欲为乱乎？杀言之者，而反周公旦。"与《鲁世家》合。此事与周公欲代武王，相似太甚，恐即一事之传讹。《书传》以雷风之变，在周公死后，《白虎通·丧服篇》同。盖郑所谓辟居东都，实为奔楚之误。成王执拘周公属党，当在此时。其后不知何缘得反。后人求其故而不得，乃即以金縢之事说之，而又讹武王为成王。于是一事而分为两。其实雷风之变，自在周公死后，成王因此改葬周公，赐鲁以天子礼乐，初未因此迎周公而反。今《尚书·金縢》，不记周公奔楚及死事，郑遂以其奔楚时事，误系之居摄之前也。①从今文说则路路皆通，从郑说则路路皆窒。亦足见口说之真，而说经者不当执贵传记之偏见矣。《越绝书·吴内传》云："管叔、蔡叔，不知周公而谗之成王。周公乃辞位，出巡狩于边。一年，天暴风雨，日夜不休。五谷不出。树木尽偃。成王大恐。乃发金縢之匮，察周公之册。知周公乃有盛德。王乃夜迎周公，流涕而行。周公反国，天应之福。五谷皆生，树木皆起。天下皆实。"此说与郑同。盖当时自有此传讹之说也。

《周书》言武王殁后，叛者为殷、东、徐、奄及熊、盈。殷即武

①史事：《金縢》不记周公奔楚及死，郑以奔楚事误系之居摄之前。

庚，东盖管叔及中旄父所宇，已见上节。徐、奄，《世本》云：皆嬴姓国。《左氏》昭公元年疏。孟子言周公“驱飞廉于海隅而戮之”，《滕文公下》。当即此时事。《史记·秦本纪》，谓飞廉葬于霍太山，则其族讳饰之辞也。或飞廉虽见戮而未死，后复归于西方。熊即祝融，说见第七章第一节。熊、盈，盖当日东方之族助殷者。殷、东、徐、奄为大国，《多方》所谓四国，或即指此。其余十有七国，则小国也。奄，《说文》作郁，云：在鲁。《左氏》定公四年，祝佗谓周公分鲁公以殷民六族，因商奄之民，而封于少皞之虚，《注》云：“商奄，国名也。”《疏》云：“杜《土地名》：奄、商奄共为一国。《诗》称四国流言，《毛传》以四国为管、蔡、商、奄，则商、奄各自为国。”案《墨子·耕柱》云：“古者周公旦非关叔，辞三公，东处于商盖。”《韩非子·说林上》云：“周公旦既胜殷，将攻商盖，辛公甲曰：大难攻，小易服，不如服众小以劫大。乃攻九夷，而商盖服矣。”孙诒让《墨子闲诂》引段玉裁云：《尔雅》：弇，盖也。故商奄亦呼商盖。又引王念孙曰：盖字古与盇通，盇奄草书相似，故奄讹作盇，又讹作盖，二说皆通。商奄自以说为二国为是。商盖即《周书》所谓东。《左氏》但言因商奄之民，其地则曰少皞之墟，则以奄在鲁似非是。然在鲁非必即鲁之都。杜预谓“奄阙不知所在”，郑玄云“奄盖淮夷之地”，《书·将蒲姑序疏》《史记·周本纪集解》引郑玄曰奄国在淮夷之北。要当距鲁不远也。《书·费誓》云：“徂兹淮夷、徐戎并兴。”《史记·鲁世家》云：“伯禽即位之后，有管蔡等反也。淮夷、徐戎，亦并兴反。”淮夷、徐戎，亦自是两国。贾逵、杜预谓徐即淮夷，恐亦非是。见《昭公元年注疏》。《疏》又引服虔云：“一曰鲁公所伐徐戎也。”则其说正亦同贾、杜。《史记·鲁世家》：“顷公十九年（前254），楚伐我，取徐州。”《集解》引徐广曰：“徐州在鲁东，今薛县。”今山东滕县。《索隐》云：“《说文》邻，邾之下邑，在鲁东。

又《郡国志》曰：鲁国薛县，六国时曰徐州。”或当时之徐所在邪？《尚书大传》曰：“奄君蒲姑谓禄父曰：武王既死矣，今王尚幼矣，周公见疑矣，此世之将乱也。请举事。然后禄父及三监叛也。”《注》云：“玄或疑焉。薄姑齐地，非奄君也。”据陈寿祺《辑校本》引。案人名与地名相同，古所时有，况古人地名多无正字，又安知奄君之名，果与齐地名相同欤？《左氏》昭公二十年，晏子对齐景公，言“昔爽鸠氏始居此地，季萴因之，有逢伯陵因之，蒲姑氏因之，而后太公因之。”《书序》云：“成王东伐淮夷，遂践奄，作《成王政》。成王既践奄，将迁其君于蒲姑，周公告召公，作《将蒲姑》。”盖即据此造作。《史记·周本纪》云“东伐淮夷，残奄，迁其君薄姑”，则又后人据《书序》窜入。其实践奄，伐淮夷，皆周公事，非成王所为也。郑《多方注》亦如此，见《豳谱疏》。要之：周初兵力，仅及东北。武王殁后，东南诸族，并起抗周。自经周公戡定，殷遗臣民，分隶鲁、卫，祝佗又言周分卫以殷民七族。又迁九、毕，殷乃不能复振，而周之王业大成矣。

第八节　西周事迹

《史记·周本纪》曰：“成王崩，太子钊立，是为康王。成、康之际，天下安宁，刑措四十余年不用。康王卒，子昭王瑕立。昭王之时，王道微缺。昭王南巡狩不返，卒于江上。其卒不赴告，讳之也。立昭王子满，是为穆王。穆王即位，春秋已五十矣。王道衰微。穆王闵文、武之道缺，乃命伯臩申诫太仆国之政，作《臩命》，复宁。穆王将征犬戎。祭公谋父谏，王遂征之。得四白狼、四白鹿以归。自是荒服者不至。诸侯有不睦者，甫侯言于王，作修刑辟，命曰《甫刑》。穆王立五十五年崩，子共王繄扈立。《索隐》：“《系本》作伊扈。”共王崩，子懿王艰立。《索隐》：“《系本》作坚。”懿王之时，王室遂衰，诗人作刺。懿王崩，共王弟辟方立，是为孝王。孝王崩，诸侯复立懿王太子燮，是为夷王。夷王崩，子厉王胡立。厉王即位三十年，好利，近荣夷公。大夫芮良夫谏厉王曰：王室其将卑乎？夫荣夷公好专利而不知大难。夫利，百物之所生也，天地之所载也，而有专之，其害多矣。天地百物，皆将取焉，何可专也？所怒甚多而不备大难，以是教王，王其能久乎？匹夫专利，犹谓之盗，王而行之，其归鲜矣，荣公若用，周必败也。厉王不听，卒以荣公为卿士，用事。王行暴虐侈傲，国人谤王。召公谏曰：民不堪命矣。王怒，得卫巫，使监谤者，以告则杀之，其谤鲜矣，诸侯不朝。三十四年（前794），王益严，国人莫敢言，道路以目。厉王喜，告召公曰：吾能弭谤矣，乃不敢言。召公曰：是鄣之也。防民之口，甚于防水，水壅而溃，伤人必多，民亦如之。是故为水者决之使导，为民者宣之使言。若雍其口，其与能几何？王不听，于是莫敢出言，三年，乃相与畔，袭厉王。厉王出奔于彘。《集解》：“韦昭曰：彘，晋地。汉为县，属河东，今曰永安。”案今山西霍县。厉王太子静，匿召公之家。国人闻之。乃围之。召公曰：昔吾骤谏王，王不从，以及此难也；今杀王太子，王其以我为仇而怼怒乎？乃以其子代王太子，太子竟得脱，召公、周公二相行政，号曰共和。共和十四年（前828），厉王死于彘。太子静长于召公家，二相共立为王，是为宣王。宣王即位，二相辅之修政，法文、武、成、康之遗风，诸侯复宗周。三十九年（前789），战于千亩，《索隐》：“地名也，在西河介休县。”案今山西介休县。王师败绩于姜氏之戎。宣王既亡南国之师，乃料民于太原。仲山甫谏曰：民不可料也。宣王不听，卒料民。四十六年（前782），宣王崩，子幽王宫涅立。《集解》：“徐广曰：一作生。”案《吕览·当染高注》，幽王名官皇。《毕校》云："梁伯子云：当从刘恕《外纪》，子由《古史》作官湦。《史记集解》徐广曰：一作生。惟名湦，故又作生也。"三年（前779），幽王嬖爱褒姒，生子伯服。幽王欲废太子。太子母，申侯女，而为后。后幽王得褒姒，爱之。欲废申后，并去太子宜臼。以褒姒为后，以伯服为太子。周太史伯阳读史记曰：周亡矣。昔自夏后氏之衰也，有二神龙，止于夏帝庭，而言曰：余褒之二君。夏帝卜杀之与去之与止之，莫吉。卜请其漦而藏之，乃吉。于是布币而策告之。龙亡而漦在。椟而去之。夏亡，传此器殷，殷亡，又传此器周。比三代，莫敢发之。至厉王之末，发而观之，漦流于庭，不可除。厉王使妇人裸而噪之，漦化为玄鼋，以入王后宫，后宫之童妾，既龀而遭之，既笄而孕，无夫而生子，惧而弃之。宣王之时，童女谣曰：檿弧箕服，实亡周国。于是宣王闻之。有夫妇卖是器者，宣王使执而戮之。逃，于道而见向者后宫童妾所弃妖子出于路者，闻其夜啼，哀而收之。夫妇遂亡，奔于褒，褒人有罪，请入童妾所弃女子者于王以赎罪。弃女子出于褒。是为褒姒。当幽王三年（前779），王之后宫，见而爱之，生子伯服，竟废申后及太子。以褒姒为后，伯服为太子。太史伯阳曰：祸成矣，无可奈何。褒姒不好笑，幽王欲其笑，万方，故不笑，幽王为烽燧大鼓，有寇则举烽火，诸侯悉至。至而无寇，褒姒乃大笑，幽王说之，为数举烽火。其后不信，诸侯益亦不至。幽王以虢石父为卿，用事。国人皆怨。石父为人佞巧，善谀，好利，王用之；又废申后去太子也。申侯怒，与缯、西夷、犬戎攻幽王。幽王举烽火征兵，兵莫至。遂杀幽王骊山下。《索隐》："在新丰县南，故骊戎国也。"新丰，见第六节。虏褒姒。尽取周赂而去。于是诸侯乃即申侯而共立故幽王太子宜臼，是为平王，以奉周祀。平王立，东迁于雒邑，避戎寇。"

周之衰，盖自昭王始？[①]南巡狩不返之事：《正义》引《帝王世纪》曰：“昭王德衰，南征，济于汉，船人恶之，以胶船进王。王御船，至中流，胶液船解。王及祭公俱殁于水中而崩。其右辛游靡，长臂，且多力，游振得王。周人讳之。”《齐世家》：桓公伐楚，楚成王兴师，问曰：“何故涉吾地？”管仲对曰：“昭王南征不复，是以来问。”《集解》引服虔曰：“周昭王南巡狩，涉汉，未济，船解而溺昭王。王室讳之不以赴，诸侯不知其故，故桓公以为辞，责问楚也。”《索隐》引宋衷曰：“昭王南伐楚，辛由靡为右。涉汉，中流而陨，由靡逐王，遂卒不复，周乃侯其后于西翟。”此事在《春秋》僖公四年，《左氏》杜《注》亦曰：“昭王南巡守涉汉，船坏而溺，周人讳而不赴。诸侯不知其故，故问之。”《疏》曰：“《吕氏春秋·季夏纪》云：周昭王亲将征荆蛮。辛余靡长且多力，为王右。还反，涉汉，梁败，王及祭公陨于汉中。辛余靡振王北济，反振祭公。高诱《注》引此《传》云：昭王之不复，君其问诸水滨。由此言之，昭王为没于汉，辛余靡焉得振王北济也？振王为虚，诚如高诱之注。又称梁败，复非船坏。旧说皆言汉滨之人，以胶胶船，故得水而坏，昭王溺焉，不知本出何书？”[②]胶船之说，服虔与皇甫谧同之。杜预虽未明言，然称船坏而溺，其意亦无以异。当有所本，特疏家不知耳。《吕览》云征荆蛮，宋忠云伐楚，则是役盖伐楚而败。《左氏》记楚屈完之辞曰：“昭王之不复。君其问诸水滨。”杜《注》曰：“昭王时汉非楚境，故不受罪。”然据宋翔凤说：楚初封丹阳，实在丹、淅之地。《过庭录·楚粥熊居丹阳武王徙郢考》。则是时汉正楚竟也。古天子造舟为梁，梁败船坏，实非二

①史事：昭王不复，南略始衰，至穆王似复振。然昭亦雄主。

②经学：胶船之说，不知何本。

事。诸书皆言陨于汉，《史记》独称卒于江者？南方之水，通称为江，古人于此等处，本不审谛也。周起关中，关中之地，东出函谷即武王伐纣之路，东南出武关则走丹、淅。观周公奔楚，鬻熊受封知周初业已服属。此亦周之所以强。至昭王南征不复，而声威始陵替矣。然至穆王，似即复振。

穆王之申诫太仆，盖所以肃军政？其作修刑辟，意在令疑罪人金以赎，亦所以足兵也。征犬戎之役，《史记》载祭公谏辞，谓自是荒服者不至，《国语·周语》同。意颇不满于王。然自文王时即以犬戎为患，至幽王卒亡于犬戎，实周之大敌，穆王能征之，固周之雄主也。而其尤难者，则为征徐偃王一事。

《史记·秦本纪》曰："造父以善御幸于周穆王。得骥、温骊、《集解》：徐广曰："温一作盗。"《索隐》："邹诞生本作駣。"骅骝、騄耳之驷。西巡狩，乐而忘归。徐偃王作乱。造父为缪王御，长驱归周，一日千里以救乱。"《赵世家》曰："造父幸于周缪王。造父取骥之乘匹，与桃林盗骊、骅骝、绿耳，献之缪王。缪王使造父御西巡狩。见西王母。乐之忘归。而徐偃王反。缪王日驰千里马攻徐偃王，大破之。"二文所本者同。《赵世家》辞较完具，云骥之乘匹，犹言父母皆善种。桃林即武王放牛处，放牧有其地，孳育有其方，辞虽稍荒，非子虚也。乃《正义》曰："《古史考》云：徐偃王与楚文王同时，去周穆王远矣。且王者行有周卫，岂得救乱而独长驱日行千里乎？并言此事非实。按《年表》，穆王元年（前976），去楚文王元年（前689）三百一十八年矣。"夫日行千里，自是形容之语，岂可拘牵文义？若谓伐徐者楚文王必实，周穆王必虚，则文王伐徐，又见何雅记乎？《后汉书·东夷传》曰："徐夷僭号，乃率九夷以伐宗周。西至河上，穆王畏其方炽，乃分东方诸侯，命徐偃王主之。偃王处潢池东，地方五百里，行仁义。

陆地而朝者三十有六国。穆王后得骥騄之乘，乃使造父御以告楚，令伐徐。一日而至。于是楚文王大举兵而灭之，偃王仁而无权，不忍斗其人，故致于败。乃北走彭城武原县东山下。百姓随之者以万数，因名其山为徐山。”《后汉书》此文，未知所本。然系隐括旧文而成。《礼记·檀弓下篇》载徐容居之言曰“昔我先君驹王，[①]西讨济于河”，即《后汉书》所谓伐宗周西至河上也。《后汉书注》引《博物志》，谓偃王“沟通陈、蔡之间”，其事与吴之沟通江、淮颇相类。斯言而确，则楚、汉分界之鸿沟，或即肇端于此，又在邗沟前数百年矣。《大雅》有《江汉》《常武》二诗，并言周征淮夷之事。《江汉》之诗曰：“江汉之浒，王命召虎。式辟四方，彻我疆土。”《常武》之诗曰：“王命卿士，南仲太祖，太师皇父。整我六师，以修我戎。既敬既戒，惠此南国。”并其有涉于楚之证。窃疑《小序》以此二诗属宣王实误。宣王虽号中兴而兵败于姜戎，师丧于南国，安能远略至于江、淮？《诗》所咏者，实穆王命楚伐徐之事也。世所以称宣王盛强者，以《诗》有《车攻》之篇，说者谓宣王“复会诸侯于东都”也。此说亦不足信。《墨子·明鬼下篇》云：“周宣王合诸侯而田于圃，田车数百乘。”田车之田，《国语注》《文选注》《史记索隐》引俱无，颜师古注《汉书》有。俞樾云：“圃田，地名，《诗·车攻篇》：东有甫草，驾言行狩。《郑笺》以郑有甫田说之。《尔雅》释地作郑有圃田，即其地也。毕读圃字绝句，非是。”孙诒让《闲诂》曰：“案《周语》云：杜伯射王于鄗。《韦注》云鄗，鄗京也。以周地理言之，鄗在西都，圃田在东都，相去殊远。又韦引《周春秋》：宣王会诸侯田于圃，《明道本》圃作囿。《史记·封禅书索隐》，《周本纪正义》所引，并与韦同。《论衡·死伪篇》云：宣王将田于圃。则汉、唐旧读，并于圃字断句，皆不以圃为圃

① 史事：徐偃王即驹王。

田。《荀子·王霸篇杨注》引《随巢子》云：杜伯射宣王于亩田。亩与牧声转字通，疑即鄗京远郊之牧田。亦与圃田异。但《随巢子》以圃田为亩田，似可为俞读左证。近胡承珙亦谓此即圃田，而谓《国语》鄗即敖鄗，庰韦以为鄗京之误，说亦可通。"按杨倞注《荀子》，不甚可据，自以于圃字断句为是。宣王复会诸侯于东都，实子虚乌有之谈也。昭王南巡狩不返，楚人之桀骜可知，而是时竟能命以伐徐，则周之威行江、汉，又可知矣。穆王诚雄主矣哉！《管子·小匡》曰："昔我先王周昭王、穆王，世法文、武之远迹，以成其名。"以昭王、穆王并举，则昭王虽丧败，亦雄主，视后之仅能自守者，犹不可同日语也。《左氏》昭公四年，椒举言于楚子曰："夏启有钧台之享，商汤有景亳之命，周武有孟津之誓，成有岐阳之搜，康有酆宫之朝，穆有涂山之会，齐桓有召陵之师，晋文有践土之盟。"以穆王与三代盛王及桓、文并举，亦足见其盛强。涂山，《杜注》云：在寿春东北。寿春，今安徽寿县也。以此释禹会诸侯，诚为未当，谓穆王会诸侯于此，则无可疑矣。窃疑禹会诸侯于涂山，正因穆王之事而附会也。[①]潢池，《后汉书注》引《水经注》曰："潢水一名汪水，与泡水合，至沛入泗。自山阳以东，海陵以北，其地当之也。"案山阳，今江苏淮安县。海陵，今江苏泰县。武原，《后汉书注》曰："武原县故城，在今泗州下邳县北。徐山在其东。"案下邳，今江苏邳县也。《秦本纪正义》引《括地志》曰："大徐城，在泗州徐城县北三十里，古徐国也。"今安徽盱眙县。又曰："徐城在越州郡县东南，入海二百里。《夏侯志》云：翁州上有徐偃王城。《传》云：昔周穆王巡狩，诸侯共尊偃王。穆王闻之，令造父御，乘騄𫘧之马，日行千里，自还讨之。或云：命楚王帅师伐之。偃王乃于此处，立城以终。"鄮县为今浙江之鄞县。徐人立国东南，当善舟楫，败逋入海，理所可有。沟通陈、蔡之间，又不足为怪矣。

---

①史事：禹会诸侯于涂山，恐因穆王附会。

《左氏》昭公十二年，子革对楚灵王曰："昔穆王欲肆其心，周行天下，将皆必有车辙马迹焉。祭公谋父作《祈招之诗》，以止王心，王是以获没于祇宫。"祭公谋父，即《国语》《史记》载其谏征犬戎者，隐见子革所言，实为一事。①灵王固勤征伐之君，非乐般游之主也。《史记·秦本纪》与《赵世家》，述穆王事，所本者同，极为易见，而《秦本纪》无见西王母之语，则此四字为《史记》元文，抑后人增窜，尚属可疑。即谓系《史记》之文，而西王母为《尔雅》四荒之一，不过西方远国，乃国名非人名，初无荒怪之迹也。《山海经》虽有西王母梯几载胜，三青鸟为之取食之语，见《海内北经·郭注》："梯，冯也。"然此乃古之神话，确有可征之人物、部落，傅会为神者多矣。若举以为信史，将炎、黄、尧、舜，悉成天上之神；河、雒、江、淮，非复人间之土，史事尚何一可信乎？乃晋张湛伪造《列子》，既有《周穆王》之篇，以汉后西域之事，妄加附会。其后又有所谓《周王游行》者，即今之《穆天子传》也。杜预《春秋经传集解后序疏》引王隐《晋书·束皙传》云："《汲冢竹书》，大凡七十五卷。其六十八卷，皆有名题，其七卷，折简碎杂，不可名题。有《周易上下经》二卷。纪年十二卷。琐语十一卷。《周王游行》五卷，说周穆王游行天下之事，今谓之《穆天子传》。此四部差为整顿。汲郡初得此书，表藏秘府。诏荀勖、和峤以隶字写之。勖等于时，即已不能尽识其书。今复阙落。又转写益误。《穆天子传》，世间偏多。"读此，即可知世间流行汲冢诸书，均系赝鼎矣。杂取古书及汉以后所知西域地理，妄造穆王游行之事，支离灭裂，全不可通而世犹有视为信史者，岂不异哉？此书述穆王行迹，起蠲山，绝漳，至钘山，循滹沱。北历犬戎，绝隃，西至河宗。济河

---

①史事：《左》昭十二子革言祭公谋父作《祈始之诗》，即《国语》谏征犬戎者，隐见所言实为一事。然则盘游虚曾耀兵力于西，实矣。

至积石，登昆仑，观黄帝之宫。北征，舍于珠泽。升春山。东还至群玉之山。又西，至于西王母之邦。遂驱，升于弇山。北畋于旷原，自此东归。绝沙衍，经黑水，三苗氏之地，再历钘山，逾太行，入宗周。钘钘盖即井陉，钘钘同声也。隃即先俞，与河宗并见《史记·赵世家》，地在雁门之北。昆仑，盖指于阗河源之山，其地固产玉，而珠亦为西域名产，故有群玉之山及珠泽焉。春山盖即葱岭。《汉书·西域传》，谓安息长老，传闻条支有弱水。西王母，《后汉书》则谓在大秦之西，当时流俗，盖习指极西之地，为西王母所在，造此书者，亦同此见，故西王母之西有弇山，附会古崦嵫之山，为日入处也。今古杂糅，首尾衡决，真不直一噱。

《索隐》引宋忠曰："懿王自镐徙都犬丘，一曰废丘，今槐里是也。"[①]此语本于《汉志》。《汉志》："右扶风槐里，周曰犬丘。懿王都之。秦更名废丘。高祖三年（前204）更名。"案今陕西兴平县。《汉书·匈奴列传》曰："懿王时，王室遂衰，戎狄交侵，暴虐中国。中国被其苦。诗人始作，疾而歌之曰：靡室靡家，猃允之故，岂不日戒，猃允孔棘。至懿王曾孙宣王，兴师命将，以征伐之。诗人美大其功，曰：薄伐猃允，至于太原。出车彭彭，城彼朔方。"案此所引者，为《小雅·采薇·六月之诗》，《小序》曰："《采薇》，遣戍役也。文王之时，西有昆夷之患，北有玁允之难。以天子之命，命将率，遣戍役，以守卫中国。故歌《采薇》以遣之。《出车》以劳还，《杕杜》以勤归也。"于《六月》之诗，则说为"宣王北伐"。今案《出车》之诗曰："王命南仲，往城于方。"《六月》之诗曰："玁允匪茹，整居焦获。侵镐及方，至于泾阳。"则二诗所咏，实一时事。镐、方，《郑笺》但云"北方地名"。窃疑方即丰之转音。懿王时，丰镐实曾沦陷，故暂居

---

①史事：懿王都犬丘，疑丰曾沦陷，即镐方之方。丰大特之丰，疑亦此。

犬丘也。《秦本纪》言：非子居犬丘，孝王欲以为大骆嫡嗣，而申侯之女，为大骆妻，生子成为嫡。申侯乃言孝王曰：昔我先骊山女，为戎胥轩妻。生中潏。以亲故，归周保西垂。西垂以其故和睦。今我复与大骆妻，生嫡子成。申、骆重婚，西戎皆服，所以为王。王其图之。孝王乃分土为附庸，邑非子于秦，而亦不废申侯之女子为骆嫡者，以和西戎。其后周厉王无道，西戎反王室，灭犬丘大骆之族。宣王使非子后秦仲诛西戎。西戎杀秦仲。宣王复召其子庄公昆弟，与兵七千人，使伐西戎破之。于是复予秦仲后及其先大骆地犬丘并有之，为西垂大夫。观此，知犬丘实西方重镇，懿王所以移居于此；而申与犬戎，世为婚姻，则又骊山之祸所由肇也。《汉志》：京兆郑县，周宣王弟郑桓公邑。臣瓒曰："周自穆王以下，都于西郑，不得以封桓公也。初，桓公为周司徒，王室将乱，故谋于史伯，而寄帑与贿于虢、郐之间。幽王既败，二年而灭郐，四年而灭虢，居于郑父之丘，是以为郑桓公，无封京兆之文也。"案《水经·洧水注》引《纪年》云："晋文侯二年（前779），周惠王子多父伐郑，克之。乃居郑父之丘，名之曰郑，是为桓公。"盖臣瓒之所本。然此说与《国语》《史记》《世本》皆不合，郦氏《渭水注》已自驳之矣。《穆天子传》有"天子入于南郑"之文，《郭注》引《纪年》，谓"穆王元年（前976），筑祇宫于南郑"，盖又因《左氏》而伪造者。《穆天子传》，未必出于郭氏以前，其注亦不足信也。

厉王召祸，盖由好利？[①]《周书·芮良夫解》，记芮良夫戒王及群臣之辞曰："下民胥怨，财殚竭。"古所谓财者，多指山泽之利言之。山泽之利，本皆公有，后乃稍加障管。疑厉王当日，实有此等事也。古国人与野人，本分两级。国人服戎役，野人则否。故野人被虐，止于逃

①史事：厉王亡由好利。

亡，国人则不然矣。参看后论等级、兵制处自明。[①]

共和行政：[②]《索隐》曰："共音如字，若《汲冢纪年》则云：共伯和干王位，共音恭。共国，伯爵，和其名。干，篡也。言共伯摄王政，故云干王位也。"《正义》曰："共音巨用反。韦昭云：彘之乱，公卿相与和而修政事，号曰共和也。《鲁连子》云：卫州共城县，本周共伯之国也。共伯名和，好行仁义，诸侯贤之。周厉王无道，国人作难，王奔于彘，诸侯奉和以行天子事，号曰共和元年。十四年（前828），厉王死于彘，共伯使诸侯奉王子靖为宣王，而共伯复归国于卫也。《世家》云：釐侯十三年（前828），周厉王出奔于彘。共和行政焉。二十八年（前827），周宣王立。四十二年（前813），釐侯卒。太子共伯余立为君。共伯弟和，袭攻共伯于墓上。共伯入釐侯羡自杀。卫人因葬釐侯旁，谥曰共伯，而立和为卫侯，是为武公。按此文，共伯不得立，而和立为武公，武公之立，在共伯卒后，年岁又不相当，《年表》亦同，明《纪年》及《鲁连子》非也。"案《左氏》昭公二十六年，王子朝使告诸侯曰："至于厉王，王心戾虐。万民不忍，居王于彘。诸侯释位，以间王政，宣王有志，而后效官。"间干同声，《纪年》盖因此伪造？《吕览·慎人篇》云："古之得道者，穷亦乐，达亦乐，所乐非穷达也。道得于此，则穷达一也，为寒暑风雨之序矣。故许由虞乎颍阳，而共伯得乎共首。"《注》："共，国；伯，爵也。弃其国，隐于共首山，而得其志也。不知出何书也。"《开春论》曰："共伯和修其行，好贤仁，而海内皆以来为稽矣。"《注》："共国，伯爵，夏时诸侯也。"《庄子·让王篇》"故许由娱于颍阳。而共伯得乎共首"，文与《吕览·慎人》同，皆不云共伯

---

①史事：西周之亡真相之推测。

②史事：共和。

和；而《开春论》之《注》亦但云共国伯爵；则正文中之和字，或系后人窜入，亦未可知，乃《庄子释文》云："司马云：共伯名和，修其行，好贤人，诸侯皆以为贤。周厉王之难，天子旷绝。诸侯皆请以为天子。共伯不听，即干王位。十四年（前828），大旱，屋焚，卜于太阳，兆曰：厉王为祟，召公乃立宣王，共伯复归于宗。逍遥得意共山之首。《太平御览》引《史记》曰："共和十四年（前828），大旱，火焚其屋。伯和篡位立。秋又大旱，其年，周厉王死，宣王立。"王国维《古本竹书纪年辑校》引云："《史记》无此文，当出《纪年》。"案史记为古史籍通名，犹今言历史，《周官》都宗人《疏》曰："史记，伏羲以前，九皇六十四民，并是上古无名号之君。"此史记二字，亦犹言史籍，非指《太史公书》也。共丘山，今在河南共县西。今河南辉县。案《水经·清水注》曰："共县故城，即共和之故国也。共伯既归帝政，逍遥于共山之上，山在国北，所谓共北山也。"《鲁连子》云：共伯后归于国，得意共山之首。《纪年》云：共伯和即干王位。孟康注《汉书·古今人表》，以为入为三公。本或作丘首。"共伯和，《人表》在中上等，今本佚孟康《注》，惟载师古曰："共，国名也；伯，爵也；和，共伯之名也；共音恭，而迁史以为周、召二公行政，号曰共和，无所据也。"意亦以《纪年》《鲁连子》之说为然。然古代君出而大臣持国者甚多，如卫献公、鲁昭公皆是。丧君有君，转为敌国挟以为质时之变局。君暂出而位未替，而必求一人以尸之，则初未闻其事也。造《纪年》《鲁连子》等书者，不悟《左氏》之诸侯释位，即指周、召等言之，而别求一共伯和以充其选，适见其论古之无识耳。

《史记》幽王之事，全系神话、传说，不足为据。以情事揆之：申为南阳之国，《汉书·地理志》：南阳郡，宛，"故申伯国"。今河南南阳县。逼近武关。缯，《正义》引《括地志》云："缯县在沂州承县，古侯国，禹后。"此盖误以春秋时之鄫说之。承为今山东峄县，安得与申、犬戎攻周？缯当亦荆、雍间国也。《国语·晋语》：史苏曰："申人、鄫人召西戎以伐周，周于是乎亡。"《郑语》：史伯曰："申、缯西戎方强，王室方骚，若伐申而缯与西戎会以伐周，周不守矣。缯与西戎，方将德申，申、吕方强，其隩爱太子，亦必可知也。"《韦注》但云鄫姒姓，而不言其地。王子朝告诸侯之辞曰："至于幽王，天不吊周，王昏不若。用愆厥位。携王奸命。诸侯替之，而建王嗣，用迁郏鄏。"杜《注》曰："携王，幽王少子伯服也。"《疏》曰："刘炫云：如《国语·史记》之文，幽王止立伯服为太子耳。既虏褒姒，必废其子，未立为王，而得呼为携王者？或幽王死后，褒姒之党，立之为王也。《汲冢书纪年》云：平王奔西申，而立伯盘以为太子，与幽王俱死于戏。《疏》上文曰："《鲁语》云：幽王灭于戏。戏，骊山之北水名也。皇甫谧云：今京兆新丰东二十里戏亭是也。"先是申侯、鲁侯及许文公立平王于申，以本太子，故称天王。幽王既死，而虢公翰又立王子余臣于携。周二王并立。二十一年，携王为晋文公所杀。以本非适，故称携王。[①]束皙云：案《左传》携王奸命，旧说携王为伯服。伯服，古文作伯盘，非携王。伯服立为王积年，诸侯始废之，而立平王。其事或当然。"刘炫说億度无据。《纪年》、束皙，则伪造史实而已矣。申侯苟与缯犬戎共杀幽王，则为叛逆之国，诸侯安得即之而立平王？疑幽王之死，实非尽由于申，而与所谓携王者，大有关系焉。至《史记》所传，乃属褒姒故事，既专述褒姒，乃亦億度杀幽王者必为申后母家，而于携王遂不之及。此据《左氏》本文，似可如此推测，惟不应妄说携王为何人耳。《左氏》昭公四年，椒举曰："周幽为太室之盟，诸侯叛之。"太室，即嵩山，是幽王并尝经略东方矣。

---

①史事：携王。

第九章　春秋战国事迹

第一节　东周列国形势

《管子·霸言》曰："强国众，合强攻弱以图霸；强国少，合小攻大以图王。"此言实能道出东周以后，与西周以前形势之异。盖强国少，则服一强，即可号令当时之所谓天下，此为古人之所谓王。强国多，则地丑德齐，莫能相尚，即称雄一时者，亦仅能使彼不与我争，而不能使之臣服于我，此为古人之所谓霸。春秋之世，所谓五霸迭兴者，只是就中原之局言之。当时强国所争，亦即在此。至于各霸一方，如秦长西垂，楚雄南服，则虽当他国称霸之时，情势亦迄未尝变，即由是也。观此，知王降为霸，实乃事势使然，初非由于德力之优劣。而事势之转变，则社会之演进实为之。盖文化之发舒，恒自小而渐扩于大。其初只中心之地，有一强国者，其后则各区域中，各自有其强国，遂成此地丑德齐之局也。西周以前，史事几惟所谓天子之国为可知，东周以后，则诸大国所传皆详，天子之国，或反不逮，即由于此。

《史记·三代世表》曰：“自殷以前，诸侯不可得而谱，周以来乃颇可著。”盖殷以前，列国存灭，已无可考矣。然周代列国，史公所表，亦止十二诸侯，后人考证，率据《春秋》及《左氏春秋》国数，仅五十余，见《公羊疏》。若并《左氏》所载记之，则旧说云：百七十国。其中百三十九国，知其所居，三十一国，尽亡其处。《晋书·地理志序》。苏轼《春秋列国图说》云百二十四。二说皆云夷蛮戎狄，不在其内；然孰为夷蛮戎狄，极难定，顾栋高《春秋大事表》，并古国列之，凡二百有九。《列国爵姓及存灭表》。四裔别为表。亦未见其裔夏分别之得当也。又国与邑亦难辨。古所谓国者，义亦与今异。其存亡，以有采地以奉祭祀与否为断，而不以土地主权之得丧为衡。忽灭忽复，史既不具，僻陋之国，不见载籍者又多。据故籍所载，而云某时国有若干，其去实在情形，必甚远矣。惟国数必降而愈少，而不见经传之国，其与大局，关系亦必较浅，是则可断言者耳。

《国语·郑语》载史伯之言曰：“姜、嬴、荆芈，实与诸姬代相干也。”此言亦颇能道出有史以来部族兴替形势，是四姓，盖古部族中较大，而文明程度较高者也。今试本此语，以观东周列国之形势。

周初，诸部族中，自以姬姓为最得势。此当与封建有关。盖封建行，则其族之散布各地者多，既易因形便而振兴，亦且不易覆灭也。《左氏》昭公二十八年，载成鱄之言曰：“武王克商，光有天下，其兄弟之国者十有五人，姬姓之国者四十人。”《荀子·儒效》则曰：“周公兼制天下，立七十一国，姬姓独居五十三人。”二者数略相合，必非无稽，《荀子》说少二人，疑去管、蔡。可见周封同姓之盛。《左氏》僖公二十四年载富辰之言曰：“昔周公吊二叔之不咸，故封建亲戚，以藩屏周。管、今河南郑县。后其地属郐。郐灭，属于郑。蔡、今河南上蔡县。平侯迁新蔡，今河南新蔡县。昭侯迁州来，今安徽寿县。郕、今山东汶上县。霍、今山西霍县。鲁、今山东曲阜县。卫、今河南淇县。戴公庐于曹，文公居楚丘，皆在今河南滑县。成公迁帝丘，今河北濮阳县。毛、未详。或曰：在今河南宜阳县境。聃、今湖北荆门县。郜、今山东城武县。雍、今河南修武县。曹、今山东定陶县。滕、今山东滕县。毕、今陕西咸阳县。原、今河南济源县。酆、今陕西鄠县。郇，今山西临晋县。文之昭也。邘、今河南怀庆县。晋、见第二节。应、《杜注》：在襄阳城父县。案城父当作父城，转写之误。父城，在今河南宝丰县。韩，今陕西韩城县。武之穆也。凡、今河南辉县。蒋、今河南固始县。邢、今河北邢台县。后迁于夷仪，今山东聊城县。春秋僖公二十五年（前635），灭于卫。茅、今山东金乡县。胙、今河南汲县。祭，今河南郑县。周公之胤也。”此诸国中，入春秋后，晋称霸；鲁、卫、曹、蔡，皆可称二等国；而滕以小国仅存。此外可考者：虞封于北方，旋亡，而其在南方者转大。见第六节。燕春秋时无所表见，入战国则列为七雄之一焉。见第八节。郑初封在今陕西华县。后迁河南新郑县。与虢，《左氏》僖公五年，宫之奇曰：“虢仲、虢叔，王季之穆也。”杜氏以河南陕县东南之虢城，为仲所封，是为上阳。山西平陆之下阳，为其别都。河南汜水，即隐公元年（前722），郑庄公所谓制岩邑者，为虢叔所封。贾逵云：制为东虢，仲所封。叔封西虢，即春秋所谓虢公。马融云：仲封上阳，叔封下阳。要无明证，各以意说而已。窃疑虢仲、虢叔，乃一国之二君，弟兄相及。郑庄公所谓死于制者，与宫之奇所云虢叔，各是一人。《汉书·地理志》：右扶风虢县，为虢之旧封，地在今陕西宝鸡县。河南之上阳，为其东迁后之新都。而《史记·秦本纪》，武公灭小虢，则其支庶之留居西方者也。初封西方，后东迁。虢旋灭而郑久存。在西方者，又有魏、今山西芮城县。耿、今山西河津县。芮，今陕西大荔县。在南方者，有息、今河南息县。春秋庄公十四年（前680）灭于楚。顿、今河南商水县。春秋定公十四年（前496）灭于楚。沈，今河南汝南县。皆无足称述。而“汉东之国随为大”，语见《左氏》桓公六年。今湖北随县。“汉阳诸姬，楚实尽之”，语见《左氏》僖公二十八年。又定公四年，吴人谓随人曰：“周之子孙，在汉川者，楚实尽之。”则并其名而无可考矣。要之自文、武以来，姬姓以今陕西为根据，广布其同族于河南北、山东西及湖北，而江苏则其展扩之极也。

姜姓为神农之后，其根据地本在山东。及唐、虞之际，著绩者为四岳，则其地移于河南。《史记·齐太公世家》曰：“其先祖尝为四岳，佐禹平水土，有功，虞、夏之际，封于吕，或封于申，姓姜氏。”周初太公封于营丘，其势力乃又东渐焉。申、在今河南南阳县北。吕、在南阳县。齐、见第二节。许今河南许昌县。灵公迁叶，今河南叶县。悼公迁夷，实城父，今安徽亳县。后迁叶，又迁于析，实白羽，今河南内乡县。许男斯迁容城，或曰：在叶县西。同为西周名国，申、吕皆亡于楚。许见迫于郑，而依楚以自存。惟齐表东海，称大风焉。又有纪今山东寿光县。春秋庄公四年（前690）灭于齐。与向、今安徽怀远县。州、国于淳于，今山东安邱县东北。后入杞，为杞都。莱夷，今山东黄县。皆微末不足道。

嬴姓为皋陶之后，其根据地本在安徽，英、六为其初封，已见第七章第一节。在其附近者，又有江、今河南正阳县。黄今河南潢川县。及蓼，今安徽霍邱县。亦微末不足称。群舒居吴、楚间，舒蓼、舒庸、舒鸠、宗，在今安徽舒城、庐江二县间。所系较重，而徐尤强。今安徽泗县。春秋昭公十三年（前529）灭于吴。在西方者，梁为小国，今陕西韩城县。赵至战国始列为诸侯，见第八节。惟秦袭周之旧，最大。见第二节。

史伯论祝融曰：其后八姓，佐制物于前代者，昆吾为夏伯矣。见第八章第四节。大彭、见第八章第一节。豕韦见第八章第二节。为商伯矣。当周未有。已姓昆吾、苏、顾、温、董；董姓鬷夷、豢龙；则夏灭之矣。《左氏》：苏子国于温，在今河南温县。顾见第八章第三节。《左氏》昭公二十九年，蔡墨言昔有飂叔安，有裔子曰董父，乃扰畜龙，以服事帝舜。舜赐之姓曰董，氏曰豢龙，封诸鬷川。鬷夷氏其后也。飂，《汉书·古今人表》作廖，当即蓼。鬷川，梁履绳《左通补释》云：当即三朡，《潜夫论·志氏姓》鬷川蔽夷并作朡，其证。案三朡，见第八章第三节。彭姓彭祖、豕韦、诸稽，则商灭之矣。秃姓舟人，则周灭之矣。妘姓邬、当即《左氏》隐公十一年“王取邬、刘、蒍、邘之田于郑”之邬，在今河南偃师县。郐、今河南密县。路、逼阳，今山东峄县。曹姓邹、即邾。《公羊》《礼记·檀弓》皆作邾娄，今山东邹县。文公迁于绎，在邹县南。又有小邾，国于郳，在今山东滕县。莒，都介根，今山东胶县。春秋初徙莒，今山东莒县。邹、莒皆战国时灭于楚。皆为采卫。或在王室，或在夷狄，莫之数也，而又无令闻，必不兴矣。斟姓无后。融之兴者，其在芈姓乎？芈姓夔越，韦《注》曰：夔越，芈姓别国，楚熊绎六世孙熊挚。案参看第二章第六节。不足命也。蛮芈蛮矣。史伯曰：“荆子熊严，生子四人，叔熊逃难于濮而蛮。”韦《注》谓即指此。参看第二节。惟荆实有昭德，若周衰，其必兴矣。盖祝融之后，本居今河南、山东、江苏三省间，其后皆滋异族，而湖北西境，南郡、南阳之间，古所谓周南之地者，乃转为其发荣滋长之区也。

春秋列国可考见者，又有任、今山东济宁县。宿、今山东东平县。须句、今东平县东南。颛臾，今山东费县。为太昊后。郯为少昊后。今山东郯城县。薛今山东滕县南。与南燕今河南汲县。为黄帝后。唐为尧后。今湖北随县西北。春秋定公五年（前505）灭于楚。陈今河南淮阳县。与遂今山东宁阳县。为舜后。杞、今河南杞县。成公迁缘陵，今山东昌乐县。文公迁淳于，即州，地见前。战国时灭于楚。鄫今山东峄县东。春秋襄公六年（前567）灭于邾。及越见第六节。为禹后。宋今河南商丘县。与谭、今山东历城县。萧今江苏萧县。为殷后。越为南方大国，宋、陈二等国，余皆小国也。以上释地，略本《春秋大事表》。

春秋大国，时曰晋、楚、齐、秦，其后起者为吴、越，至战国而河北之燕亦强，皆当日缘边之地也。泰岱以西，华岳以东，太行以南，淮水以北，为古所谓中原之地，鲁、卫、宋、郑、陈、蔡、曹、许，错处其间，皆不过二等国。余则自郐无讥矣。是何哉？梁任公谓诸大国皆逼异族，以竞争淬厉而强，见所著《中国之武士道序》。可谓得其一端。居边垂，拓土易广，当为其又一端。而文化新旧，适剂其中，尤为原因之大者。盖社会之所以昌盛，一由其役物之力之强，一亦由于人与人相处之得其道。野蛮之族，人与人之相处，实较文明之族为优，然役物之力太弱，往往不胜天灾人祸而亡。文明之族，役物之力优矣而人与人之相处，或失其宜，则又不能享役物之福，而转受其祸。惟能模放上国之文明，而又居僻陋之地，社会组织，病态未深者，为能合二者之长，而浸昌浸炽焉。此晋、楚、齐、秦诸国所由大乎？此义也，他日尚当详言之。今先于此发其凡。

第二节　齐晋秦楚之强

《史记·周本纪》云："平王之时，周室衰微，诸侯强并弱，齐、楚、秦、晋始大，政由方伯。"《十二诸侯年表》云："齐、晋、秦、楚，其在成周，微甚。封或百里，或五十里。晋阻三河，齐负东海，楚介江、淮，秦因雍州之固，四国迭兴，更为霸王，文、武所褒大封，皆威而服焉。"是东周之世，实以此四国为最强也。春秋之末，吴、越暂盛而旋亡。战国时，燕亦称七雄之一，然"北迫蛮貉，内措齐、晋，崎岖强国之间，最为弱小"，《史记·燕世家》语。则攸关大局者，仍是齐、秦、楚及晋所分之赵、韩、魏耳。今述四国兴起之事如下。

《史记·齐世家》曰："太公望吕尚者，东海上人。其先祖尝为四岳，佐禹平水土，甚有功。虞、夏之际，封于吕，或封于申，姓姜氏。夏、商之时，申、吕或封枝庶，或为庶人，尚其后苗裔也。本姓姜氏，从其封姓，故曰吕尚。”案齐太公，古书或言其居东海之滨，《孟子·离娄下》《吕览·首时》。或言其屠牛朝歌，卖食棘津，见《战国策》《尉缭子》《韩诗外传》《说苑》等书。《史记索隐》引谯周亦曰：“吕望尝屠牛于朝歌，卖饭于孟津。”棘津，徐广谓在广川，服虔谓即孟津，见《水经·河水注》。谯周径作孟津，则其意亦同服虔也。广川，今河北枣强县。盖皆后来附会之说。《礼记·檀弓》曰：“太公封于营丘，比及五世，皆反葬于周。君子曰：乐，乐其所自生，礼不忘其本，古之人有言曰：狐死正丘首，仁也。”则太公确为西方人，谓其本出于吕，当不诬也。太公封营丘，六世胡公徙薄姑，七世献公徙临淄。《正义》：“营邱，在青州临淄北百步外城中。”又引《括地志》云：“薄姑城，在青州博昌县东北六十里。”案唐临淄，即今山东临淄县。博昌，今山东博兴县也。《汉书·地理志》：齐郡临淄县，师尚父所封。应劭曰：献公自营丘徙此，臣瓒谓临淄即营邱。《诗·齐谱疏》引孙炎说同。《烝民毛传》，亦谓齐去薄姑徙临淄，则应劭说非也。《左氏》昭公二十年，晏子云：“昔爽鸠氏始居此地，季则因之，有逢伯陵因之，而后太公因之。”又以营邱与薄姑为一，盖城邑虽殊，区域是一，故古人浑言之也。《齐世家》曰：“太公至国，修政，因其俗，简其礼。通商工之业，便鱼盐之利，而人民多归齐。齐为大国。”又曰：“周成王少时，管、蔡作乱，淮夷畔周，乃使召康公命太公曰：东至海，西至河，南至穆陵，北至无棣，《集解》：“服虔曰：是皆太公始受封土地，疆境所至也。”《索隐》：“旧说穆陵在会稽，非也。案今淮南有故穆陵门，是楚之境。无棣在辽西孤竹。服虔以为太公受封境界所至，不然也。盖言其征伐所至之域也。”案此文见《左氏》僖公四年。杜《注》曰：“穆陵、无棣，皆齐境也”，则亦不以为征伐之所至。《注》但言齐竟，《疏》亦无说，其地盖难质言。后世说者，多谓穆陵即山东临朐县南之穆陵关，或又以湖北麻城县西北之穆陵关当之，无棣，或从在孤竹之说，谓在今河北卢龙县。或又据《水经注》："清河又东北，无棣沟出焉，乃东径南皮县故城"之文，谓近今河北南皮县，皆无确据也。五侯九伯，实得征之，齐由此得征伐，为大国。"《货殖列传》曰："太公望封于营邱，地潟卤，人民寡。于是太公劝其女功，极技巧，通鱼盐，则人物归之襁至而辐凑。故齐冠带衣履天下。海、岱之间，敛袂而往朝焉。"说亦与《世家》合。盖齐工商之业既盛，海利复饶，富强之基久立，故得管仲以用之，而桓公遂为五霸之首也。

晋唐叔虞者，周武王之子，成王弟。武王崩，成王立，唐有乱，周公诛灭唐，封叔虞于唐。唐在河、汾之东，方百里，说见第七章第三节。故曰唐叔虞。唐叔子燮，是为晋侯。《诗谱》曰："南有晋水，至子燮，改为晋侯。"九世穆侯，娶齐女姜氏为夫人。生太子仇、少子成师。穆侯卒，弟殇叔自立。仇出奔。四年，率其徒袭殇叔而自立，是为文侯。文侯卒，子昭侯伯立。元年（前745），周东迁后二十六年也。封文侯弟成师于曲沃。《汉书·地理志》：河东郡，闻喜，故曲沃。今山西闻喜县。曲沃邑大于翼。翼，晋君都邑也。《续汉书·郡国志》：河东郡绛邑有翼城。今山西翼城县。成师封曲沃，号为桓叔。好德，晋国之众皆附焉。昭侯后六世，遂为桓叔孙曲沃武公所并，更号曰晋武公。犹言改称晋君。时周釐王三年（前679），入春秋后四十四年也。釐王五年（前677），入春秋后四十六年。武公卒，子献公诡诸立。惠王八年（前669），入春秋后五十四年。士蒍说公曰：故晋之群公子多，不诛，乱且起，乃使尽杀诸公子，而城聚都之，命曰绛。始都绛。案《史记》武公始都晋国。谓迁都于翼也。又谓城聚而都之，命曰绛，则聚即绛可知。《左氏》庄公二十五年："晋士蒍使群公子尽杀游氏之族，乃城聚而处之。冬，晋侯围聚，尽杀群公子。二十六年（前668），春，晋士蒍为大司空，夏，士蒍城绛以深其宫。"说亦同，《汉志》

河东郡绛县。《注》云：晋武公自曲沃徙此，误矣。《诗谱》谓穆侯始都绛，《疏》遂曲说为昭侯以下徙翼，至武公又徙绛。问其何以知穆侯徙？则曰相传为然而已，可谓遁辞知其所穷矣。晋后更徙新田，亦称为绛，而称此绛为故绛。新故绛，《左氏》杜《注》皆云在绛邑县。绛邑县，即绛县，后汉改名者也。今山西曲沃县。晋群公子亡奔虢，虢以其故再伐晋，弗克。十六年（前661），入春秋后六十二年。献公作二军，公将上军，太子申生将下军，伐灭霍、魏、耿。十九年（前658），入春秋后六十五年。使荀息以屈产之乘假道于虞。虞假道，遂伐虢，取其下阳，以归。二十二年（前655），入春秋后六十八年。复假道于虞以伐虢。其冬，灭虢。还袭灭虞。《史记》称："当此时，晋强，西有河西，与秦接竟，北边翟，东至河内。"盖河、汾本沃土，晋始封于是，亦已植富强之基，特以翼与曲沃相争，未能向外开拓。武公时，内争既定，献公雄主，继其后而用之，而形势遂一变矣。《韩非·难三》言晋献公并国十七，服国三十八，战十二胜。

秦之先大费，即柏翳，亦即伯益，已见第七章第四节。舜赐大费姓嬴氏。大费生子二人：一曰大廉，实鸟俗氏。二曰若木，实费氏。其玄孙曰费昌。子孙或在中国，或在夷狄。费昌当夏桀之时，去夏归商，为汤御，以败桀于鸣条。大廉玄孙曰孟戏、中衍，鸟身人言。帝太戊闻而卜之。使御，吉。遂致使御而妻之。自太戊以下，中衍之后，遂世有功，以佐殷国。故嬴姓多显，遂为诸侯。其玄孙曰中潏，在西戎，保西垂。生蜚廉。蜚廉生恶来。恶来有力，蜚廉善走，父子俱以材力事殷纣。周武王之伐纣，并杀恶来。是时蜚廉为纣石北方，还无所报，为坛霍太山，而报得石棺。铭曰："帝令处父，不与殷乱，赐尔石棺，以华氏死。"遂葬于霍太山。蜚廉复有子曰季胜。季胜生孟增。孟增幸于周成王，是为宅皋狼。《正义》："《地理志》云：西河郡皋狼县也。按孟增居皋狼而生衡父。"按皋狼，今山西离石县。皋狼生衡父。衡父生造父。造父以善御幸于周缪王，缪王以赵城封造父。今山西赵城县。造父族由此为赵氏。自蜚廉生季胜以下五世至造父，别居赵，赵衰其后也。恶来革者，蜚廉子也，早死，有子曰女防。女防生旁皋。旁皋生大几。大几生大骆。大骆生非子。以造父之宠，皆蒙赵城姓赵氏。非子居犬丘。孝王召使主马于汧渭之间。马大蕃息。孝王欲以为大骆嫡嗣，而申侯之女为大骆妻，生子成为嫡。申侯言孝王，孝王乃分土为附庸，邑之秦，今甘肃清水县。使复续嬴氏祀，号曰秦嬴。亦不废申侯之女子为骆嫡者，以和西戎。秦嬴生秦侯。秦侯生公伯。公伯生秦仲，秦仲立三年，西戎灭犬丘大骆之族。周宣王即位，以秦仲为大夫，诛西戎，西戎杀秦仲。秦仲立二十三年死于戎。有子五人，其长者曰庄公。周宣王乃召庄公昆弟五人，与兵七千人，使伐西戎，破之，于是复予秦仲后，及其先大骆地犬丘并有之，为西垂大夫。参看第八章第八节。庄公居其故西犬丘。生子三人。其长男世父。世父曰：戎杀我太父，我非杀戎王，则不敢入邑。遂将击戎，让其弟襄公。[①]襄公为太子。庄公立四十四年卒。周幽王四年（前778）。太子襄公代立。元年（前777），周幽王五年。以女弟缪嬴为丰王妻。疑西戎居丰邑者。二年，周幽王六年（前776）。戎围犬丘世父。世父击之，为戎人所虏。岁余复归世父。《正义》引《括地志》谓庄公为西垂大夫，在秦州上邽县西南九十里，汉西县是也。又云："故汧城，在陇州汧源县东南三里。《帝王世纪》云：秦襄公二年（前776）徙都汧，即此城。"案《史记》云：庄公居其故西犬丘。又云：戎围犬丘世父。似是时犬丘有二。世父所居者，即非子所居之犬丘，而庄公所居者，则秦之旧封此时亦名为犬丘，而以西别之也。汉西县，在今天水县西南。唐沂县，今甘肃陇县。七年，周幽王十一年（前771）。犬戎与申侯伐周，杀幽王，秦襄公将兵救周，战甚力，有

①政体：世父欲报戎，让太子于弟。

功。周避犬戎难，东徙雒邑，襄公以兵送周平王。平王封襄公为诸侯，赐之岐以西之地，曰："戎无道，侵夺我岐、丰之地，秦能攻逐戎，即有其地。"与誓，封爵之。襄公由是始国，与诸侯通使聘享之礼。十二年，周平王五年（前766）。伐戎而至岐，卒。生文公。文公元年，周平王六年（前765）。居西垂宫。《正义》："即上西县是也。"三年，周平王八年（前763）。文公以兵七百人东猎。四年，周平王九年（前762）。至汧、渭之会，曰：昔周邑我先秦嬴于此。后卒获为诸侯。乃卜居之，占曰：吉，即营邑之。《正义》："《括地志》云：郿县故城，在岐州郿县东北五十里。秦文公营邑即此城。"案今陕西郡县。十六年，周平王二十一年（前750）。文公以兵伐戎，戎败走。于是文公遂收周余民有之，地至岐。岐以东献之周。二十七年，周平王三十二年（前739）。伐南山大梓，丰大特。《集解》引徐广，《正义》引《括地志》，已见第八章第一节。此丰疑仍系丰邑，秦此时尚未能复其地也。四十八年，周桓王二年（前718），入春秋后五年。文公太子卒，赐谥为竫公。竫公之长子，为太子。五十年，周桓王四年（前716），入春秋后七年。文公卒，竫公子立，是为宁公。《秦始皇本纪》作宪公。二年，周桓王六年（前714），入春秋后九年。徙居平阳。《集解》：徐广曰："郿之平阳亭。"《正义》："岐山县有阳平乡，乡内有平阳聚。《括地志》云：平阳故城，在岐州岐山县西四十六里。"案今陕西岐山县。遣兵伐荡社，《集解》：徐广曰："荡音汤。社一作杜。"《索隐》："西戎之君，号曰亳王，盖成汤之胤。其邑曰荡社。徐广云：一作汤杜。言汤邑在杜县之界，故曰汤杜也。"《正义》："《括地志》云：雍州三原县有汤陵。又有汤台，在始平县西北八里，按其国，盖在三原始平之界矣。"案三原，今陕西三原县。始平，今陕西兴平县。三年，周桓王七年（前715），入春秋后十年。与亳战，亳王奔戎。遂灭荡社。《集解》："皇甫谧曰：亳王号汤，西夷之国也。"案《封禅书》："于社亳，有三社主之祠。"《索隐》："徐广云：京兆杜县有亳亭，则社字误，合作杜亳。且据文，列于下皆是地邑，则杜是县。案秦宁公与亳王战，亳王奔戎，遂灭汤社。皇甫谧亦云：周桓王时，自有亳王号汤，非殷也。案谓杜、亳二邑有三社主之祠也。”统观两注，徐广虽以汤音荡，初未谓即成汤之汤，皇甫谧云非殷，则亦不以亳王号汤为与成汤有关系。《索隐》云盖成汤之胤，似误。[①]《史记》下文云“雍菅庙亦有杜主”，亦者，亦上社亳，则不特社亳之社当作杜，即三社主亦当作三杜主也。汤都薄非亳，汉人混薄、亳为一，已见第八章第二节。十二年，周桓王十六年（前704），入春秋后十九年。伐荡氏，取之。宁公六十二年卒，生子三人。长男武公为太子。武公弟德公同母，鲁姬子生出子。《正义》：“德公母号鲁姬子。”案似当于同母绝句。武公与德公同母，鲁姬子生出子。宁公卒，大庶长弗忌、威垒、三父废太子，而立出子为君。出子六年，周桓王二十二年（前698），入春秋后二十五年。三父等复共令人贼杀出子。出子生五岁立，立六年卒。《秦始皇本纪》：“出子居西陵。”《索隐》云：“一云居西陂。”三父等复立故太子武公。武公元年，周桓王二十三年（前697），入春秋后二十六年。伐彭戏氏。《正义》：“盖同州彭衙故城是也。”案今陕西白水县。至于华山下。《正义》：“即华岳之下也。”案秦兵力时似未能至此。居平阳封宫。三年，周庄王二年（前695），入春秋后二十八年。诛三父等，夷三族。十年（前688），周庄王九年，入春秋后三十五年。伐邦冀戎，初县之。《集解》：“《地理志》：陇西有上邽县。应劭曰：即邽戎邑也。冀县，属天水郡。”案上邽，今甘肃天水县。冀，今甘肃甘谷县。十一年，周庄王十年（前687），入春秋后三十六年。初县杜、郑。《集解》：“《地理志》京兆有郑县、杜县也。”案郑，今陕西华县。杜，今陕西长安县。灭小虢。二十年，周釐王四年（前678），入春秋后四十五年。武公卒。有子一人，名曰白。

---

①史事：荡社非汤后。

白不立，封平阳。立其弟德公。德公元年，周釐王五年（前677），入春秋后四十六年。初居雍。《集解》："徐广曰：今县，在扶风。"案今陕西凤翔县。梁伯、芮伯来朝。德公立二年卒。周惠王元年（前676），入春秋后四十七年。生子三人。长子宣公，中子成公，少子缪公。宣公立，四年，周惠王五年（前672），入春秋后五十一年。与晋战河阳，胜之。十二年，卒。周惠王十三年（前664），入春秋后五十九年。《秦始皇本纪》："宣公居阳宫，成公居雍之宫。"《集解》："徐广曰：之，一作走。"立其弟成公。成公元年，周惠王十四年（前663），入春秋后六十年。梁伯、芮伯来朝。四年，卒。周惠王十七年（前660），入春秋后六十三年。立其弟缪公。缪公任好元年，周惠王十八年（前659），入春秋后六十四年。《索隐》云："秦自宣公已上，史失其名。今按《世本》《古史考》，得穆公名任好。"据此，则《史记》之"缪公任好元年"句，任好二字，似系后人所加。《春秋》则以罃为穆公。文公十八年（前609），秦伯罃卒，《解诂》曰：秦穆公也。自将伐茅津，《正义》："刘伯庄云：戎号也。《括地志》云：茅津及茅城，在陕州河北县西二十里。"案河北县后改为平陆，今山西平陆县。胜之。四年，周惠王二十一年（前656），入春秋后六十七年。迎妇于晋。晋太子申生姊也。五年，周惠王二十二年（前655），入春秋后六十八年。晋献公灭虞，虏百里奚，以为缪公夫人媵。百里奚亡秦，走宛。今河南南阳县。缪公以五羖羊皮赎之，授之国政。百里奚让曰：臣不及臣友蹇叔。穆公使迎蹇叔，以为上大夫。是时之秦，可谓已袭周之旧业矣。

《楚世家》曰："楚之先祖，出自帝颛顼。高阳生称。称生卷章。卷章生重黎。重黎为帝喾高辛居火正。甚有功，能光熊天下。帝喾命曰祝融。共工氏作乱，帝喾使重黎诛之而不尽。帝乃以庚寅日诛重黎，而以其弟吴回为重黎后，复居火正，为祝融。吴回生陆终。陆终生子六人，坼剖而产焉。其长：一曰昆吾。二曰参胡。三曰彭祖。四曰会人。

五曰曹姓。六曰季连，芈姓，楚其后也。昆吾氏，夏之时尝为侯伯。桀之时，汤灭之。彭祖氏，殷之时尝为侯伯。殷之末世，灭彭祖氏。季连生附沮。附沮生穴熊。其后中微，或在中国，或在蛮夷，弗能纪其世。”《集解》引徐广曰：“《世本》云：老童生重黎及吴回。”又引谯周曰：“老童即卷章。”《大戴礼记·帝系篇》亦曰：“颛顼娶于滕氏。滕氏奔之子，谓之女禄氏。产老童。老童娶于竭水氏。竭水氏之子，谓之高纲氏。产重黎及吴回。”古系世之书，年代远者，往往不能详其世次。窃疑《世本》《大戴》，皆夺称一代，《史记》独完具也。《大戴记》又曰：“吴回氏产陆终。陆终氏娶于鬼方氏之妹，谓之女隤氏，产六子，孕而不粥。三年，启其左胁，六人出焉。其一曰樊，是为昆吾。其二曰惠连，是为参胡。其三曰篯，《索隐》引《世本》作籛铿。是为彭祖。其四曰莱言，《索隐》引《世本》作求言。是为云郐人。《索隐》引《世本》无云字。其五曰安，是为曹姓。其六曰季连，是为芈姓。昆吾者，卫氏也。《集解》《索隐》引《世本》氏作是，下同。参胡者，韩氏也。彭祖者，彭氏也。《集解》《索隐》引皆作彭城。云郐人者，《集解》《索隐》引皆无云字。郑氏也。郑，或云当作郐。曹姓者，邾氏也。季连者，楚氏也。”《集解》《索隐》引《世本》略同，则较《史记》为完具。《国语·郑语》，史伯论祝融之后八姓，已见上节。韦昭云：董姓、己姓之别，秃姓、彭祖之别，斟姓、曹姓之别；《史记索隐》引宋忠则云：参胡斟姓，无后；未知孰是也。《楚世家》又曰：“周文王之时，季连之苗裔曰鬻熊。鬻熊子事文王。早卒。其子曰熊丽。熊丽生熊狂。熊狂生熊绎。熊绎当周成王之时，举文、武勤劳之后嗣，而封熊绎于楚蛮。封以子男之田，姓芈氏，居丹阳。《左氏》桓公二年《疏》引《世本》，鬻融居丹阳。熊绎生熊文，熊文生熊黮。熊黮生熊胜。熊胜以弟熊杨为后。熊杨生熊渠。熊渠生子三人。当周夷王之时，王室微，诸侯或不朝，相伐，熊渠甚得江、汉间民和。乃兴兵伐庸、杨粤，至于鄂。熊渠曰：我蛮夷也，不与中国之号谥。乃立其长子康为句亶王，《索隐》：“《系本》康作庸，亶作袒。”中子红为鄂王，《索隐》：“有本作艺经二字，音挚红，从下文熊挚红读也。《古史考》及邹氏、刘氏等音无艺经，恐非也。”少子执疵为越章王，《索隐》：“《系本》无执字，越作就。”皆在江上楚蛮之地。案汉丹阳，在今安徽当涂县境，距楚后来之地太远，故世多从杜预枝江故城之说，谓在今之秭归。然秭归在当时，实非周之封略所及。宋翔凤谓在丹、淅二水入汉处，《过庭录·楚鬻熊居丹阳武王徙郢考》。元文略曰：“《史记·秦本纪》：惠文王十三年（前312），庶长章，击楚于丹阳。《楚世家》亦言与秦战丹阳。《屈原传》作大破楚师于丹、淅。《索隐》曰：丹、淅二水名。《汉志》：弘农县，丹水出上雒冢领山。东至析入钧。《水经注》：析水至于丹水，会均，有析口之称。是战国之丹阳，在商州之东，南阳之西，当丹水、析水入汉之处。鬻子所封，正在其地。”案商州，今陕西商县。与《左氏》昭公九年，王使詹桓伯辞于晋，以楚、邓今河南邓县。并举者相合，其说是也。《左氏》昭公十二年，楚子革言“我先王熊绎，辟在荆山”。荆山，杜《注》云在新城沶乡县南。沶乡为今湖北保康县境。则当受封之始，业已向南开拓。至熊渠而抵长江。句亶，《集解》引张莹曰：“今江陵。”今湖北江陵县。鄂，《正义》引刘伯庄云：“地名，在楚之西。后徙楚今东鄂州是也。”今湖北武昌县。《正义》又引《括地志》云：“邓州向城县南二十里。西鄂故城，是楚西鄂。”向城，今河南南召县。越章，《索隐》引《世本》越作就。《大戴礼记·帝系》曰：“季连产付祖氏。付祖氏产内熊。九世至于渠蟀，出自熊渠。有子三人。其孟之名为无康，为句亶王。其中之名为红，为鄂王。其季之名为疵为戚章王。”戚章，即就章，亦即《史记》所谓越章也。据宋翔凤说，其地当在由淮上溯，舍舟遵陆之处，今安徽、湖北界上。同上。《左氏》定公二年桐叛楚。吴子使舒鸠氏诱楚人曰：以师临我，我伐桐。秋，楚囊瓦伐吴。师于豫章。吴人见舟于豫章，而潜师于巢。桐今桐城，舒今舒城，巢今巢县，其地并在江北，与汉豫章郡在江南者，相去六七百里。定公四年（前506），吴伐楚，舍舟淮汭，自豫章与楚夹汉。则豫章实当由淮上溯，舍舟遵陆之处也。其后南移，乃为汉之豫章郡也。今江西南昌县。《楚世家》又曰："及周厉王之时，暴虐，熊渠畏其伐楚，亦去其王。后为熊毋康。《集解》："徐广曰：即渠之长子。"案即《大戴记》之无康。毋康早死。熊渠卒，子熊挚红立。《索隐》："如此，史意即上鄂王红也。谯周以为熊渠卒，子熊翔立。卒，长子挚有疾。少子熊延立。此云挚红卒，其弟弑而自立，曰熊延。欲会此代系，则翔亦毋康之弟，元嗣熊渠者。毋康既早亡，挚红立而被延杀，故史考言挚有疾，而此言弑也。"挚红卒，其弟弑而代立，曰熊延。《正义》："宋均注《乐纬》云：熊渠嫡嗣曰熊挚。有恶疾，不得为后。别居于夔，为楚附庸。后王命曰夔子也。"熊延生熊勇。熊勇六年，厉王出奔彘。十年，卒。共和四年（前838）。弟熊严为后。熊严十年卒。共和十四年（前828）。有子四人。长子伯霜，中子仲雪，次子叔堪，少子季徇。熊严卒，伯霜代立，是为熊霜。六年卒。周宣王六年（前822）。三弟争立。仲雪死。叔堪亡，避难于濮。《集解》："杜预曰：建宁郡南有濮夷。"建宁，今湖北石首县。季徇立，是为熊徇。二十二年，周宣王二十八年（前800）。卒。子熊咢立。九年，周宣王三十七年（前791）。卒，子熊仪立，是为若敖。二十七年，周平王七年（前770）。卒。子熊坎立，是为霄敖。六年，周平王十二年（前759）。卒。子熊眴立，是为蚡冒。十七年，周平王三十年（前741）。卒。弟熊通弑蚡冒子而代立，是为楚武王。三十五年，周桓王十四年（前706），入春秋后十七年。楚伐随，随曰：我无罪。楚曰：我蛮夷也。今诸侯皆为叛，相侵，或相杀，我有敝甲，欲以观中国之政。请王室尊吾号。随人为之周请尊楚。王室不听。三十七年，周桓王十六年（前704），入春秋后十九年。熊通自立为武王。与随人盟而去。于是始开濮地而有之。五十一年，周庄王七年（前690），入春秋后三十三年。周召随侯，数以立楚为王。楚怒，以随背己，伐随。武王卒师中而兵罢。子文王熊赀立。始都郢。今湖北江陵县。文王二年，周庄王九年（前688），入春秋后三十五年。伐申，过邓。六年，周庄王十三年（前684），入春秋后三十九年。伐蔡。楚强，陵江、汉间小国，小国皆畏之。十一年，周釐王三年（前679），入春秋后四十四年。齐桓公始霸，楚亦始大。十二年，周釐王四年（前678），入春秋后四十五年。伐邓，灭之。十三年，周釐王五年（前677），入春秋后四十六年。卒，子熊艱立，是为庄敖。《十二诸侯年表》作堵敖。庄敖五年，周惠王五年（前672），入春秋后五十一年。欲杀其弟熊恽。恽奔随，与随袭弑庄敖，代立。是为成王。元年，周惠王六年（前671），入春秋后五十二年。初即位，布德施惠，结旧好于诸侯。使人献天子。天子赐胙，曰：镇尔南方，夷越之乱，无侵中国。于是楚地千里。”案《左氏》昭公二十三年，沈尹戌谓“若敖、蚡冒至于武、文，土不过同”。则楚当东西周问，地尚未甚大。然宣公十二年，栾武子谓楚庄王无日不讨国人而训之，“训之以若敖、蚡冒，荜路蓝缕，以启山林”。哀公十七年，楚子谷曰：“观丁父，鄀俘也，武王以为军率，是以克州、蓼，服随、唐，大启群蛮。彭仲爽，申俘也，文王以为令尹，实县申、息，朝陈、蔡，封畛于汝。”则此四代之尽力开拓者至矣。《国语》：史伯言：“熊严生子四人：伯霜、仲雪、叔熊、季紃。叔熊逃难于濮而蛮，季紃是立。”叔熊即《史记》之叔堪，季紃即《史记》之季徇。楚开濮地，未必不由叔熊。史伯又曰：“芈姓夔、越不足命。”案《左氏》僖公二十六年：“夔子不祀祝融与鬻熊，楚人让之。对曰：我先王熊挚有疾，鬼神弗赦，而自窜于夔。吾是以失楚，又何祀焉？秋，成得臣、斗宜申帅师灭夔，以夔子归。”此即《索隐》引谯周，以之当熊挚红者也。则楚枝庶所开拓之地，亦不少矣。其雄于南服，宜哉！

第三节　五霸事迹上

《史记·齐世家》云：哀公时，纪侯谮之周，周烹哀公。《诗谱序》云："懿王始受谮，烹齐哀公。"按《史记》云："周烹哀公而立其弟静，是为胡公。胡公当周夷王时。"《诗谱》此语，似即据此推测，别无确据。《楚世家》云：周厉王时，熊渠畏其伐楚，去其王号。见上节。《鲁世家》：懿公为其兄子伯御所弑，周宣王伐杀伯御，而立其弟孝公。则当西周之末，王室之威令，似尚颇行于诸侯。然至东周之世而大不然者，则遭犬戎破败之余，又西畿沦陷，疆域促小故也。周平王在位五十一年崩。入春秋后三年。太子泄父早死，立其子林，是为桓王。《左氏》载周桓公之言曰："我周之东迁，晋、郑焉依。"隐公六年（前717）。《史记》以为富辰语。《周本纪》。未知孰是。要之周当东迁之初，邻近之国，以此二国为较强，则不诬也。然是时之王室，似与虢尤亲。《左氏》云：郑武公、庄公为平王卿士。王贰于虢。郑伯怨王。王曰：无之。故周、郑交质。王崩，周人将畀虢公政。郑祭足帅师取温之麦。见第一节。又取成周之禾。《公羊》云："成周者何？东周也。王城者何？西周也。"见宣公十六、昭公二十二、二十六年。今河南洛阳县。其后周人终用虢公，据《左氏》，事在隐公八年（前715），即周桓王五年，入春秋后八年。而夺郑伯政。郑伯不朝。十三年（前707），入春秋后十六年。王率陈、蔡、虢、卫伐郑，为郑所败。然是后，晋与曲沃相争，王尚时命虢伐曲沃。见《史记·晋世家》。王室之威灵，尚未尽替也。[①]桓王二十三年（前697）崩，入春秋后二十六年。子庄王佗立。十五年（前682）崩。入春秋后四十一年，子釐王胡齐立。釐王三年（前679），入春秋后四十四年。曲沃武公灭翼。王命为晋侯。此为王室自失其威柄。釐王五年（前677）崩。入春秋后四十六年。子惠王阆立。《索隐》："《系本》名无凉。"二年（前675），入春秋后四十八年。大夫边伯等作乱。王奔温。已居郑之栎。今河南阳翟县。边伯等立庄王宠子颓。四年（前673），入春秋后五十年。郑与虢伐子颓，复入惠王。惠王二十二年（前655），入春秋后六十八年。晋灭虢。是为东周盛衰一大关键。[②]盖周合东西畿之地，优足当春秋时一大国。秦文公之伐戎至岐，事在周平王二十一年（前750），岐以东仍献之周。周桓王十二年（前708），入春秋后十五年。王师尝与秦围魏；其十七年（前703），入春秋后五十年。虢仲又与芮伯、梁伯伐曲沃；则河西与周，尚未全绝，有雄主出，丰、镐之地可复也。至虢灭而桃林之塞旧函谷关至潼关间之隘地。为晋所扼，西畿不可复，局促东畿数百里间，虽欲不夷于鲁、卫而不可得矣。王室既不能复振，而中原之地，会盟征伐，不可无主，于是所谓霸主者出焉。

五霸，[③]《白虎通义》凡列三说：曰昆吾、大彭、豕韦、齐桓、晋文，应劭《风俗通义》《吕览·先己》高《注》《左氏》成公二年杜《注》及《诗谱序疏》引服虔说从之。曰齐桓、晋文、秦缪、楚庄、吴阖庐，无从之者。曰齐桓、晋文、秦缪、宋襄、楚庄，《孟子·告子》赵《注》《吕览·当务》高《注》从之。《荀子·王霸篇》，则以齐

---

①史事：西周末王室威令似尚颇行。

②史事：虢亡而东西畿绝，周一大衰。

③史事：五霸。

桓、晋文、楚庄、吴阖闾、越勾践为霸。《议兵篇》亦以此五人并举，又《成相篇》谓秦缪强配五霸，则亦以为在五霸之外也。案皇、帝、王、霸之说，盖取明世运之变迁。故五帝不兴于三皇之时，三王不兴于五帝之世。安得五霸之三，错出于汤、武之间？盖《左氏》《国语》，皆许晋悼公为复霸；见《左氏》成公十八年、《国语·晋语》。《国语》又明有昆吾为夏伯，大彭、豕韦为商伯之文，见上节。古文家乃立昆吾、大彭、豕韦、齐桓、晋文为五霸之说。《白虎通义》大体为今文，然间有异说羼入。且其书颇有为后人窜乱处。其实《孟子》言五霸桓公为盛，乃与晋文以下诸君比较言之。若夏、殷则文献无征，何由知昆吾、大彭、豕韦之不逮桓公乎？《太史公自序》云“幽、厉之后，周室衰微，诸侯力政，五伯更盛衰”，明旧说谓五霸皆在东周之世。以一匡天下之义言之。《白虎通》第二、三说，及《荀子》之说，皆可从也。此自以霸限于五云然。若论曾长诸侯，则晋悼、楚灵、齐景、吴夫差，亦未尝不可为霸。下逮战国之世，楚悼、魏惠、齐威、宣、湣王，亦可谓其时之霸主也。今仍循通行之说，以齐桓、晋文、宋襄、秦缪、楚庄为五霸。

春秋时霸主之首出者为齐桓公，事在周釐王三年（前679）。入春秋后四十四年。先是齐襄公诛杀数不当，淫于妇人，数欺大臣。其次弟纠，母鲁女也，奔鲁。次弟小白奔莒。庄王十三年（前684），入春秋后三十七年。襄公为同母弟公孙无知所弑。无知又为雍林人所杀。此依《史记》。《左氏》作雍廪。齐邑名。鲁发兵送公子纠。齐二卿高氏、国氏阴召小白。小白先入立，是为桓公。发兵距败鲁。胁鲁杀公子纠，而用其傅管仲，修国政，齐国遂强。釐王元年（前681），入春秋后四十二年。齐伐鲁。鲁师败绩，鲁庄公请献遂邑以和。今山东肥城县。桓公许与鲁会柯而盟。今山东长清县。鲁将曹沫，以匕首劫桓公于坛上，曰：反鲁侵地。桓公许之。后悔，欲无与鲁地，而杀曹沫。管仲曰：不可。遂与沫三败所亡地于鲁。鲁庄公死，子般弑，闵公死。比三君死，旷年无君。齐使高子将南阳之甲，立僖公而城鲁。周惠王十七年（前660），入春秋后六十三年。《孟子·告子下》："一战胜齐遂有南阳，然且不可。"《注》："山南曰阳。岱山之南，谓之南阳也。"狄灭邢、卫。桓公迁邢于夷仪，周惠王十八年（前659），入春秋后六十四年。封卫于楚丘。周惠王十九年（前658），入春秋后六十五年。邢迁如归，卫国忘亡。山戎伐燕，桓公为燕伐山戎。周惠王十三年（前664），入春秋后五十九年。周惠王立，二十五年（前652）崩。入春秋后七十一年。子襄王郑立。襄王母早死。后母曰惠后。生叔带。有宠于惠王。襄王三年（前649），入春秋后七十四年。叔带与戎翟谋伐襄王。襄王欲诛叔带。叔带奔齐。齐使管仲平戎于周，使隰朋平戎于晋。八年（前645），入春秋后七十九年。戎伐周。周告急于齐。齐会诸侯，各发卒戍周。孔子曰："桓公九合诸侯，不以兵车。"《论语·宪问》。《管子·大匡》曰："兵车之会六，乘车之会三。"《穀梁》庄公二十七年曰："衣裳之会十有一，未尝有歃血之盟也，信厚也。兵车之会四，未尝有大战也，爱民也。"又曰："晋文公谲而不正，齐桓公正而不谲。"同上。《孟子》曰："五霸桓公为盛。葵丘之会诸侯，束牲载书而不歃血。初命曰：诛不孝。无易树子。无以妾为妻。再命曰：尊贤育才，以彰有德。三命曰：敬老、慈幼。无忘宾旅。四命曰：士无世官。官事无摄。取士必得。无专杀大夫。五命曰：无曲防。无遏籴。无有封而不告。曰：凡我同盟之人，既盟之后，言归于好。今之诸侯，皆犯此五禁。"《告子下》。盖齐桓之长诸侯，犹颇能遵旧典，守信义，非后来霸者所及也。《荀子·仲尼》，谓桓公诈袭邾、莒，并国三十五，事无考。

春秋时，中原诸国所夷狄视之，而能与上国争衡者莫如楚。《春秋》桓公二年，蔡侯、郑伯会于邓。《左氏》云："始惧楚也。"时为周桓王之十年（前710），入春秋后之十三年也。其后三十三年而齐称霸。齐称霸之明年，楚伐郑。惠王十一年（前666）、入春秋后五十七年。十九年（前658）、入春秋后六十五年。二十年（前657）入春秋后六十六年。又屡伐郑。是秋，齐会诸侯于阳谷。今山东阳谷县。明年，以诸侯之师侵蔡，蔡溃。遂伐楚，次于陉。楚子使屈完如师。师退，次于召陵。陉、召陵，皆在今河南郾城县。屈完及诸侯盟。案后来晋与楚争，文公、厉公虽再败其师，然卒不能合诸侯而履其境，致其盟，而桓公独能之，此孟子所以称五霸桓公为盛欤？既伐郑，陈辕涛涂谓桓公曰：君能服南夷矣，何不还师滨海而东，服东夷且归。桓公曰：诺。于是还师滨海而东，大陷于沛泽之中，顾而执涛涂。《公羊》僖公四年。是役盖略东夷而败。其所以欲略东夷，则以东夷为楚之与，未必尽由涛涂之教也。明年，齐会诸侯于首止。今河南睢县。郑伯逃归，《左氏》云："王使周公召郑伯曰：吾抚汝以从楚，辅之以晋，可以少安。郑伯喜于王命，而惧其不朝于齐也，故逃归不盟。"是时，周未必有慊于齐，盖仍胁于楚也。是年，楚人灭弦。今河南潢川县。《左氏》曰："于是江、黄、道、今河南确山县。柏今河南西平县。方睦于齐，皆弦姻也。弦子恃之，而不事楚，又不设备，故亡。"盖亦齐、楚之争。惠王二十三年（前654），入春秋后六十九年。齐以诸侯伐郑。楚子围许以救郑。诸侯救许，乃还。明年，齐复伐郑。又合诸侯于宁母今山东鱼台县。以谋之。郑伯乃使请盟于齐。二十五年（前652），入春秋后七十一年。诸侯盟于洮。今山东濮县。郑伯乞盟。襄王元年（前651），入春秋后七十二年。盟于葵丘。今河南考城县。是为齐霸之极盛。《公羊》云："桓公震而矜之，叛者九国。"《左氏》云："宰孔先归，遇晋侯，曰：可无会也。齐侯不务德而勤远略，故北伐山戎，南伐楚，西为此会也。东略之不知，西则否矣。晋侯乃还。"然未几，献公卒，国乱，桓公仍以诸侯之师伐之，见下。则其威棱，亦未遽替也。襄王四年（前649），入春秋后七十五年。楚人灭黄。齐不能救。五年（前648），入春秋后七十六年。齐会诸侯于咸。今河北濮阳县。《左氏》云："淮夷病杞故。"六年（前647），入春秋后七十七年。诸侯城缘陵而迁杞焉。七年（前646），入春秋后七十八年。楚人伐徐。《左氏》云："徐即诸夏故也。"齐会诸侯救徐。齐师、曹师伐厉。今湖北随县。《左氏》云"以救徐也"，楚败徐于娄林。今安徽泗县。《左氏》云："徐恃救也。"八年（前645），入春秋后七十九年。齐会诸侯于淮。今安徽盱眙县。《左氏》云："谋鄫，且东略也。城鄫，役人病，有夜登丘而呼曰：齐有乱，不果城而还。"九年（前644），入春秋后八十年。齐人、徐人伐英氏。当即皋陶后封于英、六之英，见第七章第四节。《左氏》云："以报娄林之役也。"齐是时，盖仍专于东略。《诗·鲁颂》盛夸僖公经略淮夷之功，盖亦齐所命也。是年，桓公卒。诸子争立。国乱，而齐霸遽讫矣。

齐桓公之夫人三：曰王姬、徐姬、蔡姬，此从《史记》。《左氏》作王姬、徐嬴、蔡姬。皆无子。桓公好内，多内宠，如夫人者六人：长卫姬生无诡。《左氏》作无亏。少卫姬生惠公元。郑姬生孝公昭。葛嬴生昭公潘。密姬生懿公商人。宋华子生公子雍。桓公与管仲，属孝公于宋襄公，以为太子。雍巫有宠于卫共姬，因宦者竖刁以厚献于桓公，亦有宠。桓公许之立无诡。周惠王七年（前670），入春秋后七十八年。管仲、隰朋皆卒。易牙、开方、竖刁专权。桓公卒；易牙入，与竖刁因内宠杀群吏，而立无诡。太子昭奔宋。明年三月宋襄公率诸侯兵送太子昭伐齐，齐人恐杀无诡。齐人将立太子昭。四公子之徒攻太子。太子走宋。宋遂与齐人四公子战，败其师。而立太子昭，是为齐孝公。

齐桓既殁，晋文未兴，北方无复一等国；楚虽盛，中原诸国尚未甘服；宋襄乃乘机图霸。宋襄之起，似始与齐争，后与楚争。[1]齐桓公及

①史事：宋襄似始与齐争，后与楚争。

管仲，属孝公于宋襄公，其事羌无证据；即诚有之，亦非正法；盖乘乱伐齐之口实耳。是时诸侯，似有党宋，亦有党齐者。故宋之伐齐，曹、卫、邾娄与偕，鲁与狄皆救之，而邢人狄人伐卫。明年，宋人执滕子婴齐。宋人、曹人、邾人盟于曹南。鄫子会盟于邾，邾人执鄫子用之。滕与鄫，盖皆不服宋者。宋人围曹，盖以其叛故。鲁会陈人、蔡人、楚人、郑人盟于齐，距宋者始与楚合。又明年，齐人、狄人盟于邢。其明年，周襄王十三年（前639），入春秋后八十四年也。狄侵卫，宋人、齐人、楚人盟于鹿上。今安徽太和县。《左氏》云："以求诸侯于楚。"盖齐为旧盟主，而楚则是时与宋争者。使是盟而成，则宋可以霸。而楚伏兵车，执宋公以伐宋。宋公谓公子目夷：归守国。楚人知虽杀宋公，犹不得宋国于是会于薄，此即汉之薄县，见第八章第二节。释宋公。是冬，鲁伐邾。明年，再伐邾。盖所以伐宋之与。宋、卫、滕、许伐郑。楚伐许以救郑。宋公及楚人战于泓，水名，在今河南柘城县。宋师败绩。公伤股。明年，竟以是卒。鹿上之盟，《公羊》谓公子目夷请以兵车往，宋公不可。泓之战，《公羊》与《左》《穀》皆谓襄公不肯乘楚师未毕济、未毕陈而击之，是以致败。盖是时欲图霸者，犹必假仁义以服诸侯，宋襄亦有为为之，而惜乎其力之不足也。襄公卒之岁，齐侯伐宋，围缗。今山东金乡县。襄王十七年（前635），入春秋后八十八年。卫灭邢。时鲁、卫忽复合，盟于洮。今山东泗水县。十八年（前634），入春秋后八十九年。复盟于向，今山东莒县。而齐师再伐鲁。卫人伐齐。鲁如楚乞师，伐齐，取谷。今山东东阿县。置桓公子雍焉。桓公七子皆奔楚。楚以为大夫。楚又伐宋。明年，遂围之。于是齐、宋皆与晋合，而城濮之战起矣。

周惠王五年（前672），入春秋后五十一年。晋伐骊戎，得骊姬、骊姬弟，俱爱幸之。十二年（前665），入春秋后五十八年。骊姬生奚齐，献公有意废太子。使太子申生居曲沃，公子重耳居蒲，今山西隰县。公子夷吾居屈。今山西吉县。太子申生，其母，齐桓公女也，曰齐姜。早死。申生同母女弟，为秦穆夫人。重耳母，翟之狐氏女也。夷吾母，重耳母女弟也。此据《史记·晋世家》。《左氏》云："晋献公取于贾，无子。烝于夷姜，生秦穆夫人及太子申生。又取二女于戎。大戎狐姬生重耳，小戎子生夷吾。"《注》云："夷姜，武公妾。"二十一年（前656），入春秋后六十七年。骊姬谓太子曰：君梦见齐姜，太子速祭曲沃，归釐于君。太子上其祭胙。骊姬使人置毒药胙中。太子闻之，奔新城。《集解》："韦昭曰：曲沃也。新为太子城。"自杀。骊姬因谮二公子。重耳走蒲，夷吾走屈。二十二年（前655），入春秋后六十八年。献公使兵伐蒲。重耳奔翟。伐屈。屈城守，不可下。二十三年（前654），入春秋后六十九年。发贾华等伐屈。屈溃。夷吾将奔翟。冀芮曰：不可。重耳已在矣。今往晋必移兵伐翟。翟畏晋，祸且及。不如走梁。梁近于秦。秦强，吾君百岁后，可以求入焉。遂奔梁。周襄王元年（前651），入春秋后七十二年。晋献公病，属夷齐于荀息。献公卒。里克、邳郑以三公子之徒作乱。杀夷齐于丧次。荀息立悼子骊姬弟所生。《公羊》《左氏》作卓子。《秦本纪》亦作卓子。徐广曰：一作倬。而葬献公。里克弑悼子于朝。荀息死之。使迎重耳于翟。重耳谢。还报，迎夷吾于梁。夷吾欲往。吕省、《左氏》作瑕吕饴甥。杜《注》曰："姓瑕吕，名饴甥，字子金。"郤芮曰："内犹有公子可立者，而外求，难信。计非之秦，辅强国之威以人，恐危。"乃使郤芮厚赂秦。约曰："即得入，请以晋河西之地与秦。"及遗里克书曰："诚得立，请遂封子于汾阳之邑。"秦穆公乃发兵送夷吾。齐桓公闻晋乱，亦率诸侯如晋。使隰朋会秦，俱入夷吾，是为惠公。明年，使邳郑谢秦。亦不与里克汾阳邑，而夺之权。惠公以重耳在外，畏里克为变，赐里克死。邳郑闻里克诛，乃说秦穆公曰："吕省、郤称、冀芮实为不从。若重赂与谋，出晋君，入重耳，事必就。”《秦本纪》曰：“愿君以利急召吕、郤。吕、郤至，则更入重耳。”秦穆公许之。使人与归报晋，厚赂三子。《秦本纪》曰：使人与邳郑归召吕、郤。三子曰：“币重言甘，必邳郑卖我于秦。”遂杀邳郑及里克、邳郑之党七舆大夫。邳郑子豹奔秦。言伐晋。缪公弗听，而阴用豹。五年（前647），入春秋后七十六年。晋饥，乞籴于秦。邳豹说缪公弗与，因其饥而伐之。缪公用百里奚、公孙支言，卒与之粟。以船漕车转，自雍相望至绛。明年，秦饥，请籴于晋。惠公用虢射谋，不与。而发兵，且伐秦。又明年，秦缪公伐晋。《秦本纪》：“使邳豹将，自往击之。”合战韩原。今陕西韩城县。虏晋君以归。将以祠上帝。周天子闻之曰“晋我同姓”，为请。晋君姊，为穆公夫人，衰绖跣曰：“妾兄弟不能相救，以辱君命。”缪公乃归晋侯。晋侯至国，谋曰：“重耳在外，诸侯多利内之。”欲使人杀重耳于翟。重耳闻之，如齐。九年（前643），入春秋后八十年。使太子圉质于秦。《秦本纪》曰：“夷吾献其河西地。使太子圉为质于秦。秦妻子圉以宗女。是时秦地东至河。”十一年（前641），入春秋后八十二年。秦灭梁。《秦本纪》曰：“秦灭梁、芮。”事在明年。十四年，入春秋后八十五年。晋惠公内有数子。太子圉曰：“吾母家在梁，梁，今秦灭之。我外轻于秦，而内无援。君即不起，大夫轻更立他公子。”遂亡归。明年，惠公卒，太子圉立，是为怀公。子圉之亡，秦怨之，乃求公子重耳欲纳之。乃令国中：“诸从重耳亡者与期。期尽不到者，尽灭其家。”秦缪公乃发兵内重耳，使人告栾、郤之党为内应。重耳，自少好士。年十七，有贤士五人，曰赵衰、狐偃、即咎犯，文公舅。贾佗、先轸、魏武子。奔翟时，年四十三岁，从此五士。其余不名者数十人。惠公欲杀重耳。重耳闻之，乃谋赵衰等曰：始吾奔翟，非以为可用兴，以近易通，故且休足。休足久矣，固愿徙之大国。夫齐桓公好善，志在霸王，收恤诸侯。

今闻管仲、隰朋死，此亦欲得贤佐。盍往乎？于是遂行。过卫，卫文公不礼。去。过五鹿，今河北濮阳县。饥，从野人乞食。野人盛土器中进之。《左氏》云："野人与之块。"重耳怒。赵衰曰：土者，有土也。君其拜受之。至齐，齐桓公厚礼，以宗女妻之。有马二十乘。重耳安之。二岁，桓公卒。竖刁等为乱。孝公之立，诸侯兵数至齐。留齐凡五岁。重耳爱齐女，无去心。赵衰、咎犯谋行。齐女劝重耳趣行。重耳曰："人生安乐，孰知其他？必死于此。"不能去。齐女乃与赵衰等谋，醉重耳，载以行。行远而觉，引戈欲杀咎犯。过曹，曹共公不礼。大夫釐负羁谏，不从。负羁乃私遗重耳食，置璧其下。去，过宋。宋襄公新困于楚，伤于泓，闻重耳贤，乃以国礼礼于重耳。宋司马公孙固善于咎犯，曰："宋小国，新困，不足以求人。更之大国。"乃去，过郑。郑文公弗礼，郑叔瞻谏。郑君曰："诸侯亡公子过此者众，安可尽礼？"叔瞻曰："君不礼，不如杀之，且后为国患。"郑君不听。重耳去之楚。楚成王以适诸侯礼待之。居楚数月，秦召之，成王厚送重耳。重耳至秦，缪公以宗女五人妻重耳，故子圉妻与往。重耳不欲受，司空季子《集解》："服虔曰：胥臣臼季也。"曰：其国且伐，况其故妻乎？且受以结秦亲而求人。遂受。子圉立，晋国大夫栾、郤等闻重耳在秦皆阴求劝重耳、赵衰等返国，为内应甚众。秦穆公乃发兵与重耳归晋。晋闻秦兵来，亦发兵拒之。然皆阴知公子重耳入也。惟惠公故贵臣吕、郤之属不欲立重耳。十六年（前636），入春秋后八十七年。秦送重耳至河。咎犯与秦、晋大夫盟。重耳入于晋师。入曲沃。是为文公。出亡凡十九岁，时年六十二矣。群臣皆往，怀公奔高梁。在今山西洪洞县之南。使人杀怀公。吕省、郤芮谋烧公宫，杀文公。文公乃为微行，会秦缪公于王城。今陕西朝邑县。吕、郤等烧公宫，不得文公，欲奔秦。缪公诱杀之河上。文公归，迎夫人于秦。秦所与文公妻者，卒为夫人。秦送三千人为卫，以备晋乱。

文公修政，施惠百姓。赏从亡者及功臣，大者封邑，小者尊爵。未尽行赏。周襄王以弟带难，出居郑地，来告急。初，叔带以襄王十四年（前638）复归于周。入春秋后八十五年，此据《十二诸侯年表》。《左氏》同。《周本纪》在十二年（前640）。先二年，郑入滑。今河南偃师县南。滑听命。已而反与卫。郑伐滑。王使伯犕如郑请滑。此据《郑世家》。《周本纪》作游孙伯服，《左氏》作伯服、游孙伯。郑文公怨惠王亡在栎，文公父厉公入之，惠王不赐厉公爵禄；又怨襄王之与卫滑；故不听襄王请，而囚伯犕。十五年（前637），入春秋后八十六年。王降翟师以伐郑。王德翟人，以其女为后。十六年（前636），入春秋后八十七年。王绌翟后。翟人来诛。惠后以党开翟人。翟人遂入。王出奔郑。郑文公居王于氾。今河南襄城县。子带立为王。取襄王所绌翟后与居温。十七年（前635），襄王告急于晋。秦军河上，将入王。赵衰曰："求霸莫如入王，尊周，周、晋同姓。晋不先入王，后秦入之，无以令于天下。方今尊王，晋之资也。"此据《晋世家》。《十二诸侯年表》：咎犯曰："求霸莫如内王。"《左氏》亦以为咎犯之谋。晋乃发兵至阳樊，今河南济源县。围温，入襄王于周。杀王弟带。襄王赐晋河内、阳樊之地。《左氏》曰："与之阳樊、温、原、欑茅之田，晋于是始启南阳。"杜《注》曰："在晋山南河北，故曰南阳。"原亦在今济源县。欑茅，在今河南修武县。十九年（前633），入春秋后九十年。楚成王及诸侯围宋，宋如晋告急。先轸曰：报施定霸，于今在矣。狐偃曰：楚新得曹，而初婚于卫。若伐曹、卫，楚必救之，则宋免矣。于是晋作三军。二十年（前632），入春秋后九十一年。晋文公欲伐曹，假道于卫。卫人弗许。还自河南渡，侵曹。伐卫，取五鹿。晋侯、齐侯盟于敛盂。今河北濮阳县南。卫侯请盟，晋人不许。卫侯欲与楚，国人不欲，故出其君以说晋。楚救卫，不胜。晋侯入曹。令军毋入釐负羁宗家以报德。楚围宋，宋复告急晋。文公欲救则攻楚，为楚尝有德，不欲伐也；欲释宋，宋又尝有德于晋；患之。先轸曰：“执曹伯，分曹、卫地以与宋，楚急曹、卫，其势宜释宋。”《左氏》：“公曰：宋人告急，舍之则绝。告楚不许。我欲战矣，齐、秦未可，若之何？先轸曰：使宋舍我而赂齐、秦，藉之告楚，我执曹君，而分曹、卫之田，以赐宋人。楚爱曹、卫，必不许也。喜赂怒顽，能无战乎？”文公从之。楚成王乃引兵归，将军子玉固请战。楚王怒，少与之兵。子玉使宛春告晋：“请复卫侯而封曹，臣亦释宋。”咎犯曰：“子玉无礼矣，君取一，臣取二，勿许。”先轸曰：“定人之谓礼。楚一言而定三国，子一言而亡之，我则无礼。不许，是弃宋也。不如私许曹、卫以诱之，执宛春以怒楚。既战而后图之。”晋侯乃囚宛春于卫。且私许复曹、卫。曹、卫告绝于楚。得臣即子玉。怒，击晋师。宋公、齐将、秦将与晋侯次城濮。今河南陈留县。与楚兵合战。楚兵败。得臣收余兵去。晋师还。至衡雍，今河南原武县。作王宫于践土。今河南荥泽县。初，郑助楚，楚败，惧，使人请盟晋侯。晋侯与郑伯盟。天子使王子虎命晋侯为伯，晋人复入卫侯。《卫世家》：“晋欲假道于卫救宋，成公不许。晋更从南河度，救宋。征师于卫。卫大夫欲许。成公不肯，大夫元咺攻成公。成公出奔。晋文公伐卫，分其地予宋，讨前过无礼，及不救宋患也。卫成公遂出奔陈。二岁，如周求入，与晋文公会。晋使人鸩卫成公。成公私于周主鸩者，令薄，得不死。已而周为请晋文公，卒入之卫，而诛元咺。卫君瑕出奔。”晋侯会诸侯于温，欲率之朝周。力未能，恐其有畔者。乃使人言周襄王，狩于河阳。遂率诸侯朝于践土。诸侯围许。曹伯臣或说晋侯曰：“齐桓公合诸侯而国异姓，今君为位而灭同姓。曹叔振铎之后，晋唐叔之后，合诸侯而灭兄弟，非礼。”晋侯说，复曹伯。二十二年（前630），入春秋后九十三年。晋文公、秦缪公共围郑。以其无礼于文公亡过时，及城濮时郑助楚也。欲得叔詹为僇。郑文公恐，不敢谓叔詹言。詹闻，自杀，郑人以詹尸与晋。晋文公曰："必欲一见郑君，辱之而去。"郑人患之。乃间令使谓秦缪公曰："亡郑厚晋，于晋得矣，而秦未为利，君何不解郑，得为东道交？"秦伯说，罢兵。二十四年（前628），入春秋后九十五年。晋文公卒，子襄公欢立。

晋文之伯，与齐桓大异。齐桓之存邢、卫，救燕，伐楚，虽曰霸者假之，究犹有一匡天下之志也。晋之破楚，全以阴谋致胜，而其待曹、卫诸邦尤酷，"谲而不正"之评，非虚语矣。然其时之事势，亦有迫之不得不然者。当时列国之间，纯以捭阖取利，而国内亦多不宁。试观秦缪公及晋诸臣之所为可知。无怪惠公非倚秦援不敢入，既入而又背之，且杀里克，又欲杀文公也。文公之获成，惠公之卒败，盖亦由一先入而异党孔多，一后入而反侧者多已夷灭；又一倚秦援，一与秦构怨之故；非必其才之果有高下也。文公之霸业，始于勤王，成于破楚，其勤王，盖欲以抑秦；破楚则成于徼幸，何以言之？曰：韩原之败，河东入秦，《左氏》曰："秦始征晋河东，置官司焉。"《韩非·难二》谓惠公时，秦侵去绛十七里。晋之势盖甚岌岌。晋文之去狄，不过欲求仕于齐。虽齐内争乱，诸侯之兵数至，犹溺于晏安而不去，其非有雄图可知。谓其以六十之年，崎岖返国，而遽欲取威定霸，无是理也。其与秦争纳王，盖特欲少抑其东出之势。至其侵曹，伐卫，救宋，围郑，则全以亡过时恩怨之私。当时风气，视此等事盖甚重。观齐桓之灭谭，亦以是故可知。见《左氏》庄公十年，《史记·齐世家》同。既救宋，势不得不敌楚。适直楚成暮气不振，又与子玉不和，遂成城濮之功。此乃事势相激使然，固非其始愿所及。然文公及诸臣之才，固有可取，而晋之国势，亦有使之成功者。《左氏》记惠公之见获于秦也，使郤乞告瑕吕饴甥，且召之。子金教之言曰："朝国人，而以君命赏，且告之曰：孤虽归，辱社稷矣，其卜贰圉也。众皆哭。晋于是乎作爰田。吕甥曰：君亡之不恤，而群臣是忧，惠之至也。将若君何？众曰：何为而可？对曰：征缮以辅孺子。诸侯闻之，丧君有君，群臣辑睦，甲兵益多，好我者劝，恶我者惧，庶有豸乎？众说。晋于是乎作州兵。”《左氏》僖公十五年。文公始入而作三军。城濮战后，又作三行。《左氏》曰：“晋侯始入而教其民。二年，欲用之。子犯曰：民未知义，未安其生。于是乎出定襄王，入务利民，民怀生矣。将用之。子犯曰：民未知信，未宣其用。于是乎伐原以示之信。见《左氏》十八年。民易资者，不求丰焉。明征其辞。公曰：可矣。子犯曰：民未知礼，未安其居。于是乎大搜以示之礼，作执秩以正其官。民听不惑，而后用之。出谷戍，释宋围，一战而霸，文之教也。”僖公二十七年。盖晋甲兵素多，而文公又有以用之，故因缘事势，遂成霸业于数年之间也。不然，列国相争，机会之傥来者何限？而何以有等国终不能乘，且随之辗转播荡，而终至于覆亡哉？

第四节　五霸事迹下

晋文公之卒也，郑人有卖郑于秦，此据《秦本纪》。《郑世家》云：郑司城缯贺，以郑情卖之秦。《左氏》谓秦听郑之说，使杞子、逢孙、杨孙戍之。杞子自郑使告于秦曰：郑人使我掌其北门之管。若潜师以来，国可得也。似乎不近情理。曰：“我主其城门，郑可袭也。”缪公问蹇叔、百里奚。对曰：“径数国千里而袭人，希有得利者。且人卖郑，庸知我国人不有以我情告郑者乎？不可。”缪公曰：“子不知也。吾已决矣。”遂发兵，使百里奚子孟明视，蹇叔子西乞术及白乙丙将。周襄王二十五年（前627），入春秋后九十六年。兵至滑，郑贩卖贾人弦高持十二牛将卖之周。见秦兵。恐死虏，因献其牛，曰：“闻大国将诛郑。郑君谨修守御备，使臣以牛十二劳军士。”秦三将军相谓曰：“将袭郑，郑今已觉之，往无及已。”灭滑。滑，晋之边邑也。时晋文公丧尚未葬。先轸曰：“秦伯不用蹇叔，反其众心，此可击。”栾枝曰：“未报先君施，击之，不可。”先轸曰：“秦侮吾孤，伐吾同姓，何德之报？”此据《晋世家》。《秦本纪》：太子襄公怒曰：秦侮我孤，因丧破我滑。遂墨衰绖。发兵，遮秦兵于殽。《正义》：“《括地志》云：三殽山，在洛州永宁县西北二十里，即古之殽道也。”永宁，今河南永宁县。击之。大破秦军。无一人得脱者。虏秦三将以归。文公夫人。秦女也，为请。晋君许之。归秦三将。三将至，缪公素服郊迎，复三人官秩如故，厚待之，二十七年（前625），入春秋后九十八年。使孟明视等将兵伐晋。战于彭衙，今陕西白水县。秦不利，引兵归。此据《十二诸侯年表》。《秦本纪》在其前一年，盖漏书年代。又《晋世家》云：“秦使孟明视伐晋，报殽之败，取晋汪以归。”[①]《索隐》云：“按《左传》：文二年（前625），秦孟明视伐晋，报殽之役，无取晋汪之事。又其年冬，晋先且居等伐秦，取汪、彭衙而还。则汪是秦邑，止可晋伐秦取之，岂得秦伐晋而取汪也？或者晋先取之；秦今伐晋而收汪，是汪从晋来，故云取晋汪而归也。汪不知所在。”案《十二诸侯年表》：秦穆公三十五年（前625），伐晋，报殽，败我于汪。《郑世家》：郑发兵从晋伐秦，败秦兵于汪。则《史记》亦与《左氏》合。疑《晋世家》之取晋汪，乃晋取汪之倒，而其间又有夺文也。戎王使由余于秦。由余其先晋人也，亡入戎，能晋言。秦缪公示以宫室积聚。由余曰：“使鬼为之则劳神矣；使人为之，亦苦民矣。”缪公怪之。问曰：“中国以诗书礼乐法度为政，然尚时乱。今戎夷无此，何以为治？不亦难乎？”由余笑曰：“此乃中国所以乱也夫！自上圣黄帝，作为礼乐法度，身以先之，仅以小治。及其后世，日以骄淫。阻法

---

①史事：取晋汪。

度之威，以责督于下。下罢极，则以仁义怨望于上。上下交争，怨而相篡弑，至于灭宗，皆以此类也。夫戎狄不然。上含淳德以遇其下，下怀忠信以事其上。一国之政，犹一身之治，不知所以治，此真圣人之治也。”于是穆公令内史廖以女乐二八遗戎王。戎王受而说之。秦乃归由余。由余数谏，不听。缪公又数使人间要由余。由余遂去降秦。缪公以客礼礼之。问伐戎之形。二十九年（前623），入春秋后百年。穆公复益厚孟明等，使将兵伐晋。渡河，焚船。大败晋人。取王官及鄗。《集解》：“徐广曰：《左传》作郊。”《正义》：“《括地志》云：王官故城，在同州澄城县西北九十里。又云：南郊故城，在县北十七里。又有北郊故城，又有西郊故城。《左传》云：文公三年（前624），秦伯伐晋，济河，焚舟，取王官及郊也。《括地志》云蒲州猗氏县南二里，又有王官故城，亦秦伯取者。”案澄城，今为县，属陕西。猗氏，今为县，属山西。以报殽之役。晋人皆城守不敢出。于是穆公乃自茅津渡河，封殽中尸，为发丧，哭之三日。乃誓于军曰：“嗟士卒听无哗。余誓告汝。古之人谋黄发番番，则无所过。”以申思不用蹇叔、百里奚之谋，故作此誓，令后世以记余过。明年，秦用由余谋，伐戎王，益国十二，开地千里，遂霸西戎。天子使召公过贺缪公以金鼓。三十二年（前620），入春秋后百有三年。缪公卒。秦之开化，远后东方。战国时，论者犹谓秦杂戎狄之俗，况在春秋之世？越国鄙远，古代固非绝无，俞正燮《癸巳类稿》，有《越国鄙远义》，谓越国鄙远，为古恒有之事。然必往来便易，中无强国阻隔者。秦之不能有郑，形势显然，缪公岂不之知？其潜师侵袭，盖徒利其虏获，[①]观其得晋惠公欲以

---

①史事：晋文公入而勤王救宋，可见时人之好战。缪公袭郑，纯为剽掠，如单于奕齐邑耳，故灭滑，晋之远邑，其于晋盖甚利通之，故入惠公，文公又欲入，公子雍。吴入楚，盖亦然。

祠上帝，与三良饮酒乐，则为死共此哀之约，《秦本纪》："缪公卒，葬雍，从死者百七十七人。秦之良臣子舆氏三人，名曰奄息、仲行、鍼虎，亦在从死之中，秦人哀之，为作《黄鸟》之诗。"《正义》："应劭云：秦穆公与群臣饮酒，酣。公曰：生共此乐，死共此哀。于是奄息、仲行、鍼虎许诺。及公薨皆从死。《黄鸟》诗所为作也。"盖三家诗说。其杂戎狄之俗可知，慕效中国之不暇，安知礼乐法度之弊？由余之对，其为后人依托，不待言也。缪公之成霸业，一由能广用异国之材，一由其能悔过，不尚血气之勇。其大功，则不在于胜晋，而实在于伐戎，以伐晋不过报怨，伐戎实有辟土之益也。然非殽战丧败，或亦不克致此，祸福倚伏，事之利害，诚有难言者矣。

周襄王三十年（前623），入春秋后百有一年。晋赵成子、衰。栾贞子、枝。咎季子、犯。霍伯先且居。皆卒，赵盾代赵衰执政。明年，襄公卒。太子夷皋少。晋人以难故，欲立长君。赵盾曰："立襄公弟雍。好善而长，先君爱之，且近于秦，《秦本纪》曰："秦出也。"秦故好也。"贾季曰："不如其弟乐。"赵盾使士会如秦逆雍，贾季亦使召乐于陈。《左氏》云："赵孟使杀诸郫。"赵盾废贾季。贾季奔狄。是岁，秦穆公亦卒。明年四月，秦康公曰："昔文公之入也无卫，故有吕、郤之患。"乃多与公子雍卫。太子母缪嬴，日夜抱太子以号泣于朝，曰："先君何罪？其嗣亦何罪？舍嫡嗣而外求君，将安置此？"出朝，则抱以嫡赵盾所。顿首曰："先君奉此子而属之子，曰：此子材，吾受其赐；不材，吾怨子；今君卒，言犹在耳，而弃之若何？"赵盾与诸大夫皆患缪嬴，且畏诛，乃背所迎而立太子，是为灵公。发兵以距秦送公子雍者，赵盾为将，往击秦。败之令狐。今山西猗氏县。先蔑、随会亡奔秦。晋是时内外粗安，安用废嫡立庶？且穆嬴秦女，公子乐母辰嬴，亦称怀嬴。即始归子圉，继归文公者，亦秦女也。欲结秦援，安用立公子雍？盾之以私废立，亦可见矣。晋自是与秦连兵。周襄王三十三年（前620），入春秋后百有三年，秦伐晋取武城，以报令狐之役。顷王二年（前617），入春秋后百有六年，晋伐秦，取少梁。秦亦取晋之鄐。四年（前615），入春秋后百有八年，春，康公伐晋，取羁马。晋侯怒，使赵盾、赵穿、郤缺击秦。大战河曲。明年，晋六卿患随会在秦，常为晋乱。乃佯令魏寿余，反晋降秦。秦使随会之魏，因执会以归。以上皆据《晋世家》。武城，《正义》引《括地志》云：在华州郑县东北。郑，今陕西华县。少梁，杜《注》云：冯翊夏阳县。夏阳，在今陕西韩城县南。鄐，《集解》引徐广曰："《年表》云，北征也。"《索隐》曰："徐云《年表》曰征，然按《左传》，文十年，晋人伐秦，取少梁，夏，秦伯伐晋，取北征，北征即《年表》之征，今云鄐者，字误也。征音惩，亦冯翊之县名。"案如《索隐》言，则《年表》及《集解》引徐广皆当仅云征，然今皆作北征，恐后人据《左氏》改之。《年表索隐》"征音澄"，云："盖今之澄城也。"案澄城，今为县，属陕西。羁马，《秦本纪集解》引服虔云："晋邑也。"盖未能知其所在。灵公长，又与赵盾不协。周匡王六年（前607），入春秋后百十六年。公饮赵盾酒，伏甲将攻盾。盾得脱，出奔。未出竟，盾昆弟将军赵穿弑灵公，迎盾。盾复位。使穿迎襄公弟黑臀于周而立之，是为成公。晋内相乖离，遂不克与楚争矣。

楚自城濮败后，襄王二十五年（前627），入春秋后九十六年。始出兵。侵陈、蔡。陈、蔡成。遂伐郑。晋阳处父侵蔡，楚子上救之。与晋师夹泜而军。泜今滍水。已而各罢归。二十六年（前626），入春秋后九十七年。楚成王欲废太子商臣而立其弟职。商臣弑王代立，是为穆王。二十八年（前624），入春秋后九十九年。晋伐沈，沈溃。楚人围江。晋伐楚以救江。明年，江卒为楚所灭。三十年（前622），入春秋后百有一年。又灭六、蓼。顷王元年（前618），入春秋后百有五年。范山言于楚子曰："晋君少，不在诸侯，北方可图也。"楚子师于狼渊今河南许昌县。以伐郑。晋人救之，不及。又侵陈。陈及楚平。二年（前617），入春秋后百有六年。陈侯、郑伯会楚子于息。遂及蔡侯，次于厥貉。地名，杜《注》阙。将以伐宋。宋逆楚子，劳且听命。五年（前614），入春秋后百有九年。楚穆王卒，子庄王旅立。《公羊》《左氏》作旅。《穀梁》《史记》作侣。六年（前613），入春秋后百一十年。晋会陈、郑、许于新城。今河南商邱县西南。蔡人不与。匡王元年（前612），入春秋后百十一年。晋师入蔡。二年（前611），入春秋后百十二年。楚大饥。戎伐其西南，又伐其东南。庸人率群蛮以叛楚。麇人率百濮聚于选，将伐楚。于是申息之北门不启。楚人谋徙于阪高。杜《注》：楚险地。芀贾曰："不可。我能往，寇亦能往。不如伐庸。夫麇与百濮，谓我饥不能师，故伐我也。若我出师，必惧而归。百濮离居，将各走其邑，谁暇谋人？"乃出师。旬有五日，百濮乃罢。楚子乘驿会师，分为二队，以伐庸。秦人、巴人从楚师，遂灭庸。以上为庄王即位后三年中事，盖因内忧，未遑外务，故史有庄王即位，三年不出号令之说也。见《史记·楚世家》。案古书言此事者甚多。五年（前608），入春秋后百十五年。陈受盟于晋。楚、郑侵陈。遂侵宋。晋赵盾救陈。又会诸侯伐郑。六年（前607），入春秋后百十六年。郑公子归生受命于楚伐宋。战于大棘，今河南宁陵县。宋师败绩。获宋华元。赵盾及宋、卫侵郑。楚斗椒救之。赵盾还。是岁，晋灵公见弑。定王元年（前606），入春秋后百十七年。楚子伐陆浑之戎。遂至于雒，观兵于周疆。晋侯伐郑。郑及晋平。楚人侵郑。二年（前605）、入春秋后百十八年。三年（前604）入春秋后百十九年。又伐之。是岁，三年（前604）。陈及楚平。晋荀林父救郑伐陈。四年（前603），入春秋后百二十年。晋赵盾侵陈。楚人伐郑。取成而去。五年（前602），入春秋后百二十一年。郑及晋平。六年（前601），入春秋后百二十二年。陈及晋平。楚师伐陈，亦取成焉。七年（前600），入春秋后百二十三年。晋荀林父伐陈。是岁，晋成公卒，子景公据立。楚子伐郑。晋郤缺救郑。八年（前599），入春秋后百二十四年。郑及楚平。晋人伐郑，亦取成而还。楚子伐郑。晋士会救郑，逐楚师于颍北。诸侯之师戍郑。是岁，陈征舒杀其君。明年，楚庄王帅诸侯伐陈，诛征舒。因县陈而有之。申叔时谏。乃复陈。是岁，郑与楚盟辰陵，杜《注》："颍川长平县东南有辰陵。"今河南淮阳县。《史记》云"郑与晋盟鄢陵"，今河南鄢陵县。又徼事于晋。十年（前597），入春秋后百二十六年。春，楚子围郑。三月，克之。郑伯肉袒牵羊以逆。庄王退三十里，与之平。六月，晋师救郑。其来也，持两端，故迟。语见《史记·郑世家》。至河，楚兵已去。中军将荀林父欲还。佐先縠不可。师遂济。庄王还击晋。郑反助楚。大败晋军河上。此据《史记》。春秋作战于邲，地在今河南郑县。是岁，楚子灭萧。明年，伐宋，以其救萧也。十二年（前595），入春秋后百二十八年。晋侯伐郑。楚子使申舟聘于齐，曰：无假道于宋。亦使公子冯聘于晋，不假道于郑。申舟曰："郑昭宋聋，晋使不害，我则必死。"王曰："杀汝，我伐之。"见犀而行。犀，申舟子。及宋，宋人杀之。楚子闻之，投袂而起，屦及于窒皇，寝门阙。剑及于寝门之外，车及于蒲胥之市。秋，九月，楚子围宋。宋人使告急于晋。晋侯欲救之。伯宗曰：不可。乃使解扬给为救宋。明年五月，宋及楚平。是时楚势可谓极盛。十六年（前591），入春秋后百三十二年。庄王卒，子共王审立。幼，而形势复一变。共王临殁时，自言生十年而丧先君，见《左氏》襄公十三年。

春秋五霸，齐桓而外，当以楚庄之兵力为最强，其为人亦最正。惟兵力强，故不藉诡道以取胜也。邲之战，《左氏》载士会之言，谓其"荆尸而举，商、农、工、贾，不败其业"。又曰："其君之举也，内姓选于亲，外姓选于旧，举不失德，赏不失劳。老有加惠，旅有施舍。君子小人，物有服章。贵有常尊，贱有等威。"栾书曰："楚自克庸以来，其君无日不讨国人而训之，于民生之不易，祸至之无日，戒惧之不可以怠。在军，无日不讨军实而申儆之，于胜之不可保，纣之百克而卒无后。训之以若敖、蚡冒，荜路蓝缕，以启山林。箴之曰：民生在勤，勤则不匮。”可见其政事军备之整饬。是战也，据《左氏》，似始以和误晋，终乃乘其不备而袭之，此乃临敌决胜，不得不然，其不肯避强陵弱，则《公羊》《史记》二说符会，决非虚语。《公羊》谓其既胜之后，还师而佚晋寇。《左氏》又载其不肯收晋尸为京观。伐宋之役，宋人易子而食，析骸以爨，可谓危急已极。然华元以情告，亦遽释之。见《公羊》《左氏》宣公十二、十三年。皆可谓堂堂之陈，正正之旗，视晋文之谲，秦穆之暴，不可同年而语矣。

第五节　齐顷灵庄晋厉悼楚共灵之争

春秋大国，本称晋、楚、齐、秦，五霸尤以桓公为盛，然桓公一死，霸业遽荒，则齐之内乱为之也。齐孝公以周襄王十九年（前633）卒。入春秋后九十年。弟潘，因卫公子开方杀孝公子而立，是为昭公。顷王六年（前613）卒。入春秋后百一十年，此据《十二诸侯年表》，与《春秋》合。《世家》早一岁。子舍立。舍之母无宠，国人莫畏。昭公弟商人，以桓公死争立不得，阴交贤士。附爱百姓，百姓说。与众即墓上弑舍自立，是为懿公。匡王四年（前609），入春秋后百十四年。为其下所弑。懿公之立，骄，民不附。齐人废其子，而迎公子元于卫立之，是为惠公。桓公十有余子，要其后立者五人，皆以争。时正宋襄图霸，至楚庄初立时也。定王元年（前607），入春秋后百十六年。为楚庄王观兵周郊之岁，惠公卒，子顷公无野立，颇有意于振作，然晋势已成，顷公又有勇无谋，遂致转遭挫折矣。

定王十五年（前592），入春秋后百三十一年，此从《表》及《晋世家》，与《左氏》合。《齐世家》先一年。晋使郤克于齐。齐使夫人帷中而观之。郤克上，夫人笑之。此从《齐世家》。《晋世家》云："齐顷公母从楼上观而笑之。所以然者，郤克偻而鲁使蹇，卫使眇，故齐亦令如之以导客。"与《公》《穀》略同。齐顷公有意挑衅，庸或不顾一切。当时最重使命，尤重人之仪表，晋、鲁、卫岂有使偻者、蹇者、眇者出使之理？[1]古代贵族，有恶疾不得继嗣，郤克果偻，鲁使果蹇，卫使果眇，又岂得为卿大夫乎？且当时亦未必有楼也。此皆所谓东野人之言也。度当日郤克偶失仪，而为妇人所笑，则有之尔。《左氏》亦但云郤子登，妇人笑于房。杜《注》反据《公》《穀》，谓其跛而登阶，实非也。郤克曰："不是报，不复涉河。"《晋世家》："归至河上，曰：不报齐者，河伯视之。"归，请伐齐。晋侯弗许。齐使至晋，郤克执四人河内，杀之。明年，晋伐齐。齐以公子强质晋。晋兵去。十八年（前589），入春秋后百三十四年。齐伐鲁、卫。鲁、卫大夫如晋请师，皆因郤克。晋使郤克以车八百乘为中军，以救鲁、卫，伐齐。与顷公战于鞌，《集解》：服虔曰："齐地名。"齐师败走。晋军追齐，至马陵。《集解》："徐广曰：一作陉。骃案贾逵曰：马陉，齐地。"案《晋世家》作"追北至齐"，盖近齐都。齐侯请以宝器谢。不听。必得笑克者萧桐叔子，《晋世家》作萧桐侄子。令齐东亩。对曰："叔子，齐君母，亦犹晋君母，子安置之？且子以义伐，而以暴为后，其可乎？"于是乃许。令反鲁、卫之侵地。明年，齐顷公朝晋，欲尊王晋景公，景公不敢受。乃归，归而顷公弛苑囿薄赋敛，振孤问疾，虚积聚以救民，民亦大说。厚礼诸侯。竟顷公卒，百姓附，诸侯不犯。顷公卒在周简王四年（前582），入春秋后

---

①史事：晋鲁卫使偻、蹇、眇之诬。

百四十一年。观顷公欲尊王晋景，可知鞌战受创之深。虽以恤民获安，然终不能复与晋竞矣。

鞌之战，在楚共王及鲁成公二年（前589）。《左氏》云："宣公使求好于楚。庄王卒，宣公薨，不克作，好。公即位，受盟于晋，会晋伐齐。卫人不行使于楚，而亦受盟于晋，从于伐齐。故楚令尹子重公子婴齐。为阳桥之役以救齐。"盖庄王在时，威棱远憺，鲁、卫皆有折而入之之势。齐顷公之齮晋，未必不与之声势相倚；而庄王之死，适丁其时，此实晋、楚强弱一转捩也。阳桥之役，子重曰："君弱，群臣不如先大夫，师众而后可。"乃大户，已责，逮鳏，救乏，赦罪，悉师。王卒尽行。侵卫。遂侵鲁。及阳桥。鲁请盟。与秦、宋、陈、卫、郑、齐、曹、邾、薛、鄫人盟于蜀。是行也，晋辟楚，畏其众也。然鲁、卫既睦，齐师新挫，吴亦渐强，楚不能无后顾之忧，而晋遂有复振之势。鞌战之明年，晋与鲁、卫、曹、宋伐郑，以讨邲之役。时许恃楚而不事郑。定王十九（前588）、入春秋后百三十五年。二十年（前587），入春秋后百三十六年。郑再伐之。二十一年（前586），入春秋后百三十七年。郑悼公使弟睔与许讼于楚。此据《郑世家》，《楚世家》云"郑悼公来讼"，与《左氏》同。不直。楚囚睔。郑与晋平。睔私于楚子反。公子侧。子反言之，乃归睔。简王元年（前585），入春秋后百三十八年。悼公卒，睔立，是为成公。是岁，楚伐郑。明年，又伐郑，皆不克。四年（前582），入春秋后百四十一年。楚共王曰："郑成公孤有德焉。"使人于郑。郑与之盟此据《郑世家》，《左氏》云："楚人以重赂求郑。"成公如晋。晋人执之。又使栾书伐郑。五年（前581），入春秋后百四十二年。郑立成公庶兄繻。晋乃归成公。是岁，晋景公卒，子州蒲立。《史记》作寿曼。是为厉公。《左氏》云邲之役，荀首为下军大夫。其子罃，为楚所囚。首以其族反之。射楚连尹襄老，获之，遂载其尸；射公子谷臣，囚之；以二者还。定王十九年（前588），入春秋后百三十五年。晋归谷臣及襄老之尸，以求罃于楚。楚人许之。简王二年（前584），入春秋后百三十九年。楚伐郑。郑囚楚郧公钟仪，献之晋。四年（前582），入春秋后百四十一年。晋使钟仪归求成。楚公子辰报使。五年（前581），入春秋后百四十二年。晋籴筏如楚报使。六年（前580），入春秋后百四十二年。宋华元善于楚令尹子重，又善于晋栾武子。书。闻楚许籴茂成，如晋，遂如楚。七年（前579），入春秋后百四十四年。克合晋、楚之成。夏五月，晋士燮会楚公子罢、许偃盟于宋西门之外。晋郤至如楚。楚公子罢如晋莅盟。此事《史记·晋楚世家》《十二诸侯年表》皆不载。惟《宋世家》云“共公元年（前588），华元善楚将子重，又善晋将栾书，两盟晋、楚”，其事似相符会。然宋共公元年（前588），为周定王十九年（前588），入春秋后百三十五年。前后相差九年。崔适谓《左氏》涉弭兵之盟而误，见所著《春秋复始》。其说盖是。《宋世家》之文，乃谓宋既与晋盟，又与楚盟，非谓其合晋、楚之成也。十年（前576），入春秋后百四十七年。楚伐郑，不克。宋鱼石出奔楚。公子目夷之曾孙。十一年（前575），入春秋后百四十八年。楚以汝阴之田求成于郑。郑叛晋，与楚盟。栾书曰：“不可以当吾世而失诸侯。”乃发兵，厉公自将。楚兵来救。与战，射共王中目，楚兵败于鄢陵。见第三节。然郑仍不服。初，厉公多外嬖。自鄢陵归，欲尽去群大夫，而立诸姬兄弟。宠姬兄曰胥童，尝与郤至有怨。栾书又怨郤至不用其计，而遂败楚。《集解》：“《左传》曰：栾书欲待楚师退而击之，郤至云：楚有六间，不可失也。”乃使人间谢楚。楚来诈厉公曰：鄢陵之战，实至召楚，欲作乱，内子周立之。会与国不具，是以事不成。厉公告栾书。栾书曰：其殆有矣。愿公试使人之周微考之。果使郤至于周。栾书又使公子周见郤至。厉公验之，信然。遂怨郤至，欲杀之。十三年（前573），入春秋后百五十年。公令胥童以兵八百人袭攻，杀三郤。《集解》："贾逵曰：三郤，郤锜、郤犨、郤至也。"胥童因劫栾书、中行偃于朝，曰："不杀二子，患必及公。"公弗听。公使胥童为卿。公游匠骊氏。栾书、中行偃囚之。杀胥童。使迎公子周于周。十四年（前572），入春秋后百五十一年。弑厉公。《公羊》成公十六年《解诂》云："晋厉公见饿杀。"《疏》引《春秋说》云："厉公猥杀四大夫，臣下人人恐见及，正月幽之，二月而死。"周至绛，立之，是为悼公。其太父捷，晋襄公少子也。号桓叔。生惠伯谈。谈生悼公。年十四矣。逐不臣者七人。修旧功，施惠德，收文公入时功臣后。前一年，楚纳鱼石于彭城。及是，晋以诸侯围之。彭城降。明年，为周灵王元年（前571），入春秋后百五十二年。郑成公卒，子恽立，是为僖公。成公之疾也，子驷公子骓。请息肩于晋。公曰："楚君以郑故，亲集矢于其目，非异人任，寡人也。若背之，是弃力与言，其谁昵我？免寡人，惟二三子。"是冬，诸侯城郑虎牢。今河南汜水县。郑人乃成。明年，盟于鸡泽。今河北永年县。楚子辛公子任夫。为令尹，侵欲小国，陈人亦来乞盟。楚比岁侵陈。六年（前566），入春秋后百五十七年。遂围之。诸侯弗能救。陈复入楚。郑相子驷弑僖公，立其子嘉，年五岁。子驷当国。七年（前565），入春秋后百五十八年。诸公子欲诛子驷。子驷觉之，尽诛诸公子。八年（前564），入春秋后百五十九年。诸侯伐郑，郑行成。楚来伐，郑又从之。时子驷畏诛，故两亲晋、楚也。九年（前563），入春秋后百六十年。子驷欲自立。子孔公子嘉。杀而代之。诸侯之师戍郑虎牢。郑及晋平。楚子囊救郑。郑又窃与之盟。十年（前562），入春秋后百六十一年。诸侯伐郑。郑成。楚来伐，郑又逆之。与之伐宋。诸侯悉师以复伐郑。楚师不能复出。郑乃与诸侯盟。明年，会于萧鱼。战国时之修鱼，今河南许昌县。悼公于是称复霸焉。十二年（前560），入春秋后百六十三年。楚共王卒，子康王昭立。十四年（前558），入春秋后百六十五年。晋悼公亦卒，子平公彪立。明年，许男请迁于晋。诸大夫不可。晋会诸侯伐许。晋师遂侵楚，败其师于湛阪。今河南叶县。侵方城之外而还。方城，山名，在今河南方城县。十七年（前555），入春秋后百六十八年。郑子孔欲去诸大夫，叛晋而起楚师。楚公子午伐郑。子展、公孙舍之。子西公孙夏。知子孔之谋，完守入保。子孔不敢会楚师。明年，二子伐杀子孔。子展当国。子西听政。立子产公孙侨。为卿。十九年（前553），入春秋后百七十年。公孙舍之入陈。公孙夏又伐之。陈及郑平。明年，许灵公如楚，请伐郑，曰："师不兴，孤不归矣。"卒于楚。楚子曰："不伐郑，何以求诸侯？"与陈、蔡伐郑，而后葬许灵公。然亦不能得志也。

自赵盾背秦立灵公后，秦、晋遂失好。周匡王四年（前609），入春秋后百十四年。秦康公卒，子共公立。定王三年（前604），入春秋后百十九年。卒，子桓公立。简王六年（前580），入春秋后百四十三年。秦、晋夹河而盟。归而秦背盟，与翟合谋伐晋。八年（前578），入春秋后百四十五年。晋与诸侯伐秦，秦军败，追至泾而还。明年，秦桓公卒，子景公立。《秦始皇本纪》作哀公。灵王八年（前564），入春秋后百五十九年。秦乞师于楚。楚子师于武城，今河南南阳县。以为秦援。秦侵晋。明年，晋伐秦。又明年，楚乞旅于秦。秦右夫詹从楚子伐郑。晋既为萧鱼之会，秦救郑，败晋师于栎。事在《左氏》襄公十一年。《左氏》云："秦庶长鲍、庶长武帅师伐晋以救郑。鲍先入晋地，士鲂御之。少秦师而弗设备。壬午，武济自辅氏，与鲍交伐晋师。己丑，秦、晋战于栎，晋师败绩。"辅氏，又见宣公十五年，为秦桓公伐晋所次，地当濒河。栎当距辅氏不远。《史记·秦本纪正义》引《括地志》洛州阳翟县古栎邑以释之，非也。阳翟，今河南禹县。十一年（前561），入春秋后百六十二年。秦、楚又伐宋，以报晋之取郑。盖成秦、楚合以谋晋之局矣。十三年（前559），入春秋后百六十四年。晋荀偃会诸侯伐秦。济泾，师于棫林，以心力不齐而还。晋人谓之迁延之役。二十二年（前550），入春秋后百七十三年。景公如晋，与平公盟，已而背之。此据《秦本纪》，为景公二十七年（前550），即鲁襄公二十三年（前550）。《十二诸侯年表》，在景公二十九年（前548）。云："公如晋盟，不结。"左氏则在襄公二十四年（前549），云："晋韩起如秦莅盟，秦伯车如晋莅盟，成而不结。"至二十六年（前548），乃云："秦伯之弟鍼如晋修成。"鍼即伯车。景王八年（前537），入春秋后百八十六年。景公卒，子哀公立。《秦始皇本纪》作毕公。《秦本纪》云："晋公室卑而六卿强，欲内相攻，是以秦、晋久不相攻。"二国之干戈始戢矣。

齐顷公以周简王四年（前582）卒，入春秋后百四十一年。子灵公环立。十四年（前572），入春秋后百五十一年。齐不会救郑。晋伐齐。齐令公子光为质。灵王十七年（前555），入春秋后百六十八年。齐与邾数攻鲁，晋合诸侯围齐。是年为鲁襄公十八年，齐灵公二十七年，晋平公三年。《史记·十二诸侯年表》，于齐云："晋围临淄，晏婴大破之。"于晋云："率鲁、宋、卫、郑围齐，大破之。"《公羊》襄公十九年："公至自伐齐。此同围齐也，何以致伐？未围齐也。"则此役晋盖未大得志。《左氏》之言，乃偏据晋史，不足信也。《齐世家》谓"临菑城守不敢出，晋焚郭中而去"，与《左氏》合。《晋世家》误是役于平公元年（前557）。齐侯娶于鲁，曰颜懿姬。无子。其侄鬷声姬，生光，以为太子。诸子仲子、戎子。《史记》作仲姬、戎姬。戎子嬖。仲子生牙，属诸戎子。戎子请以为太子。公许之。遂东太子光。使高厚傅牙为太子。十八年（前554），入春秋后百六十九年。灵公疾。崔杼迎立光。是为庄公。杀戎姬及牙。崔杼杀高厚。晋闻齐乱，伐齐，至高唐。今山东禹城县。闻齐侯卒，乃还。齐与晋平。十九年（前553），入春秋后百七十年。盟于澶渊。二十年（前552），入春秋后百七十一年。晋栾盈出奔楚。书之孙。《晋世家》作栾逞。明年，自楚适齐。庄公厚客待之。二十二年（前550），入春秋后百七十三年。晋将嫁女于吴。齐侯使媵之。以藩载栾盈及其士，纳诸曲沃。盈帅曲沃之甲，因魏献子舒。以入绛。绛不戒。平公欲自杀。范献子鞅。止之。时晋卿赵氏、中行氏皆怨栾氏。韩、赵方睦。知氏听于中行氏。惟魏氏与七舆大夫睦于栾氏。范献子劫魏献子，赂之以曲沃。栾盈败，奔曲沃，晋人围之，尽灭其宗。齐既纳栾盈，随以兵。上太行，入孟门。闻盈败，乃取朝歌而还。遂以晏子之谋通楚。据《十二诸侯年表》。二十三年（前549），入春秋后百七十四年。晋会诸侯于夷仪，见第三节。将以伐齐。水，不克。楚伐郑以救齐。诸侯还救郑。明年，庄公为崔杼所弑，晋复会诸侯于夷仪，伐齐。齐人以庄公说，乃平。

齐顷公、灵公、庄公，三世皆与晋竞，然迄无成。秦本不问中原之事。平公立后，晋公室日卑，楚亦不能遽振，于是弭兵之盟起矣。时宋向戌善于晋赵文子，武。又善于楚令尹子木，屈建。欲弭诸侯之兵以为名。乃先如晋告赵孟。晋许之。如楚，楚亦许之。次告齐、秦及诸小国。灵王二十六年（前546），入春秋后百七十七年。盟于宋。晋赵武、楚屈建及鲁、卫、陈、蔡、郑、许皆与焉。子木谓向戌：“请晋、楚之从交相见。”向戌复于赵孟。赵孟曰：“晋、楚、齐、秦，匹也。晋之不能于齐，犹楚之不能于秦也。楚君若能使秦君辱于敝邑，寡君敢不固请于齐？”左师向戌。复言于子木。子木使驲谒诸王。王曰：“释齐、秦，他国请相见也。”故齐、秦不会。将盟，晋、楚争先。楚人衷甲。卒先楚。明年，宋、鲁之君，皆如楚。是岁，楚康王卒，子员立。此从《史记》，《左氏》作麇。是为郏敖。景王四年（前541），入春秋后百八十二年。晋、楚复会于虢，以寻宋之盟。齐亦与焉。楚共王宠弟四人：曰公子围、子比、子皙、公子黑肱。弃疾。围为令尹，主兵事。使郑，道闻王疾而还。入问王疾，绞而杀之。遂杀其子莫及平。子比奔晋。子皙奔郑。围立，是为灵王。七年（前538），入春秋后百八十五年。

使椒举如晋求诸侯。晋人许之。乃会诸侯于申。晋、宋、鲁、卫、曹、邾不与。十年（前535），入春秋后百八十八年。楚子成章华之台，愿与诸侯落之。鲁昭公如楚。先是蔡景侯为其太子般《表》作班。所弑。景王二年（前539），入春秋后百八十年。十一年（前534），入春秋后百八十九年。陈哀公弟招作乱，哀公自杀。从《表》，与《春秋》合，《世家》先一年。楚公子弃疾灭陈。十四年（前531），入春秋后百九十二年。楚子诱蔡侯般，杀之。使弃疾灭蔡。遂大城陈、蔡、叶、不羹，欲以威晋，而致北方之诸侯。《左氏》昭公十二年，灵王谓子革曰："今我大城陈、蔡、不羹，赋皆千乘，子与有劳焉，诸侯其畏我乎？对曰：畏君王哉！是四国者，专足畏也，又加之以楚，敢不畏君王哉？"杜《注》云："四国，陈、蔡，二不羹。"《春秋地名》云：襄城东南有不羹城。定陵西北有不羹亭。《国语·楚语》作三国。《韦解》亦云："定陵有不羹城。襄城有不羹亭。"《贾子·大都篇》，则作陈、蔡、叶、不羹。案《左氏》昭公十三年，亦云：弃疾等帅陈、蔡、不羹、许、叶之师以入楚。《左氏》盖夺叶字。《国语》疑后人傹改。襄城，今河南襄城县。定陵，今河南舞阳县。案弭兵之盟，楚既先晋，北方诸侯，乡之事晋者，又皆奔走于楚；楚在是时，实可谓称霸中原。然灵王侈而虐用其民，国内又多觊觎，遂至身弑师熸。平王立，不复能事诸侯，而吴、越盛矣。

第六节　吴越之强

古代开化，实始东南，观第三章所述，已可概见。然至后世，其文化转落北方之后者，则地理实为之。盖东南之地，火耕水耨，鱼鳖饶给，故其民多呰窳偷生。《汉书·地理志》，论楚地语，此江域皆然，不独楚也。西北则天然之利较薄。非勤治沟洫，无以冀收成；而能殚力耕耘，亦不虑无丰登之报。水功勤则人事修，刈获丰则资生厚；而其地平坦，便往来，利驰突，又使诸部族之交通盛而竞争亦烈焉。此则其富厚文明，所以转非故国所及也。古帝传说，在南方者甚多。如乌程有颛顼陵，见《路史》。乌程，今浙江吴兴县。舜、禹旧迹，或在浙中是。《史记·五帝本纪正义》引《会稽旧记》曰："舜上虞人，去虞三十里有姚丘，即舜所生也。"《水经·河水注》引周处《风土记》曰："旧说舜葬上虞。又记云：耕于历山，而始宁、剡二县界上，舜所耕田，于山下多柞树，吴、越之间，名柞为枥，故曰历山。"又《渐水注》："江水东径上虞县南，王莽之会稽也。地名虞宾。《晋太康地记》曰：舜避丹朱于此，故以名县，百官从之，故县北有百官桥。亦云：禹与诸侯会，事讫，因相虞乐，故曰上虞。二说不同，未知孰是。"案上虞，今浙江县。始宁在其东南。剡，今浙江嵊县。此恐正因吴、越之南迁而起。《国语·鲁语》："商人禘舜。"《礼记·祭法》云：禘喾。韦《解》云："舜当为喾。"然初无确据也。《越绝书》谓巫咸出于虞山。《外传记·吴地传》。《史记·殷本纪正义》曰："巫咸及子贤冢，皆在苏州常熟县西海虞山上，盖冢本吴人也。"案常熟，今江苏省。今观殷事，绝无在江东之迹，则亦出后来附会。北方部族之南迁，疑始商、周之际。《越绝书·吴地传》云："毗陵县南城，古淹君地也。东南大冢，淹君子女冢。去县十八里，吴所葬。"奄城为今江苏武进县地，近年曾获有古迹。已见第三章。奄城之东，又有留城。《公羊》桓公十一年，曰："古者郑国处于留。先郑君有善于郐公者，通乎夫人，以取其国，而迁郑焉，而野留。"则留亦北方国。《越绝书》又有蒲姑大冢，在余杭县。今浙江余杭县。蒲姑，奄君，见第八章第七节。《尚书大传》云："周公以成王之命杀禄父，遂践奄。践之云者，谓杀其身，执其家，潴其宫。"据陈寿祺《辑校》本。案《礼记·檀弓》云："邾娄定公之时，有弑其父者。公曰：寡人尝学断斯狱矣。臣弑君，凡在官者杀无赦。子弑父，凡在宫者杀无赦。杀其人，坏其室，污其宫而潴焉。”盖本东夷治叛逆之刑，周公特循其法。鲁一生一及，自庄公以前皆然；吴寿梦四子，亦兄弟相及；其俗绝类有殷。《鲁颂》言“元龟象齿”，而古称纣为象箸，《史记·宋微子世家》。又谓纣为象廊。《龟策列传补》。《吕览·古乐》曰：“商人服象，为虐于东夷。周公遂以师逐之，至于江南。乃为三象，以嘉其德。”可见商、奄之族，与东南实有渊源。谓北迁部族，以其文化，返哺东南，实始于是，当非虚诬。然此时文身翦发之邦，尚未能跻于上国冠裳之列。及春秋末叶，吴、越相继强盛，而榛狉之习乃一变焉。

《吴太伯世家》曰：“吴太伯、太伯弟仲雍，皆周太王之子，而王季历之兄也。季历贤而有圣子昌。太王欲立季历以及昌。太伯、仲雍乃奔荆蛮。文身断发示不可用，以避季历。太伯之奔荆蛮，自号句吴。荆蛮义之，从而归之千余家。立为吴太伯。太伯卒，无子，弟仲雍立。是为吴仲雍。仲雍卒，子季简立。季简卒，子叔达立。叔达卒，子周章立。是时周武王克殷，求太伯、仲雍之后，得周章。周章已君吴。因而封之。乃封周章弟虞仲于周之北故夏虚。见第三章第三节。是为虞仲。列为诸侯。周章卒，子熊遂立。《吴越春秋》：章子熊，熊子遂，遂子柯相。熊遂卒，子柯相立。柯相卒，子强鸠夷立。强鸠夷卒，子余桥疑吾立。余桥疑吾卒，子柯卢立。柯卢卒，子周繇立。周繇卒，子屈羽立。屈羽卒，子夷吾立。夷吾卒，子禽处立。禽处卒，子转立。《索隐》：“谯周《古史考》云柯转。”转卒，子颇高立。《索隐》：《古史考》作颇梦。颇高卒，子句卑立。《索隐》：《古史考》云：毕轸。是时晋献公灭周北虞公，以开晋伐虢也。句卑卒，子去齐立。去齐卒，子寿梦立。寿梦立而吴始益大，称王。自太伯作吴，五世而武王克殷，封其后为二：其一虞在中国，其一吴在蛮夷。十二世而晋灭中国之虞。中国之虞灭二世，而蛮夷之吴兴。大凡从太伯至寿梦十九世。王寿梦二年（前584），楚之亡大夫申公巫臣怨楚将子反而奔晋，自晋使吴。教吴用兵乘车，令其子为吴行人。吴于是始通于中国。”案《史记》之虞、吴，当本同字，故以中国夷蛮别之。[①]若如今本，字形本相别异，即不须如此措辞矣。《集解》引宋忠曰：“句吴，太伯始所居地名。”《索隐》曰：“此言自号句吴，吴名起于太伯，明以前未有吴号。宋忠以为地名者，《系本·居篇》：孰哉居藩篱，孰姑徙句吴。宋氏见《史记》有太伯自号句吴之文，遂弥缝解彼，云是太伯始所居地名。[②]裴氏引之，恐非其义。藩离既有其地，句吴何总不知真实？吴人不闻别有城邑，曾名句吴，则《系本》之文，或难依信。”下文又引《世本》云：“吴孰姑徙句吴。宋忠曰：孰姑，寿梦也，代谓祝梦乘诸也。寿孰音相近，姑之言诸也，《毛诗传》读姑为诸。知孰姑寿梦是一人，又名乘也。”《集解》又引《世本》云：“诸樊徙吴。”案古国名、氏族名、部落名恒相混；而国都屡徙，亦多沿袭旧名。句为发声，《索隐》已言之，则吴即句吴。乘与寿梦一人，事甚明白。《左氏》襄公十年，杜《注》云：“寿梦吴子乘。”《疏》云：“服度云：寿梦，发声。吴蛮夷，言多发声，数语共成一言也。经言乘，传言寿梦，欲使学者知之。然寿梦与乘，声不相涉，服以经传之异，即欲使同之，然则余蔡戴吴，岂复同声也。当是名字之异，故未言之。”按乘果为寿梦合音与否，姑措勿论，其为一人则无疑也。孰姑寿梦一人，说傥不误，则诸樊寿梦所居，皆与太伯同号，惟孰哉所迁为异。然邑名虽同，初不得断为一地。《韩诗外传》云：“太王将死，谓季历曰：我死，女往让两兄。彼即不来，女有义而安。太王薨。季之吴告伯、仲。伯、仲从季而

①史事：《史记》中国之虞当作吴。

②史事：吴兴起之推测。

归。”《吴越春秋·吴王太伯传》曰：“古公病将卒，命季历让国于太伯。而三让不受。故云太伯三以天下让。”虽未必实然，然观虞仲封于夏虚，则太伯、仲雍所逃，去周必不甚远。岂尝依有虞旧部，亦如函普入生女真，以完颜为氏，故号为句吴乎？《正义》：“太伯居梅里，在常州无锡县东南六十里。至十九世孙寿梦居之，号句吴。寿梦卒，诸樊南徙吴。至二十一代孙光，使子胥筑阖闾城都之。今苏州也。”《索隐》引《吴地记》曰：“太伯居梅里，在阖闾城北五十里许。”又曰：“仲雍冢，在吴乡常熟县西海虞山上，与言偃冢并列。”《集解》引《皇览》曰：“太伯冢，在吴县梅里聚，去城十里。”案无锡，今为县，属江苏。苏州，今江苏吴县。此等皆南迁后附会之辞耳。《索隐》又引《世本》曰：“吴孰哉居藩离。”宋忠曰：“孰哉，仲雍字。藩离，今吴之馀暨也。解者云：雍是孰食，故曰雍，字孰哉也。”解仲雍字殊穿凿。馀暨，今浙江萧山县，亦非仲雍所能至。《越绝外传·记地传》云：“自无余初封于越以来，传闻越王子孙在丹阳皋乡，更姓梅，梅里是也。”则又以梅里为越地矣。传说固难尽信也。丹阳，汉郡，治今安徽宣城县。梅里，今为镇，属无锡。吴人之南徙江东，已无可考。疑或楚拓地时，被迫东南徙。巫臣窃夏姬之事，详见《左氏》，说甚诙诡，疑非实录。见《左氏》成公二年、七年，又见襄公二十六年声子说子木之辞。案不经之说，往往以一妇人为之经纬，如《蒙古源流考》之洪郭斡拜济是。《左氏》所采间有类《战国策》者，[①]如昭公七年，蓬启疆为楚说昭公复得大屈，其最显者也。声子说子木之辞，亦此类，非信史也。史称吴至寿梦益大，《吴越春秋》云：“吴益强称王。”明其大非始寿梦。乘车射御，岂待巫臣教而后能？特其通晋，或当以巫臣为介耳。

越事所传，更不如吴之备，观其世系之夺佚可知。[②]《史记·越世

①经学：《左氏》类《国策》处。

②史事：越兴起之推测。

家》曰："越王勾践，其先，禹之苗裔，而夏后帝少康之庶子也。封于会稽，以奉守禹之祀。文身断发，披草莱而邑焉。后二十余世，至于允常。"《正义》引《舆地志》曰："越侯传国三十余世，历殷至周。敬王时，有越侯夫谭。子曰允常，拓地始大，称王。"自夏中叶至春秋，仅历二三十世，殊不可信。《汉书·地理志》曰："粤地，牵牛婺女之分野也。今之苍梧、郁林、合浦、交阯、九真、南海、日南，皆粤分也。其君禹后，夏少康之庶子云。封于会稽。"臣瓒曰："自交阯至会稽，七八千里。百粤杂处，各有种姓。不得尽云少康之后也。按《世本》越为芈姓，与楚同祖，故《国语》曰芈姓夔、越。然则越非禹后明矣。又芈姓之越，亦勾践之后，不谓南越也。"案《汉志》所谓其君禹后者，自指封于会稽之越言之，不该百越。臣瓒实误驳。至谓越为芈姓，则《左氏》宣公十二年《正义》，亦据《外传》而疑越非夏后。《国语·吴语韦解》亦云："勾践，祝融之后，允常之子，芈姓也。"引《郑语》及《世本》为证。《墨子·非攻下篇》："越王紧亏，卢校改为翳亏。毕、孙二氏并从之。出自有遽，始邦于越。"孙诒让《闲诂》疑有遽即熊渠，其证似古。然《吴越春秋》谓勾践寝疾，谓太子曰："吾自禹之后，承元常之德。"允常，《吴越春秋》作元常。《史记·陈杞世家》谓楚惠王灭杞，其后越王勾践兴，则自古皆以越为禹后。古或从母姓，疑越实禹后，而与楚通婚姻者。吴通晋而越常助楚，固由远交近攻之策使然，或亦以同姓之亲也。《吴越春秋》云："禹命群臣曰：吾百世之后，可葬我会稽之山。禹崩之后，众瑞并去。天美禹德，而劳其功。使百鸟还为民田。大小有差，进退有行。一盛一衰，往来有常。启使使以岁时春秋而祭禹于越。立宗庙于南山之上。禹以下六世而得帝少康。少康恐禹祭之绝祀，乃封其庶子于越，号曰无余。无余始受封，人民山居。虽有鸟田之利，租贡才给宗庙祭祀之费。乃复随陵陆而耕种，或逐禽鹿而给食。无余质朴，不设宫室之饰，从民所居。春秋祠墓于会稽，无余传世十余，末君微劣，不能自立，转从众庶，为编户之民。禹祀断绝，十有余岁。有人生而言语，指天向墓曰：我是无余君之苗末，我方修前君祭祀，复我禹墓之祀，为民请福于天，以通鬼神之道。众民说喜，皆助奉禹祭，四时致贡。因共封立，以承越君之后。复夏王之祭，安集鸟田之瑞，以为百姓请命。自后稍有君臣之义，号曰无壬。壬生无瞱。瞱专心守国，不失上天之命。无瞱卒，或为夫谭。夫谭生元常。常立，当吴王寿梦、诸樊、阖庐之时。越之兴霸，自元常矣。”《越王无余外传》。古有或二字通。或为夫谭，犹言有名夫谭者，即《舆地志》有越侯夫谭之语所本。明无瞱、夫谭之间，世系又有阙佚。然名号亡佚，而世数大略可知，亦古系世之常。《史记》所谓二十余世，《舆地志》所谓三十余世者，疑自无壬计之。又疑《舆地志》实本《史记》，讹二为三；又或《史记》本作三而讹为二也。《越绝书》言自余始封，至余善，越国空灭，凡一千九百三十二年，则未必可据。越世系夺佚如此，安有年岁可稽耶？

禹封会稽，非今之会稽。已见第七章第三节。其如何播迁而入浙江，亦不可考，《越绝书外传·记地传》云：“无余初封大越，都秦余望南千有余岁，而至勾践，勾践徙治山北。”《水经·渐江水注》：“浙江径会稽山阴县。今浙江绍兴县。又径越王允常冢北。又东北，得长湖口，秦望山在城西南，山南有樵岘，岘里有大城，越王夫余之旧都也。故《吴越春秋》云：勾践语范蠡曰：先君无余，国在南山之阳，社稷宗庙在湖之南。”此亦与以禹墓在会稽者同一无稽耳。

第七节　楚吴越之争

楚居南服，与东夷关系颇深，盖江、淮之开化，实先于荆楚，其与大局，亦颇有关系也。楚与齐桓之争，已见第三节。穆王之将图北方也，先之以灭六、灭蓼。周襄王三十年（前622），入春秋后百有一年。群舒叛楚，楚又执舒子与宗子，遂围巢，顷王四年（前615），入春秋后百有八年。至庄王而灭舒蓼，《世家》但作舒，表作舒蓼，与《春秋》同。《左氏》云："楚子疆之，及滑汭，杜《注》：滑水名。盟吴、越而还。"定王六年（前601），入春秋后百二十二年。盖前此惟淮夷、徐戎为雄张，此时则江东之吴、越，亦稍稍见头角已。巫臣之入吴，《左氏》记其事于成公七年，周简王二年（前584），入春秋百三十九年。实吴寿梦之二年。是年也，吴伐郯，又入州来。今安徽寿县。岂有甫学射御战陈，即能驰驱千里之外者？吴之强，不由巫臣之教，弥可见也。简王三年（前583），入春秋后百四十年。晋会齐、鲁、邾伐郯。《左氏》曰："以其事吴故。"四年（前582），入春秋后百四十一年。晋合诸侯于蒲，杜《注》："卫地，在长垣县西南。"案长垣，今为县，属河北。《左氏》云："将始会吴，吴人不至。"楚公子婴齐伐莒，《左氏》记巫臣通吴过莒，则此役似亦与吴争也。十年（前576），入春秋后百四十七年。晋、齐、鲁、宋、卫、郑、邾会吴于钟离，杜《注》："淮南县。"今安徽凤阳县。《左氏》云："始通吴也。"明年，舒庸道吴人围巢，伐驾，围釐、虺，杜《注》："楚四邑。"遂恃吴而不设备，楚人袭灭之。十三年（前573），入春秋后百五十年。楚纳鱼石于彭城。《左氏》载宋西钼吴之言曰："今将崇诸侯之奸，而披其地，以塞夷庚，毒诸侯而惧吴、晋。"《注》曰："夷庚，吴、晋之要道。"则吴、晋之相结弥深，吴、楚之相争益烈矣。灵王二年（前570），入春秋后百五十三年。楚子重公子婴齐伐吴。克鸠兹，杜《注》："在丹阳芜湖县。"案今安徽芜湖县。至于衡山。杜《注》："在吴兴乌程县南。"案今浙江吴兴县。使邓廖帅组甲三百，被练三千以侵吴，吴人要而击之，获邓廖。子重归，既饮至，三日，吴人伐楚，取驾。驾，良邑也；邓廖，亦楚之良也；君子谓是役也，所获不如所亡。楚人皆咎子重。子重病之，遂遇心疾而卒。是岁，诸侯会吴于鸡泽。晋侯使逆吴子于淮上。吴子不至。明年，使如晋，辞不会之故。且请听诸侯之好。晋使鲁、卫先会吴于善道。杜《注》：地阙。然后为合诸侯于戚。杜《注》："卫邑，在今顿丘卫县。"案今河北濮阳县。九年（前563），入春秋后百六十年。诸侯又会吴于柤。杜《注》：楚地。遂灭偪阳。偪阳，妘姓、与楚同出祝融，盖亦晋、楚之争也。十一年（前561），入春秋后百六十二年。寿梦卒。寿梦有子四人：长曰诸樊，此据《史记·吴世家》。《公羊》作谒，《左氏》作遏。次曰馀祭，次曰馀昧，《公羊》作夷末，《左氏》作戴吴。次曰季札。季札贤，寿梦欲立之，季札让不可。乃立长子诸樊，摄行事当国。十三年（前559），入春秋后百六十四年。诸樊已除丧，让位季札。季札谢，吴人固立，弃其家而耕。乃舍之。此从《十二诸侯年表》。《世家》先一年。先一岁，楚共王卒。吴乘丧伐楚，败于庸浦。杜《注》：楚地。吴告败于晋。是岁，会于向。杜《注》：郑地。范宣子丐。数吴之不德也，以退吴人。盖晋当是时，既无意于诸侯，亦不能勤吴矣。二十三年（前549），入春秋后百七十四年。楚子康王。为舟师以伐吴，无功而还。吴召舒鸠。舒鸠叛楚。明年，楚灭舒鸠。吴救之，大败。又明年，诸樊伐楚。迫巢门，伤射而薨。此从《十二诸侯年表》，与《公羊》《左》《穀》皆合，《吴世家》但云王诸樊卒。诸樊命授弟余祭，传以次，必致国于季子而止。二十六年（前546），入春秋后百七十七年。楚人、秦人侵吴，及雩娄。杜《注》："今属安丰郡。"案今安徽霍丘县。闻吴有备而还。二十七年（前545），入春秋后百七十八年。齐庆封有罪，奔吴。吴与之朱方之县。《集解》：“《吴地记》曰：朱方，秦改为丹徒。”今江苏镇江县。景王七年（前538），入春秋后百八十五年。楚灵王合诸侯于申。执徐子，以其吴出，以为贰于吴也。遂以诸侯伐吴。执庆封，杀之，灭其族。吴伐楚，人棘、栎、麻。杜《注》：“皆楚东鄙邑。谯国酂县东北有棘亭。汝阴新蔡县东北有栎亭。”按酂，今河南永城县。新蔡，今河南新蔡县。明年，楚以诸侯伐吴。以吴早设备，无功而还。又明年，楚伐徐。吴人救之。楚令尹子简伐吴。吴人败诸房钟。杜《注》：吴地。十五年（前530），入春秋后百九十三年。楚子遣兵围徐，次于乾溪，杜《注》：在谯国城父县南，今安徽亳县。以为之援。乱作后，五帅皆为吴所获。时国人苦役，而申之会，灵王僇越大夫常寿过，杀蔡大夫观起，起之子从，亡在吴，劝吴伐楚，为间常寿过而作乱。矫公子弃疾命，召公子比于晋，欲与吴、越兵袭蔡。公子比见弃疾，与盟于邓。遂入，杀灵王太子禄，立子比为王，子皙为令尹，弃疾为司马。观从从师于乾溪，令楚众曰：“国有王矣。先归复爵邑、田宅，后者迁之。”楚众皆溃，去灵王而归。王乘舟将入鄢。芋尹申无宇之子申亥求王。奉以归。王死申亥家。楚国虽已立比，畏灵王复来；又不闻灵王死，国人每夜惊曰：灵王入矣。弃疾使船人从江上走呼曰：灵王至矣。国人愈惊。初王及子皙遂自杀。弃疾即位。改名熊居。案名居，熊其姓。是为平王。施惠百姓。复陈、蔡。《左氏》云：“楚之灭蔡也，灵王迁许、胡、沈、道、房、申于荆焉。平王即位，既封陈、蔡，而皆复之。”归郑侵地。存恤国中。修政教。楚获暂安。然益不能制吴矣。

楚灵王见弑之岁，晋为平丘之会，杜《注》：“平丘，在陈留长垣县西南。”按长垣，今为县，属河北。告于吴。晋侯昭公。会吴子于良。杜《注》：“下邳有良城县。”案下邳，今江苏邳县。水道不可，吴子辞，乃还。是岁，吴灭州来。楚令尹子旗请伐吴。王不许。先是吴王馀祭，以周景王元年（前538），入春秋后百七十九年。为阍人所弑，弟馀昧立。十八年（前527），入春秋后百九十六年。馀昧卒，欲授弟季札。季札让，逃去。于是吴人曰："先王有命，兄卒弟代立，必致季子。季子今逃位，则馀昧后立。今卒，其子当代。"乃立王馀昧之子僚为王。《索隐》："此文以为馀昧子，《公羊传》以为寿梦庶子。"案《公羊》云："僚者长庶也。"非谓为寿梦庶子。二十年（前525），入春秋后百九十八年。楚人及吴人战于长岸，杜《注》：楚地。大败吴师。获其乘舟馀皇。吴复败楚，取馀皇去。二十二年（前523），入春秋后二百年。楚人城州来。二十三年（前522），入春秋后二百有一年。初，平王使费无忌《左氏》作费无极。如秦，为太子建取妇。妇好，无忌说王自取。王听之。生熊珍。伍奢为太子太傅，无忌为少傅。无忌无宠于太子，常谗恶之。是年，使居城父守边。无忌又日夜谗太子。王遂囚伍奢，而召其二子，而告以免父死。太子建奔宋。伍尚归。伍员出奔吴。楚遂杀奢及尚。员之奔吴也，公子光客之。公子光者，王诸樊子也。《索隐》曰：《系本》以为夷昧子。常以为季子不受国，光父先立，光当立。敬王元年（前519），入春秋后二百有四年。光伐楚，败楚师。迎故太子建母于居巢，以归。此据《吴世家》。《楚世家》同。《左氏》云："楚太子建之母在郹，召吴人而启之。吴太子诸樊入郹，取楚夫人与其宝器以归。"杜《注》云："郹阳也，蔡邑。"遂北伐，败陈、蔡之师。明年，光伐楚，取居巢、钟离。伍子胥之初奔吴，说王僚以伐楚。公子光曰："胥之父兄为僇于楚，欲自报其仇耳，未见其利。"伍员知光有他志，乃求勇士专诸，《左氏》作鱄设诸。见之光。光喜，乃客伍子胥。子胥退而耕于野。四年（前516），入春秋后二百有七年。楚平王卒，子珍立，是为昭王。五年（前515），入春秋后二百有八年。吴欲因楚丧而伐之，使公子盖馀、《左氏》作掩馀。烛庸《集解》："贾逵曰王僚弟。"以兵围楚之六、潜。使季札于晋，以观诸侯之变。楚发兵绝吴兵后。吴兵不得还。公子光使专诸弑王僚，代立，是为阖闾。此从《十二诸侯年表》，与《春秋》合。《世家》与楚平王之卒，皆误后一年。掩馀奔徐。烛庸奔钟吾。《汉书·地理志》：东海郡司吾，应劭曰：即钟吾。今江苏宿迁县。昭王之立也，费无忌又谗郤宛于令尹子常。囊瓦。其宗姓伯氏子嚭奔吴。此据《左氏》。《史记·吴世家》云："楚诛伯州犁，其孙伯嚭亡奔吴。"阖闾以为大夫，举伍子胥为行人。八年（前512），入春秋后二百十一年。吴子使徐人执掩馀，钟吾人执烛庸。二公子奔楚。楚子大封而定其徙，使居养。此从《左氏》。《吴世家》云："烛庸、盖馀降楚，楚封之于舒。吴拔舒，杀亡将二。"吴子执钟吾子，遂灭徐。徐子章禹奔楚。楚城夷，杜《注》：夷，城父也。使处之。吴子问伐楚之策于伍员。伍员曰："楚执政众而乖，莫适任患。若为三师以肄焉，一师至，彼必皆出。彼出则归，彼归则出。亟肄以罢之，多方以误之，既罢而后以三军继之，必大克之。"阖闾从之。楚于是乎始病。九年（前511），入春秋后二百十二年。吴伐楚，取六与潜。据《吴世家》。十二年（前508），入春秋后百十五年。楚囊瓦伐吴，师于豫章。见第二节。吴人败之。遂围巢，克之。据《春秋》，《吴世家》误前一年。初，蔡昭侯为两佩与两裘以如楚，献一佩一裘于昭王。昭王服之，以享蔡侯。蔡侯亦服其一。子常欲之。弗与。三年止之。唐成公如楚，有两肃爽马，子常欲之，弗与，亦三年止之。唐人窃马而献之子常。子常归唐侯。蔡人闻之，固请而献佩于子常。蔡侯归，如晋，请伐楚。十四年（前506），入春秋后二百十七年。晋为之合诸侯于召陵；荀寅求货于蔡侯，弗得，乃辞蔡侯。沈人不会于召陵，晋人使蔡伐之。蔡灭沈。楚人围蔡。蔡侯因伍员、伯嚭请兵于吴。吴悉兴师，与唐、蔡伐楚。舍舟淮汭，自豫章与楚夹汉。左司马戌沈尹戌，沈诸梁之父。谓子常曰："子沿汉而与之上下，我悉方城外以毁其舟，还塞大隧、直辕、冥阨。杜《注》："三者汉东之隘道。”子济汉而伐之，我自后击之，必大克之。”既谋而行。史皇谓子常曰：“楚人恶子而好司马。若司马毁吴舟于淮，塞城口而入，是独克吴也。子必速战，不然，不免。”乃济汉，陈于柏举。《水经注》：“江北岸烽火洲，即举洲也。北对举口。《春秋》定公四年，吴、楚陈于柏举。京相璠曰：汉东地矣。”《元和郡县志》：“龟头山，在黄州麻城县东南八十里，举水所出。《春秋》吴、楚战于柏举，即此地。”案麻城，今为县，属湖北。阖庐之弟夫概王，以其属三千，先击子常之卒。子常之卒奔。楚师乱。吴师大败之。子常奔郑。五战及郢。昭王奔随。吴遂入郢。然不能定楚国。楚使申包胥请救于秦，秦以车五百乘救楚。楚亦收余散兵，与秦击吴。十五年（前505），入春秋后百十八年。吴王弟夫概见吴王兵伤败，亡归，自立。阖闾闻之，引兵去楚。夫概败，奔楚，楚封之堂溪。楚昭王灭唐。归入郢。十六年（前504），入春秋后二百十九年。吴王使太子夫差伐楚，取番。楚恐，徙鄀。《左氏》云：“吴太子终累败楚舟师。”杜《注》曰：“夫差兄。”鄀，杜《注》曰：“本在商密，后迁南郡鄀县。”今湖北宜城县。周敬王十年（前510），入春秋后二百十三年。吴伐越。《左氏》曰：“始用兵于越也。”十五年（前505），入春秋后二百十八年。吴兵犹在楚，越入吴。允常卒，子勾践立。二十四年（前496），入春秋后二百二十七年。吴闻允常死，兴师伐越。越王勾践迎击之于檇李，败之姑苏。《集解》：“杜预曰：吴郡嘉兴县南，有檇李城。”《索隐》：“姑苏，台名，在吴县西三十里。”嘉兴，今为县，属浙江。吴，今为县，属江苏。案《国语·越语》，谓勾践之地，南至于句无，北至于御儿，东至于鄞，西至于姑蔑，广运百里。韦《注》云：“诸暨有句无亭，嘉兴有御儿乡，鄞为鄞县，姑蔑为太湖。”《越绝外传·记地传》云：“语儿乡，故越界，名曰就李，即檇李也。”然《论衡·书虚篇》，以钱唐江为吴、越之界，余暨以南属越，余暨今萧山，则越界不得至嘉兴。《吴越春秋·勾践伐吴外传》：明日，徙军于郊。明日，徙军于境。后三日，徙军于檇李。后三日，旋军于江南。则檇李在江北越境外，度其道里，尚不得至嘉兴也。北至萧山，南至诸暨，东至鄞，略与广运百里相合惟以姑蔑为太湖；《左氏》哀公十三年杜《注》，又以为东阳大末县；其地为今浙江之龙游，恐皆失之太远也。阖闾伤指，遂病伤而死。《越世家》："射伤吴王阖闾。"阖闾使立太子夫差。谓曰："尔忘勾践杀汝父乎？"对曰："不敢。"《左氏》："夫差使人立于庭，苟出入，必谓己曰：夫差，而忘越人之杀而父乎？则对曰：唯，不敢忘。三年乃报越。"二十六年（前494），入春秋后二百二十九年。勾践闻夫差日夜勒兵，且以报越，欲先吴未发往伐之。范蠡谏，不听。吴王闻之，悉精兵以伐越。败之夫椒。杜《注》云："吴郡吴县西南太湖中椒山。"案此释恐亦未确。《越绝书·记地传》云："勾践与吴战于浙江之上，越师溃，栖于会稽之山。"其地当滨江，近会稽也。越王以余兵五千人保于会稽。《集解》："贾逵曰：山名。"使大夫种因吴太宰嚭以行成。吴王将许之。伍子胥谏，不听。盟而去。勾践返国，乃苦心焦思。置胆于坐，坐卧即仰胆；饮食亦尝胆也，曰："女忘会稽之耻邪！"身自耕作。夫人自织。食不加肉，衣不重彩。折节下贤人。厚遇宾客。振贫吊死，与百姓同其劳，举国政属大夫种，而使范蠡与大夫柘稽《索隐》："《国语》作诸暨郢。"行成为质于吴。二岁而吴归蠡。

吴败越之岁，楚围蔡，蔡请迁于吴。初，吴之入楚也，使召陈怀公，怀公以疾谢。敬王十八年（前502），入春秋后二百二十一年。吴复召怀公。怀公恐，如吴。吴怒其前不往，留之。因卒吴，吴立其子越，是为湣公。及夫差克越，乃侵陈，修先君之怨。此事在陈湣公八年（前494），表不误。《陈杞世家》在六年（前496），则误在阖闾伤死之岁矣。二十七年（前493），入春秋后二百三十年。蔡迁于州来。吴复伐陈。楚昭王救之，军于城父。卜战，不吉。卜退，不吉。王曰："然则死也。再败楚师，不如死，弃盟逃仇，亦不如死。死一也，其死仇乎？"命公子申子西。为王，不可。则命公子结，子期。亦不可。则命公子启，子闾。五辞而后许。将战，王有疾。卒于城父。子闾与子西、子期谋，潜师闭涂，逆越女之子章立之而后还，是为惠王。是时越既败，楚亦未能遽振，吴之兵锋，遂转向北方矣。

自晋霸之衰，齐景公颇有代兴之志。景公名杵臼，为庄公异母弟，庄公弑，崔杼立之。杼为左相，庆封为右相。庆封与崔杼有郤，乘其内乱，尽灭其家，崔杼自杀。庆封益骄。嗜酒好猎，又为田、鲍、栾、高氏所谋，奔鲁。复奔吴。后为楚灵王所杀。自崔、庆之亡，齐国粗定，然终不能有为者，则以景公好治宫室，聚狗马，厚赋重刑也。初，周自襄王后，襄王在位三十三年（前619）崩，为入春秋后之百有四年。传顷王、襄王子，名壬臣。在位六年，自入春秋后百有五年至百十年。匡王、顷王子，名班。在位六年，自入春秋后百十一年至百十六年。定王、匡王弟，名瑜。在位二十一年，自入春秋后百十七年至百三十七年。简王、定王子，名夷。在位十四年，自入春秋后百三十八年至百五十一年。灵王简王子，名泄心。在位二十七年，自入春秋后百五十一年至百七十八年。至景王。灵王子，名贵。在位二十五年，自入春秋后百七十九年至二百有三年。景王太子晋早卒。爱子朝，欲立之。及崩，子丐之党与之争立。国人立长子猛，是为悼王。子朝攻杀之。晋人攻子朝而立丐，《左氏》杜《注》云：王子猛母弟。《疏》云："《本纪》不言敬王是猛之母弟，先儒相传说耳。"是为敬王。子朝奔楚。敬王十六年（前504），入春秋后二百十九年。子朝之徒复作乱。王奔晋。晋定公入之。是乱也，《左氏》谓子朝之徒，实因郑人，而郑伐周之冯、滑、胥靡、负黍、狐人、阙外。周六邑。滑见第三节。杜《注》云："阳城县西南有负黍亭。"今河南登封县境。鲁为晋讨，侵郑，不假道于卫。明年，齐侯、郑伯盟于咸。杜《注》："卫地。"征会于卫。卫侯灵公。欲叛晋。诸大夫不可。乃使北宫结如齐，而私于齐侯曰："执结以侵我。”齐从之。乃盟于沙。杜《注》：“阳平元城县东北有沙亭。”案元城，今为县属河北。又明年，齐伐鲁。晋赵鞅救之，侵郑。遂侵卫，将盟卫侯于鄟泽。杜《注》：卫地。简子鞅。曰：“谁敢盟卫君？”涉佗、成何曰：“我能盟之。”[①]卫人请执牛耳。成何曰：“卫吾温、原也，焉得视诸侯？”将歃，涉佗挨卫侯之手及挽。卫侯怒，遂叛晋，与郑盟于曲濮。杜《注》：卫地。十九年（前501）。入春秋后二百二十二年。与齐伐晋夷仪。二十年（前500），入春秋后二百二十三年。鲁与齐平。赵鞅围卫。反役，又执涉佗以求成于卫。卫人不许。晋人遂杀涉佗，成何奔燕。二十一年（前499），入春秋后二百二十四年。鲁及郑平。《左氏》云：“始叛晋也。”盖齐、郑久贰于晋，适因王室之乱，以挑起衅端，中原遂至多事也。二十三年（前497），入春秋后二百二十六年。齐侯、卫侯次于垂葭，《左氏》云：“实郥氏。”杜《注》云：“高平钜野县西南有郥亭。”钜野，今山东县。以伐晋之河内。时赵猛杀其邯郸大夫午。今河北邯郸县。午，荀寅之甥也。荀寅，范吉射之姻也，而相与睦，于是范、中行氏伐赵氏。赵鞅奔晋阳。晋人围之。而韩简子不信。与中行文子，荀寅。魏襄子曼多。与范昭子范吉射。相恶，知文子荀跞。亦欲以其嬖梁婴父为帅，三家奉公以伐范、中行氏。范、中行氏伐公，不克。入于朝歌以叛。赵鞅顾以韩魏之请见赦。齐合鲁、卫、宋、郑、鲜虞以救范、中行氏。二十七年（前493），入春秋后二百三十年。卫灵公卒。灵公太子蒯聩，与灵公夫人南子有怨，欲杀南子，不克，出奔。卫立蒯聩子辄，是为出公。赵鞅纳蒯聩于戚。今河北濮阳县。二十八年（前492），入春秋后二百三十一年。荀寅、范吉射奔邯郸。明年，邯郸叛，奔鲜虞。齐会鲜虞纳诸柏人。今河北唐山县。三十年（前490），入春秋后二百三十三年。柏人

---

①风俗：劫盟主，如曹沬、毛遂，乃涉佗、成何之伦。荆轲亦其类。

陷。荀寅、范吉射奔齐。是岁，齐景公卒。四十一年（前479），入战国后二年。此据《左氏》《史记世家》与《表》皆先二年。蒯聩自戚入于卫，是为庄公。出公辄奔鲁。明年，庄公与赵鞅有违言。鞅围卫，齐人救之。鞅还，晋复伐卫。卫人出庄公，与晋平。晋立襄公之孙般师而还。襄公，灵公父。般师，《史记》作班师。庄公入，般师复出。庄公旋为其下所弑。卫人复般师。齐人伐卫，执般师以归，立公子起。起复为其下所逐。出公复归。盖齐、晋之力，皆不足以定北方，而吴、越遂称霸中原矣。

吴、越起东南，中原之国，与之相近者莫如鲁；而与鲁密迩，世相崎龁者莫如齐；故鲁之内忧，及其与齐之争衡，遂为吴、越问鼎中原之先道。鲁君位承袭之法，本一生一及。自庄公以前皆然。见《史记·鲁世家》。庄公有三弟：长曰庆父，次曰叔牙，次曰季友。庄公娶齐女曰哀姜。无子。其弟叔姜，生子开。庄公筑台临党氏。《集解》："贾逵曰：鲁大夫任姓。"见孟女。《左氏》作孟任。说之，许立为夫人，生子斑。《左氏》作般。庄公病，叔牙欲立庆父，季友使鸩杀叔牙。庄公卒，立子斑为君。庆父使杀之。季友奔陈。立子开，是为闵公。庆父又杀之。季友与闵公弟申如邾，请鲁求纳之。鲁人欲诛庆父。庆父奔莒。季友奉申入立，是为僖公。以赂求庆父于莒。庆父自杀。季友之后为季孙氏，世为鲁正卿，而庆父、叔牙之后，亦并立为孟孙、叔孙氏。是为三桓。僖公卒，子文公兴立。文公卒，襄仲庄公子遂，居东门为东门氏。杀子恶及视，而立宣公倭。鲁由此公室卑，三桓强。宣公欲去三桓，与晋谋伐之。会卒。传成公黑肱、襄公午至昭公稠，敬王三年（前517），入春秋后二百有六年。昭公伐季氏。叔孙氏救之，三家遂共伐公。公奔齐，后又如晋求入，皆不克。十年（前510），入春秋后二百十三年。昭公卒于乾侯。杜《注》："在魏郡斥丘县，晋境内邑。"案斥丘，今河北成安县。鲁人立其弟宋，是为定公。定公时，孔子秉政，使仲由毁三桓城，收其甲兵。孟氏不肯。伐之，不克。齐人归女乐，季桓子斯。受之。孔子遂行。二十五年（前495），入春秋后二百二十八年。定公卒，子哀公蒋立。三十二年（前488），入春秋后二百三十五年。公会吴于鄫。吴因留，略地于鲁之南。鲁伐邾，入之，俘邾子益。明年，吴伐鲁，盟而还。初，齐景公嫡子死，有宠妾曰芮子，生子荼，欲立之，而年少，其母贱，无行，惮发之。及病，乃命其相国惠子、夏。高昭子张。立荼为太子，逐群公子，迁之莱。景公卒，荼立，是为晏孺子。群公子畏诛，皆出亡。景公他子阳生，与田乞攻杀高昭子。国惠子奔莒。立阳生，是为悼公。敬王三十一年（前489），入春秋后二百三十四年。悼公之奔鲁，季康子肥。以其妹妻之。即位而逆之。季鲂侯通焉。康子叔父。女言其情，弗敢与也。齐侯怒，使鲍牧伐鲁。且使如吴请师。鲁乃归邾子而及齐平。齐侯使辞师于吴。吴子曰："昔岁寡人闻命，今又革之，不知所从，将进受命于君。"于是吴城邗，沟通江、淮。三十五年（前485），入春秋后二百三十八年。鲁哀公会吴伐齐。齐人弑悼公，赴于师。徐承帅舟师将自海入齐，齐人败之，吴师乃还。明年，齐国书伐鲁。鲁复会吴伐齐。战于艾陵，杜《注》：齐地。《史记·孟尝君列传正义》："艾陵，在兖州博县。"博县，今山东泰安县。齐师败绩。获齐国书。三十七年（前483），入春秋后二百四十年。鲁会吴于橐皋。杜《注》："在淮南逡遒县东南。"逡遒，今安徽合肥县。吴征会于卫，卫侯会吴于郧。杜《注》：卫地。其来缓，吴人藩其舍。子贡往说，乃舍卫侯。三十八年（前482），入春秋后二百四十一年。吴、晋会于黄池。杜《注》："陈国封丘县南有黄亭。"封丘，今河南封邱县。勾践发习流二千人，教士四万人，君子六千人，诸御千人以伐吴。战，虏太子友，遂入吴。吴人告败于夫差。夫差恶其闻也，或泄其语，吴王怒，斩七人于幕下。《左氏》曰："王恶其闻也，自刭七人于幕下。"《注》曰："以绝口。"及盟，争长。《左氏》云长晋，

《公羊》《国语》云长吴，《史记·晋世家》《赵世家》云长吴，《吴世家》云长晋，疑当以长吴之说为确。晋自弭兵之盟，即已不竞于楚，是时吴方强横，安能与争？且史材传自北方者多，必无饰长晋为长吴者。《左氏》多采晋史，昔人久有定论，其言必不免讳饰也。吴王已盟，与晋别。欲伐宋。太宰嚭曰："可胜而不能居也。"乃引兵归。国亡太子，王居外久，内空，士皆罢敝，乃使厚币以与越平。越亦自度未能灭吴，乃与吴平。四十二年（前478），入战国后三年。越益强。勾践伐吴，败吴师于笠泽。《左氏》云："夹水而陈。"《国语·吴语》云："吴王军于江北，越王军于江南。"则以为太湖者非。韦昭云："江，松江，去吴五十里。"元王元年（前476），入战国后五年。十一月，越围吴。四年，入战国后八年。十一月，吴师败。吴王栖于姑苏之山。使公孙雄请成。勾践欲许之。范蠡谏，乃栖吴王于甬东。杜《注》云："会稽句章县东海中洲。"即今浙江定海县。《越绝外传·记吴地传》："秦余杭山者，越王栖吴夫差山也。去县五十里。山有湖水，近太湖。"案《越绝》之说似是。予百家居之。吴王自刭死。《韩诗外传》曰："太伯反吴，吴以为君，二十八世至夫差而灭。"然据《史记》，则太伯至夫差，只二十五世。

《左氏》：哀公二十一年（前474），夏，五月，越人始来。哀公二十一年，为周元王三年，乃入战国后七年，盖越人至是始通于上国也。然使译甫通，而征伐之端旋起。初，鲁之归邾子益也，邾子又无道。吴子使讨之，囚诸楼台，㮏之以棘。使大夫奉太子革以为政。敬王三十五年（前485），入春秋后二百三十八年。邾隐公奔鲁。齐甥也，故遂奔齐。元王四年（前473），入战国后八年。自齐奔越。曰："吴为无道，执父立子。"越人归之。太子革奔越。六年（前471），入战国后十年。邾子又无道。越人执之以归，而立公子何。是岁，鲁哀公如越。得太子适郢，将妻公而多与之地。季孙惧，因太宰嚭而纳赂焉，乃止。《注》：

“嚭故吴臣也。”七年（前470），入战国后十一年。卫侯辄奔宋，使如越请师。鲁叔孙舒会越皋如、后庸、宋乐茷纳卫侯，不克。九年（前468），入战国后十三年。越子使后庸聘鲁。盟于平阳。杜《注》：“西平阳。”《疏》：“高平南有平阳县。”案在今邹县西南。哀公欲以越伐鲁而去三桓。三桓攻公。公奔卫。去如邹。邾。遂如越。然其后越卒不克纳公。以上皆据《左氏》。《史记·越世家》云：“勾践既灭吴，乃以兵北渡淮，与齐、晋诸侯会于徐州。致贡于周。周元王使人赐勾践胙，命为伯。勾践已去，渡淮南。以淮上地与楚。归吴所侵宋地于宋。与鲁泗东方百里。当是时，越兵横行于江、淮。东诸侯毕贺，号称霸王。”《吴越春秋·勾践伐吴外传》略同。勾践已去渡淮南，作“勾践已受命号，去还江南”。《吴越春秋·勾践伐吴外传》云：“二十五年（前472），从琅邪起观台，周七里，以望东海。使人如木客山在会稽山阴县，见《水经·渐江水注》。取元常之丧，欲徙葬琅邪。三穿元常之墓，中生熛风，飞沙石射人，人莫能入。勾践曰：吾前君其不徙乎？遂置而去。勾践乃使使号令齐、楚、秦、晋，皆辅周室，血盟而去。秦桓公不如命，勾践乃选吴、越将士西渡河，以攻秦。军士苦之。会秦怖惧，遂自引咎，越乃还军。军人说乐。二十六年（前471），元王六年，入战国后十年。越王以邾子无道而执以归，立其子何。冬，鲁哀公以三桓之逼来奔。越王欲为伐三桓，以诸侯大夫不用命，故不果耳。二十七年（前470），元王七年，入战国后十一年。冬，勾践卒。”案越欲伐三桓，诸侯大夫尚不用命，安能选将士西攻秦？又安能令齐、楚、秦、晋？可知号称霸王之语，不免侈大。惟越既徙都琅邪，去山东之国，较吴弥近，其声威一时或更震荡，亦未可知。而既徙都琅邪，则虽干与邹、鲁之事，亦不如吴之劳师于远，此其所以克久存与？

自阖庐伤死以来，吴、越构兵，不复以西侵为事，楚本可乘机自强，然又遭白公之难。初，太子建之在郑也，与晋谋袭郑。郑人杀之，其子胜奔吴。《郑世家》在周景王二十五年（前520），为入春秋后二百有三年。《表》后一年。周敬王三十三年（前487），入春秋后二百三十六年。子西召之，以为巢大夫，号曰白公。白公好兵而下士。怨郑，欲伐之。子西许之，而未为发兵。三十九年（前481），入春秋后二百四十二年。晋伐郑，郑告急楚。子西救郑受赂而去。白公怒。四十一年（前479），入战国后二年。与死士石乞等袭杀子西、子期，因劫惠王。叶公沈诸梁。来救。惠王之徒，与共攻白公，杀之。惠王乃得复位。艾陵之役，吴召陈怀公。怀公恐，如吴。楚伐陈。四十二年（前478），入战国后三年。灭之。贞定王二十二年（前447），入战国后三十四年。灭蔡。二十四年（前445），入战国后三十六年。又灭杞。是时越已灭吴，而不能正淮北。楚东侵，广地至泗上，遂为灭越之基。

第八节　战国形势

春秋以后，又二百六十年，而天下始归于统一。周敬王四十年（前480），至秦始皇帝二十六年（前221）。当是时也，海内分为战国七。曩所谓二等国者，日益陵夷，不复足为诸大国间之缓冲。诸大国则争战益烈，终至由争霸之局，易为并吞之局焉。此盖事势之自然，非人力所能为也。列国形势之变迁，以晋之分，关系为最大。盖齐、秦地皆较偏，力亦较弱，春秋时，持南北分霸之局者，实以晋、楚为较久。晋分而弱，不足御秦，则中原之势，折而入秦，齐、楚皆为之弱，而燕无论矣。晋之分，亦出事势之自然。盖统一必以渐臻。春秋时之大国，地兼数圻，本非开拓之力所及，遂有尾大不掉之势。其分也，非分也，前此本非真合也。分裂以后，各君其国，各子其民，治理既专，开发弥易，则其四竟之内，风同道一，或反有过曩时矣。田氏篡齐，事与三家分晋一律，惟齐之疆域，视晋为狭，故为田氏一家控驭之力所及，而晋则不然耳。燕之强，亦与晋、楚、齐、秦及吴、越之强同道，特为时较迟而已。

晋大夫之渐强，盖自厉公之见弑。说本《史记·赵世家》。至平公以后而益甚。其时韩、赵、魏、范、中行及知氏，并称六卿。范、中行氏先亡，知氏又以过刚而折，而业遂集于三家焉。今略述三家缘起，及其分晋之事如下。

赵之先曰造父，已见第九章第二节。自造父以下六世至奄父，曰公仲。周宣王时伐戎为御。千亩之战，奄父脱宣王。奄父生叔带。叔带时，周幽王无道，去周如晋，事晋文侯，始建赵氏于晋国。自叔带以下，赵宗益兴。五世而生赵夙。晋献公伐霍、魏、耿，赵夙为将。献公赐赵夙耿。夙生共孟。共孟生赵衰，事重耳。重耳奔翟，赵衰从。翟伐廧咎如，得二女，以其少女妻重耳，长女妻赵衰。生盾。初，重耳在晋时，衰妻亦生同、括、婴齐。反国，赵衰为原大夫。晋之妻固要迎翟妻，而以其子盾为嫡嗣。晋襄公之六年，周襄王三十年（前622），入春秋后百有一年。衰卒，谥为成季。盾任国政。灵公立，益专，灵公欲杀盾，盾亡。未出境，赵穿弑灵公，立成公。盾复反，任国政。景公时，盾卒，谥为宣孟。子朔嗣。朔娶晋成公姊为夫人。晋景公三年，周定王十年（前597），入春秋后百二十六年。大夫屠岸贾者，始有宠于灵公，至景公为司寇，乃治灵公之贼。与诸将攻赵氏，杀朔、同、括、婴齐，皆灭其族。朔妻有遗腹，走公宫匿，生男。屠岸贾闻之，索于宫中，朔客公孙杵臼及程婴谋，取他人婴儿负之，衣以文葆，匿山中。程婴出缪谓诸将军曰："婴不肖，不能立赵孤，谁能与我千金，吾告赵氏孤处。"诸将军皆喜，许之。发师随婴攻杵臼。遂杀杵臼与孤儿。然赵氏真孤乃反在。居十五年晋景公十七年，周简王三年（前583），入春秋后百四十年。晋景公疾卜之，大业之后不遂者为祟。景公问韩厥。厥知赵孤在，乃曰："大业之后，在晋绝祀者，其赵氏乎？"于是景公因韩厥之众，以胁诸将而见赵孤。赵孤名曰武，遂反与程婴、赵武攻屠岸贾，灭其族，复与赵武田邑如故。以上据《史记》。《左氏》：赵婴通于赵朔妻庄姬。同、括放之，庄姬谮同、括曰：将为乱。晋杀同、括。武从庄姬育于公宫。以韩厥言复立。无屠岸贾事。婴亦前死，非与同、括同谋。见成公五年、八年。婴，盾弟。庄姬，杜预以为成公女，贾、服同，见《疏》。武续赵宗二十七年，晋平公立。周灵王十五年（前555），入春秋后百六十六年。平公十二年，周灵王二十六年（前546），入春秋后百七十七年。武死。谥为文子。文子生景叔。《索隐》："《系本》云：名成。"景叔生鞅，是为简子。

魏之先，毕公高之后也。毕公高与周同姓。《索隐》："《左传》富辰说文王之子十六国，有毕、原、丰、郇，言毕公是文王之子。此云与周同姓，似不用《左氏》之说。"武王之伐纣，而高封于毕，于是为毕姓。其后绝封，为庶人。或在中国，或在夷狄。其苗裔曰毕万，事晋献公。献公之十六年，周惠王十六年（前661），入春秋后六十二年。以魏封毕万为大夫。生武子。以魏诸子事晋公子重耳。重耳立为晋文公，而令魏武子袭魏氏之后。列为大夫，治于魏。生悼子。徙治霍。生魏绛。事晋悼公。徙治安邑。今山西夏县。谥为昭子。生魏嬴。嬴生魏献子。献子事晋昭公。生侈。《索隐》："《系本》：献子生简子取，取生襄子侈，而《左传》云魏曼多是也，则侈是襄子中间少简子一代。"魏侈之孙曰魏桓子。《索隐》："《系本》云：襄子生桓子驹。"

韩之先，与周同姓，姓姬氏，其后苗裔事晋，得封于韩原，曰韩武子。《索隐》："按《左氏传》云：邘、晋、应、韩，武之穆，则韩是武王之子。然《诗》称韩侯出祖，则是有韩而先灭。今据此文云其后裔事晋，封于原，曰韩武子，则武子本是韩侯之后，晋又封之于韩原。然按《系本》及《左传》旧说，皆谓韩万是曲沃桓叔之子，即是晋之支庶。又《国语》：叔向谓韩宣子能修武子之德，起再拜谢曰：自桓叔以下，嘉吾子之赐，亦言桓叔是韩之祖也。今以韩侯之后，别有桓叔，非关曲沃之桓叔，如此，则与太史公意，亦有违耳。”武子后三世有韩厥。《索隐》：“《系本》云：万生赇伯，赇伯生定伯简，简生舆，舆生献子厥。”《左氏》宣公十二年《正义》云：“《韩世家》云：韩之先事晋，得封韩原，曰韩武子。后三世有韩厥。《世本》云：桓叔生子万。万生求伯，求伯生子舆，子舆生献子厥。《史记》所云武子，盖韩万也。如彼二文，厥是万之曾孙，而服虔、杜预，皆言厥韩万玄孙，不知何所据也。”案如《索隐》所引，厥实为万之玄孙，不知《义疏》引《世本》何以少一代。晋作六卿，韩厥在一卿之位，号为献子。卒，子宣子代。宣子徙居州。《索隐》：“宣子名起。州今在河内是也。”《正义》：“《括地志》云：怀州武德县，本周司寇苏忿生之州邑也。”周武德，今河南沁阳县。卒，子贞子代。贞子徙居平阳。《索隐》：“《系本》作平子，名顷，宣子子也，又云：景子居平阳。”卒，子简子代。卒，子庄子代。《集解》：“徐广曰：《史记》多无简子、庄子，而云贞子生康子。班氏亦同。”《索隐》：“按《系本》有简子，名不信，庄子名庚，《赵系家》亦有简子，名不佞也。”卒，子康子代。《索隐》：“康子名虎。”

晋平公以周景王十三年（前532）卒。入春秋后百九十一年。子昭公夷立。十九年（前526），入春秋后百九十七年。卒，子顷公去疾立。敬王六年（前514），入春秋后二百有九年。晋之宗室祁氏、羊舌氏相恶。六卿诛之，尽取其邑为十县。六卿各令其子弟为之大夫。八年（前512），入春秋后二百十一年。顷公卒，子定公午立。二十三年（前497），入春秋后二百二十六年。赵氏与范、中行氏相攻，至三十年（前490），入春秋后二百三十三年。而范、中行氏败奔齐，已见前。元王二年（前477），入战国后六年。定公卒，子出公凿立。《表》作错。《索隐》："《系本》作凿。"贞定王五年（前464），入战国后十七年。知伯伐郑。赵简子疾，使太子毋恤将而围郑。知伯醉，以酒灌击毋恤，毋恤愠知伯。知伯归，因谓简子，使废毋恤。简子不听，毋恤由此怨知伯。十一年（前458），入战国后二十三年。知伯与赵、韩、魏共分范、中行地以为邑。出公怒，告齐、鲁，欲以伐四卿。四卿恐，遂反，攻出公。出公奔齐，道死。知伯立昭公曾孙骄，是为哀公。《索隐》："按《赵系家》云：骄是为懿公。又《年表》云：出公十八年。次哀公忌，二年次懿公骄，十七年。"《集解》："徐广曰：《年表》云：出公立十八年。或云二十年。"哀公太父雍，晋昭公少子也，号为戴子。《集解》："徐广曰：《世本》作相子雍。《注》云：戴子。"戴子生忌。忌善知伯，蚤死，故知伯欲尽并晋，未敢，乃立忌子骄为君。《索隐》："《系本》：昭公生桓子雍，雍生忌，忌生懿公骄。"当是时，晋国政皆决知伯，晋哀公不得有所制。知伯遂有范、中行地，最强。知伯请地韩、魏，韩、魏与之。请地赵，赵不与。知伯怒，遂率韩、魏攻赵。赵襄子奔保晋阳。三国攻晋阳，岁余，引汾水灌其城，城不没者三版。襄子惧，乃夜使相张孟同同，《战国策》作谈。私于韩、魏，韩、魏与合谋。三国反灭知氏，分其地。时周贞定王十六年（前453），入战国后二十八年也。考王二年（前439），入战国后四十二年。哀公卒，子幽公柳立。幽公之时，晋畏，反朝韩、赵、魏之君。独有绛、曲沃，余皆入三晋。威烈王五年（前421），入战国后六十年。幽公淫妇人，夜窃出邑中，盗杀幽公。①魏文侯以兵诛晋乱，立幽公子止，是为烈公。《索隐》："《系本》云：幽公生烈公止。又《年表》云：魏诛幽公而立其弟止。"二十三年（前403），入战国后七十八年。周威烈王赐赵、韩、魏皆命为诸

①婚姻：晋幽公淫，夜出见杀。案古贵族鲜外淫。案古较繁盛惟市。

侯。三晋之侯。《史记·六国表》在是年。《周本纪》《魏》《赵》《韩》《燕世家》同。惟《楚世家》在简王八年，为周烈王二年（前424）。安王七年（前395），入战国后八十六年。烈公卒，子孝公颀立。《索隐》：“《系本》云：孝公倾。”二十四年（前378），入战国后百有三年。孝公卒，子静公俱酒立。《索隐》：“《系本》云静公俱。”二十六年（前376），入战国后百有五年。魏武侯、韩哀侯、赵敬侯灭晋后，而三分其地。静公迁为家人。晋绝不祀。《索隐》：“《赵系家》：烈侯十六年，与韩、魏分晋，封晋君以端氏。肃侯元年，夺晋君端氏，徙处屯留。”案烈侯十六年，为周显王十年（前359），入战国后百二十二年。肃侯元年，为显王二十年（前349），入战国后百三十二年也。端氏，今山西沁水县。屯留，今山西屯留县。

陈完者，陈厉公佗之子也。厉公，文公少子，其母蔡女。文公卒，厉公兄鲍立，是为桓公。桓公与佗异母。桓公病，蔡人杀桓公及太子免而立佗，是为厉公。《左氏》。佗立未逾年，无谥。厉公既立，取蔡女。蔡女淫于蔡人，数归。厉公亦数如蔡。桓公少子林，怨厉公杀其父与兄，令蔡人诱厉公杀之。自立，是为庄公。以上据《田敬仲完世家》。《陈杞世家》云：桓公太子免三弟：长曰跃，中曰林，少曰杵臼。共令蔡人诱厉公以好女，与蔡人共杀厉公而立跃，是为利公。五月卒，立中弟林，是为庄公。《左氏》厉公名跃。庄公卒，立少弟杵臼，是为宣公。宣公十一年，周惠王五年（前677），入春秋后五十一年也。宣公杀其太子御寇。御寇素与完相爱，完恐祸及己，奔齐，桓公使为工正。完卒，谥为敬仲。仲生稚孟夷。《索隐》：“《系本》作夷孟思。盖稚是名，孟夷字也。”敬仲之如齐，以陈氏为田氏。《集解》：“徐广曰：应劭云：始食采地，由是改姓田氏。”《索隐》：“据史此文，敬仲奔齐，以陈田二字声相近，遂为田氏。”《正义》：“按敬仲既奔齐，不欲称本故国号，故改陈字为田氏。”案古陈田一字。田稚孟夷生湣孟庄。《集解》：“徐广曰：一作芷。”《索隐》：“《系本》

作阚孟克。”田滑孟庄生文子须无。文子生桓子无宇。有力，事齐庄公，甚有宠。生武子开及釐子乞。乞事齐景公为大夫。其收赋税以小斗，其粟与民以大斗，行阴德于民，而景公弗禁。由此田氏得齐众心，宗族益强。周景王十三年（前532），入春秋后百九十一年。陈、鲍氏伐栾、高氏，齐同姓。分其室。穆姬景公母。为之请高唐，今山东禹城县。陈氏始大。景公卒，田乞、鲍牧与大夫攻高国，立悼公，已见前。悼公立，乞为相，专国政，卒，子常代立，是为田成子。鲍牧杀悼公。齐人立其子壬，是为简公。初，简公与父俱在鲁，监止有宠焉。《左氏》作阚止。《集解》：“贾逵曰：阚止，子我也。”《仲尼弟子列传》：“宰予，字子我，宰我为临菑大夫，与田常作乱，以夷其族。孔子耻之。”案宰我盖欲为齐强公室，诛权臣，无所谓与田常作乱也。《列传》之文，盖传言之误。及即位，使为政。此据《齐世家》。《田敬仲世家》云：成子与监止为左右相。田常复修釐子之政。以大斗出贷，小斗收。田常杀监止。简公出奔。田氏之徒追执之徐州。遂弑之，而立简公弟骜，是为平公。时周敬王三十九年（前481），获麟之岁也。平公即位，田常为相，专齐政。惧诸侯共诛己，乃尽归鲁、卫侵地，西约晋、韩、魏、赵氏，南通吴、越之使；修功行赏，亲于百姓；以故齐复定。田常于是尽诛鲍、晏、监止及公族之强者，而割齐自安平今河北安平县。以东至琅邪，自为封邑。封邑大于平公之所有。田常卒，子襄子盘代立。《集解》：“徐广曰：盘一作暨。”《索隐》：“《系本》作班。”使兄弟宗人，尽为齐都邑大夫。与三晋通使。卒，子庄子白立。《索隐》：“《系本》名伯。”庄子卒，子太公和立。齐平公卒于周贞定王十三年（前456），入战国后二十五年。子宣公积立。威烈王二十一年（前405），卒，入战国后七十六年。子康公贷立，淫于酒、妇人，不听政。安王十年（前392），入战国后八十九年。太公迁康公于海上，食一城，以奉其先祀。十三年（前389），入战国后九十二年。太公与魏文侯会浊泽，见第九节。求为诸侯。魏文侯乃使使言周天子及诸侯。周天子许之。十六年（前386），入战国后九十五年。田和立为齐侯，迁康公海滨。二十三年（前379），入战国后百有二年。康公卒，吕氏遂绝不祀。

《燕召公世家》曰："召公奭，与周同姓，姓姬氏。"《诗·甘棠笺》云："召伯姬姓。"《释文》云："《燕世家》云：与周同姓。孔安国及郑皆云尔。皇甫谧云：文王之庶子。案《左传》富辰言文之昭十六国，无燕也。"案《论衡·气寿篇》云"周公兄"，说与谧合。《穀梁》庄公三十二年，"燕，周之分子也"。周武王之灭纣，封召公于北燕。[①]其在成王时，召公为三公。自陕以西，召公主之。自陕以东，周公主之。陕，今河南陕县。案北燕封地，与《周本纪》帝尧之后封地同，已见第八章第七节。《史记》于燕事甚略。自召公九世至惠侯，世次不具。惠侯以下，亦仅具世次而已。第十六世桓侯，《集解》引《世本》云："桓侯徙临易。"宋忠曰："今河间易县是也。"今河北雄县。子庄公，与宋、卫共伐周惠王。郑执燕仲父，而纳惠王子周。山戎来侵。齐桓公救燕，遂北伐山戎而还。《集解》引谯周曰："按《春秋传》，与子颓逐周惠王者，乃南燕姞姓也。《世家》以为北燕，失之。"《索隐》驳之，以为伐周与为山戎所侵者，是北燕不疑，訾杜预以仲父是南燕伯为妄说。然北燕与宋、卫，势不相及。故《左氏》隐公五年，"卫人以燕师伐郑"，杜《注》亦说为南燕。衡以事势，说自不误。侵燕而齐桓伐之者，亦不得在蓟、易。窃疑二燕初本相去不远，北燕后乃逐渐北徙，至易、至蓟也。二十五世惠公，多宠姬。欲去诸大夫，而立宠姬宋。大夫共诛姬宋。《索隐》："宋其名也。或作宗。刘氏云：其父兄为执政，故诸大夫共灭之。"惠公惧，奔齐，齐高偃如晋，请共伐燕，入其君。晋平公许之。与齐伐

①史事：北燕初封。

燕，入惠公。惠公至燕而死。周景王十八年（前564），入春秋后百八十八年。三十世献公。献公十二年（前481），为鲁西狩获麟之岁，出《春秋》。三十六世文公，始与六国合从摈秦，见后。

春秋时，楚本独雄南服。及其末叶，吴、越相继起，而楚始衰。然吴之亡既忽焉，越称霸未几，亦稍即陵夷，而楚仍独雄南服，则吴、越演进皆浅，其根柢不如楚之深厚也。考王九年（前432），入战国后四十九年。楚惠王卒，子简王中立。明年，灭莒。威烈王十八年（前408），入战国后七十三年。简王卒，子声王当立。二十四年（前402），入战国后七十九年。盗杀声王，子悼王熊疑立。安王二十一年（前381）卒，入战国后百年。子肃王臧立。六年（前375）卒，入战国后百十一年。无子，立其弟熊良夫，是为宣王。显王二十九年（前340），入战国后百四十一年。卒，子威王熊商立。威王七年（前333），齐孟尝君父田婴欺楚。楚威王伐齐，败之徐州。《表》亦云围齐于徐州。《集解》云："徐广曰：时已灭越而伐齐也。齐说越令攻楚，故云齐欺楚。"案楚威王七年，为周显王三十六年（前333）。入战国后百四十八年。《越世家》云："勾践卒，子王鼫与立。王鼫与卒，子王不寿立。王不寿卒，子王翁立。王翁卒，子王翳立。王翳卒，子王之侯立。王之侯卒，子王无强立。王无强时，越兴师北伐齐，西伐楚，与中国争强。当楚威王之时，越北伐齐，齐威王使人说越王，越遂释齐而伐楚。楚威王兴兵而伐之。大破越，杀王无强。尽取吴故地，至浙江。北破齐于徐州。而越以此散。诸族子争立，或为王，或为君，滨于江南海上，服朝于楚。"《集解》引徐广，又谓其事在周显王四十六年（前323）。入战国后百五十八年。周显王四十六年（前323），为楚怀王槐六年，威王以显王四十年（前329）卒，入战国后百五十二年。魏间楚丧以伐楚，取陉山。《正义》："《括地志》云：陉山，在郑州新郑县西南三十里。"唐新郑，今河南新郑县。是年，楚使柱国昭阳攻破之于襄陵，今山西襄陵县。得八邑。又移兵攻齐，以陈轸说引兵去。《表》亦记是年败魏襄陵，而不云攻齐，则伐齐之役盖未果。《越世家集解》所引徐广说，四十六疑三十六之误也。《吴越春秋·勾践伐吴外传》："勾践二十七年卒，太子兴夷即位。一年卒，子翁。翁卒，子不扬。不扬卒，子无强。无强卒，子玉。玉卒，子尊。尊卒，子亲。自勾践至于亲。其立八主，皆称霸。积年二百二十四年。亲众皆失，而去琅邪，徙于吴矣。"《越绝书外传·记地传》曰："越王夫镡以上至夫余，世久远，不可纪也。夫镡子允常。允常子勾践，大霸，称王，[①]徙琅邪。勾践子与夷时霸。与夷子子翁时霸。子翁子不扬时霸。不扬子无强时霸。伐楚。威王灭无强。无强子之侯窃自立为君长。之侯子尊时君长。尊子亲失众，楚伐之，走南山。亲以上至勾践，凡八君，都琅邪，二百二十四岁。无强以上霸，称王。之侯以下微弱，称君长。"与《史记》互有异同。要之自勾践殁后，越与大局，已无甚关系矣。

第九节　楚悼魏惠齐威宣秦献孝之强

论战国事，自当以秦为主。然秦自献、孝以后，乃"稍以蚕食六国"。《史记·六国表》语。献公元年，为周安王十八年（前384），入战国已九十七年；孝公元年，为周显王九年（前360），则入战国百二十年矣。自此以前，秦固为西方僻陋之国。自此以后，魏惠王、齐威、宣、湣王，称霸东方者，尚垂百年，秦亦未能独雄也。秦之变蚕食为鲸吞，实在战国末数十年中，此乃事势际会使然，谓一入战国，而秦即举足为

---

①政体：大霸称王，羁君长。

大局重轻，则误矣。

入战国后，首起称霸者为楚悼王。悼王之立，在周威烈王二十四年（前402），入战国后七十九年也。安王二年（前400），入战国后八十一年。三晋来伐，至乘丘。今山东滋阳县。四年（前398），入战国后八十三年。楚伐周，败郑师，围郑。九年（前393），入战国后八十八年。伐韩，取负黍。今河南登封县西南。十一年（前391），入战国后九十年。三晋伐楚，败楚大梁、今河南开封县。榆关。《索隐》："此榆关当在大梁之西。"楚厚赂秦，与之平。案《史记·吴起列传》，言起见疑于魏而奔楚，"楚悼王素闻其贤，至则以为相。起乃明法审令。捐不急之官。废公族疏远者，以抚养战士。要在强兵破驰说之言纵横者。于是南平百越，北并陈、蔡，却三晋，西伐秦。诸侯皆患楚之强"。观其侵韩，围郑，可见其兵锋所至甚远。虽大梁、榆关，一见挫折，固犹远在敌境也。然楚贵戚尽欲害起。二十年（前382），入战国后百年。悼王卒，宗室大臣作乱，攻起杀之。于是楚势衰，而魏继起矣。

三晋形势，本以赵为最强。《史记·赵世家》，襄子"北有代，南并知氏，强于韩、魏"。案襄子灭代，在周贞定王十二年（前457），入战国后二十四年也。然敬侯颇荒淫；见《韩非子·说疑》。而当继嗣之间，又屡有争乱；襄子兄伯鲁不立。襄子欲传位于伯鲁子代成君周，而代成君先死，乃立代成君子浣为太子。威烈王元年（前425），入战国后五十六年也。襄子卒，浣立，是为献侯。献侯少即位，治中牟。襄子弟桓子，逐献侯，自立于代。明年，卒，国人曰：桓子立非襄子意。乃共杀其子，复迎立献侯。十七年（前409），入战国后七十二年，卒，子烈侯籍立；安王二年（前400），入战国后八十一年，卒弟武公立。十五年（前387），入战国后九十四年，卒，赵复立烈侯太子章，是为敬侯。明年，赵始都邯郸。公子朔为乱，不胜，奔魏。与魏袭邯郸，败而去。烈王元年（前375），入战国后百有六年，卒，子成侯种立。显王十九年

（前350），入战国后百三十一年，卒，公子缫与太子肃侯争立。缫败，奔韩。案桓子，《索隐》云："《系本》云：襄子子。"武公之立，《索隐》云："谯周云：《系本》及说《赵语》者，并无其事，盖别有所据。"肃侯，《索隐》云："名语。"中牟，《集解》云："《地理志》云：河南中牟县，赵献侯自耿徙此。瓒曰：中牟在春秋时，是郑之疆内，及三卿分晋，则在魏邦。赵界自漳水以北，不及此。《春秋传》曰：卫侯如晋，过中牟，中牟非卫适晋之次也。"《正义》云："相州汤阴县西五十八里有牟山，盖中牟邑在此山南。"中牟、汤阴，今皆为县，属河南。所引《春秋传》，见《左氏》定公九年。故入战国后百年，势颇弱。韩世与郑争。至周烈王元年（前375），入战国后百有六年。灭之。盖乘楚之衰。然亦仅足自守而已。韩康子卒，子武子立。其元年，魏文侯元年（前424）也。伐郑，杀其君幽公。威烈王十七年（前409），入战国后七十二年。卒，子景侯立。《索隐》云："《世本》作景子，名虔。"十八年（前408），入战国后七十三年，伐郑，取雍丘。明年，郑败我负黍。安王二年（前400），入战国后八十一年，郑围我阳翟。是岁，景侯卒，子列侯取立。《索隐》云："《世本》作武侯。"十五年（前387），入战国后九十四年，卒，子文侯立。十七年（前385），入战国后九十六年，卒，子哀侯立。灭郑，因徙都郑。雍丘，今河南杞县。阳翟，今河南禹县。惟魏文侯、武侯两世皆贤君，魏文侯：《史记》云：名都，桓子孙。《集解》引："徐广曰：《世本》名斯。"《索隐》曰："《世表》桓子生文侯斯。其《传》云：孺子瘨，是魏驹之子。"立于威烈王二年（前424），即入战国后五十七年。至安王十五年（前400），即入战国后九十五年乃卒。子武侯击立。烈王五年（前371），即入战国后百十年卒。子罃立，是为惠王。席履颇厚，故魏惠王继楚悼王之后，而欲图霸焉。按《孟子书》称梁惠王曰："晋国天下莫强焉。"《梁惠王上》。而《史记》等书，亦屡称魏为晋，盖魏都安邑，与绛密迩，实袭晋之旧业。惟然，故秦与魏最相逼近，武侯用吴起守西河，侵秦颇亟。吴起去，秦献公起，魏已颇受挫折，而惠王仍务于东而忽于西，遂使秦如虎兕之出柙，此实战国事势之一转捩，而秦雄张之始也。初，秦哀公以周敬王十九年（前501）卒，入春秋后二百二十二年。太子夷公早死。立其子，是为惠公。二十九年（前491）卒。入春秋后二百三十二年。子悼公立，四十三年（前477）卒。入战国后四年。在位十四年，《秦始皇本纪》云十五年。子厉共公立，《秦始皇本纪》作剌龚公。《正义》云："剌一作利。"二十六年（前443）卒。入战国后三十八年。子躁公立。考王十二年（前428），卒。入战国后五十二年。立其弟怀公。威烈王元年（前425），入战国后五十六年。庶长鼌与大臣围怀公。怀公自杀。怀公太子曰昭子，早死。大臣立昭子之子，是为灵公。《秦始皇本纪》作肃灵公。《索隐》云：《系本》无肃字。七年（前419），入战国后六十二年。魏城少梁，今陕西韩城县。秦击之。此据《秦本纪》。《表》与魏战少梁在明年。十一年（前415），入战国后六十六年。补庞。城籍姑。此从表。《本纪》城籍姑在十四年（前412），不云补庞。《索隐》云："庞及籍姑，皆城邑之名。补者，修也。谓修庞而城籍姑也。"《正义》云："《括地志》云：籍姑故城，在韩城县北三十五里。"是岁，灵公卒。在位十一年。此从《表》。《秦始皇本纪》同。《秦本纪》在位十三年。子献公不得立。立灵公季父悼子，《表》同。是为简公。简公昭子之弟，而怀公子也。《始皇本纪》云："灵公生简公。"十三年（前413），入战国后六十八年。与晋战，败郑下。今陕西华县。十四年（前412），入战国后六十九年。魏文侯使子击围繁、庞，出其民。十七年（前409），入战国后七十二年。魏伐秦，筑临晋、今陕西大荔县。元里。今陕西澄城县。秦堑洛，城重泉。今陕西蒲城县。十八年（前408），入战国后七十三年。魏伐秦，至郑。筑雒阴、在大荔县西。合阳。今陕西郃阳县。安王元年（前401），入战国后八十年。秦伐魏，至阳狐。二年（前400），入战国后八十一年。卒，从《表》。《秦始皇本纪》同。《秦本纪》多一年。子惠公立。十一年（前391），入战国后九十年。伐韩宜阳，今河南宜阳县。取六邑。十二年（前390），入战国后九十一年。与晋战武城。今陕西华县。县陕。今河南陕县。十三年（前389），入战国后九十二年。侵魏阴晋。今陕西华阴县。十五年（前387），入战国后九十四年。魏伐秦，败于武下。是岁，秦惠公卒，子出子立。十七年（前385），入战国后九十六年。庶长改迎献公于河西而立之。《索隐》："名师隰。《世本》作元献公。"杀出子及其母，沉之渊旁。《史记》云："秦以往者数易君，君臣乖乱，故晋复强，夺秦河西地。"案孝公令言河西见夺，由于厉、躁、简公、出子之不宁。自厉共公至此几百年，则秦为晋弱旧矣。献公立，秦事始有转机。十八年（前384），入战国后九十八年。城栎阳。《集解》："徐广曰：徙都之。今万年县也。"案万年，今陕西长安县。徙都系据孝公令为说，然未必在是年也。烈王二年（前374），入战国后百有七年。县之。显王三年（前366），入战国后百十五年。败韩、魏雒阴。五年（前371），入战国后百十七年。与晋战于石门。今陕西泾阳县。斩首六万。天子贺以黼黻。七年（前369），入战国后百十九年。与魏战少梁。此依《表》，《本纪》作魏晋。盖本作晋，后人侧注魏字，混入本字也。虏其将公孙痤。明年，卒。依《表》，在位二十四年。《秦本纪》《秦始皇本纪》皆二十三年。《索隐》云：《系本》二十二年。子孝公立。孝公元年（前361），河山以东强国六，淮、泗之间小国十余。楚、魏与秦接界。魏筑长城，自郑滨洛以北，有上郡。秦上郡，治今陕西绥德县。楚自汉中秦汉中郡，治今陕西南郑县。南有巴、秦巴郡，治今四川江北县。黔中。秦黔中郡，治今湖南沅陵县。秦僻在雍州，不与中国诸侯之会盟，夷翟遇之。孝公于是布惠，振孤寡，招战士，明功赏。下令国中曰："昔我缪公，自岐、雍之间，修德行武。东平晋乱，以河为界。西霸戎翟，广地千里。天子致伯，诸侯毕贺。为后世开业甚光美。会往者厉、躁、简公、出子之不宁，国家内忧，未遑外事，三晋攻夺我先君河西地，诸侯卑秦，丑莫大焉。献公即位，镇抚边竟，徙治栎阳。且欲东伐，复缪公之故地，修缪公之政令。寡人思念先君之意，常痛于心。宾客群臣，有能出奇计强秦者，吾且尊官，与之分土。”卫鞅闻是令下，西入秦。十年（前352），入战国后百二十二年。卫鞅说孝公变法修刑，内务耕稼，外劝战死之赏罚。孝公善之。甘龙、杜挚等弗然，相与争之。卒用鞅法。秦势益张，只在待时而动矣。而魏又授之以隙。

魏武侯之卒，惠王与公中缓争立。韩懿侯与赵成侯伐之。战于浊泽，此据《魏世家》。《赵世家》《六国表》皆作涿泽。《集解》：“徐广曰：长社有浊泽。”案长社，今河南长葛县。魏氏大败。魏君围。赵谓韩曰：“除魏君，立公中缓，割地而退。”韩曰：“不如两分之。魏分为两，不强于宋、卫，则我终无魏患矣。”赵不听。韩不说以其少卒夜去。惠王乃得身不死，国不分。然魏是时本富强，惠王盖亦有为之主，故无几即复振。显王十三年（前356），入战国后百二十五年。鲁、卫、宋、郑之君，皆朝于魏。可见魏在东方形势甚张。十五年（前354），入战国后百二十七年。魏遂举兵以围邯郸。明年，拔之。邯郸之围也，赵求救于齐。齐威王太公田和，以周安王十八年（前384），即入战国后九十七年卒。子桓公午立。二十三年（前379），即入战国后百有二年卒，子威王因齐立。用段干朋策，使田忌南攻襄陵。今河南睢县。邯郸拔，齐因起兵击魏，大败之桂陵。今山东菏泽县。魏围邯郸之岁，秦与魏战元里，斩首七千，取少梁。十七年（前352），入战国后百二十九年。卫鞅围魏安邑，降之。诸侯亦围魏襄陵。十八年（前351），入战国后百三十年。魏乃归赵邯郸，与盟漳水上。十九年（前350），入战国后百三十一年。秦作咸阳，今陕西长安县东。筑冀阙，徙都之。并诸小乡聚集为大县，县一令。四十一县。此从《本纪》。《表》及《商君列传》皆作三十一。为田开阡陌。东地渡洛。二十一年（前348），入战国后百三十三年。初为赋。二十六年（前343），入战国后百三十八年。天子致霸。是岁，齐威王卒，子宣王辟强立。明年，秦使公子少官率师会诸侯于逢泽，《集解》："徐广曰：开封东北有逢泽。"《正义》："《括地志》云：在汴州浚仪县东南四十里。"唐浚仪，在今河南开封县西北。朝天子。案《战国·秦策》言魏伐邯郸，退为逢泽之遇，乘夏车，称夏王，朝天子，天下皆从；《齐策》言魏拔邯郸，又从十二诸侯朝天子；则逢泽之会，犹是魏为主而秦从之。然秦在是时，已非摈不得与于中国会盟者矣。二十八年（前341），入战国后百四十年。魏复伐赵。赵与韩亲，共击魏，不利。韩请救于齐。齐宣王用孙膑计，阴告韩使者而遣之。韩因恃齐，五战不胜，而东委国于齐。齐起兵救韩、赵。魏遂大兴师，使庞涓将，太子申为大将军。盖倾国以求一决。然大败于马陵，《集解》引徐广云："在元城。"《正义》引虞喜《志林》云："在鄄城。"案元城，今河北大名县。鄄城，今山东濮县。庞涓死，太子申虏。明年，秦、赵、齐共伐魏。卫鞅虏魏公子卬，东地至河。齐、赵亦数破梁。梁以安邑去秦近，徙都大梁。此文据《魏世家》。若据《秦本纪》，则卫鞅先已降魏安邑，惠王不得至是始徙都。然《秦本纪》昭襄王二十一年（前286），又云"魏献安邑"。《六国表》同。昭襄王二十一年，为周赧王二十九年（前286），入战国已百九十五年矣。疆场之役；一彼一此，史亦不能尽纪也。三十一年（前338），入战国后百四十三年。秦破魏雁门，《索隐》："《纪年》云：与魏战岸门，此云雁门，恐声误也。下云败韩岸门，盖一地也，寻秦与韩、魏战，不当远至雁门也。"《正义》："《括地志》云：岸门，在许州长社县西北二十八里。"案长社为今河南许昌县地。当时秦、魏之战，似亦未必在此也。虏其将魏错。魏遂不能复振。三十三年（前336），入战国后百四十五年。与齐会平阿南。今安徽怀远县。明年，复会于甄。今山东濮县。是岁惠王卒。子襄王立。明年，齐、魏会于徐州。《秦策》

言魏为逢泽之遇，齐太公闻之，举兵伐魏。梁王身抱质执璧，请为陈侯臣。《史记·孟尝君列传》言：田婴使于韩、魏，韩、魏服于齐，乃有东阿之盟。盖自马陵之战以来，齐已执东方牛耳矣。徐州之会，《世家》及《表》皆云相王。《魏世家》又云：追尊父惠王为王。而《田敬仲世家》，于桂陵战后，又云："于是齐最强于诸侯，自称为王，以令天下。"则虽交有称王之名，梁实非齐敌也。三十七年（前332），入战国后百四十九年。齐与魏伐赵，赵决河水灌齐、魏兵，兵乃罢。盖是时赵反不服齐，然亦未足为齐之劲敌也。

第十节　齐湣王之强

魏惠王图霸之时，兵锋专向于赵，遂至力尽而俱敝。时韩昭侯在位，用申不害为相。史称其"修术行道，国内以治，诸侯不来侵伐"。韩哀侯以周烈王五年（前371），即入战国后百十年，为其下所弑。子懿侯立。《表》作庄侯。显王十二年（前357），即入战国后百二十四年，卒。子昭侯立。十八年（前351），即入战国后百三十年，以申不害为相。申不害至显王三十二年（前336），即入战国后百四十四年乃卒，见《六国表》。然亦仅足自保而已。东方之地，乃成为齐、楚争霸之局。齐、魏会于徐州之岁，楚威王伐齐，已见第八节。是役也，《楚世家》云由田婴欺楚。徐广云：齐说越攻楚，故云欺楚。然《孟尝君传》谓楚闻徐州之会而怒，则实非由越起也。周显王四十年（前329），入战国后百五十二年。楚威王卒，子怀王槐立。四十五年（前324），入战国后百五十七年。齐宣王卒，子湣王地立。《索隐》云："《系本》名遂。"明年，楚破魏襄陵。欲移兵攻齐，以陈轸说而止。亦见第八节。然怀王之为人，似无能为，遂为齐、秦所挫折。

秦孝公以周显王三十一年（前337）卒，入战国后百四十三年。子惠文君立。诛商鞅。然秦富强之基已立，故国势初不因是而损。三十五年（前334），入战国后百四十七年。苏秦始说六国合从以摈秦。案秦之说始于燕，而其后身归于赵，盖是时，与秦逼近者莫若三晋，而赵、魏皆当累战之余，国尤疲敝。秦之策，盖欲合三晋以自完，云合六国者侈辞也。《秦传》云："秦既约六国从亲，归赵，赵肃侯封为武安君。乃投从约书于秦。秦兵不敢窥函谷关者十五年。"[①]案《燕世家》，苏秦之说燕文公，在其二十八年（前334）。明年，文公卒，子易王立。凡十二年（前321）而子王哙立。《秦传》叙齐大夫使人刺秦，事在燕哙立后。若在燕哙元年（前320），则自秦说文公至此，适十五年也。秦兵不敢窥函谷关者十五年，乃策士夸张苏秦之语，本非实录。后更习为口头禅。《范雎蔡泽列传》，雎说秦昭王曰："夫以秦卒之勇，车骑之众，以治诸侯，譬若驰韩卢而搏蹇兔也，霸王之业可致也，而群臣莫当其位。至今闭关十五年，不敢窥兵于山东。"雎之说，在秦昭王四十一年，即周赧王四十九年（前266），入战国后二百十五年，苏秦之死，已五十余年矣。古书之辞不审谛，不可轻信如此。然其策殊无验。三十七年（前332），入战国后百四十九年。魏即纳阴晋于秦。明年，秦公子卬与魏战，虏其将龙贾，斩首八万。三十九年（前330），入战国后百五十一年。魏纳河西地。四十年（前329），入战国后百五十二年。秦渡河，取汾阴、今山西荣河县。皮氏。今山西河津县。围焦，今河南陕县南。降之。四十一年（前328），入战国后百五十三年。张仪说魏。魏入上郡、少梁于秦。秦以仪为相。是岁，秦又降蒲阳。即蒲阪。败赵，取蔺离石。皆今山西离石县地。四十二年（前327），入战国后百五十四年。归魏焦、曲沃。四十四年（前325），入战国后百五十六年。张仪伐取陕，出其人与魏。四十六

①史事：秦兵不敢出函谷关者十五年。

年（前323），入战国后百五十八年。张仪相魏，欲令魏先事秦，而诸侯效之，魏王不听。明年，秦伐魏，取曲沃、平周。今山西介休县。慎靓王二年（前319），入战国后百六十二年。魏襄王卒，子哀王立。张仪复说哀王。哀王不听。秦伐魏，败之鄢。《表》云取鄢。三年（前318），入战国后百六十三年。为秦惠王后元七年，楚怀王十一年。《秦本纪》云："韩、赵、魏、燕、齐帅匈奴共攻秦。"《楚世家》云："苏秦约从山东六国共攻，秦，楚怀王为从长。至函谷关，秦出兵，六国兵皆引而归，齐独后。"《六国表》于秦云："五国兵击秦，不胜而还。"于魏、韩、赵、楚、燕，皆云"击秦不胜"。于齐独无文。疑是役齐实持两端，《秦本纪》之齐字，乃楚字之误也。明年，赵、韩、魏攻秦。秦庶长疾与韩战修鱼，春秋时萧鱼，见第五节。虏其将申差。败赵公子渴、韩太子奂，斩首八万二千。而齐亦以是时败魏于观津，一似与秦声势相倚者。于是魏哀王不复能支，听张仪说，请成于秦。秦兵乃转向韩、赵。五年（前316），入战国后百六十五年。伐取赵中都、今山西平遥县。西阳。今离石县西。六年（前315），入战国后百六十六年。伐取韩石章。《正义》："韩地名也。"伐败赵将泥。《表》作将军英。赧王元年（前314），入战国后百六十七年。魏复背秦为从。秦攻魏，取曲沃。樗里疾攻魏焦，降之。败韩岸门，斩首万。二年（前313），入战国后百六十八年。庶长疾攻赵，虏赵将庄。《赵世家》作赵庄。魏复事秦。四年（前311），入战国后百七十年。惠王卒，在位十四年。《秦始皇本纪》云：惠文君享国二十七年。子武王立。逐张仪。以樗里疾、甘茂为左右相。七年（前308），入战国后百七十三年。使甘茂伐宜阳。明年，拔之。斩首六万。涉河，城武遂。今山西临汾县西南。武王有力，好戏。与力士孟说举鼎，绝膑死。武王取魏女为后，无子。立异母弟，是为昭襄王。九年（前306），入战国后百七十五年。复与韩武遂。十二年（前303），入战国后百七十八年。复取之。遂攻魏，拔蒲阴、今山西永济县北。阳晋、今山西虞乡县西。封陵。永济南。明年，魏与秦会临晋。秦复与魏蒲阪。时齐湣王尚东与楚竞，未暇合三晋西摈秦也。

六国之攻秦，楚为从长，可见是时楚势之强。故齐湣王首欲挫之。《楚世家》云：秦欲伐齐，而楚与齐从亲。惠王患之，乃使张仪南见楚王，说以绝齐，予故秦所分楚商于之地，方六百里。怀王说。陈轸谏，弗听。使一将军西受封。张仪至秦，阳醉，坠车，称病不出。三月，地不可得。楚王曰：仪以吾绝齐为尚薄乎？乃使勇士宋遗北辱齐王。齐王大怒，折楚符而合于秦。秦、齐之交合，张仪乃起朝，谓楚将军曰：子何不受地？从某至某，广袤六里。楚将军归报，怀王大怒。兴师将伐秦，陈轸又曰：伐秦非计也，不如因赂之一名都，与之伐齐。王不听。发兵西攻秦。时周赧王二年（前319）也。入战国后百六十八年。明年，秦庶长章击楚于丹阳，见第八章第八节。虏其将屈丐，斩首八万。《韩世家》：与秦共攻楚，败楚将屈丐，斩首八万于丹阳。又攻楚汉中，取地六百里。置汉中郡。怀王大怒，悉国兵复袭秦。战于蓝田，今陕西蓝田县。大败。韩、魏闻楚之困，乃南袭楚，至于邓。楚闻之，乃引兵归。四年（前311），入战国后百七十年。秦伐楚，取召陵。使使约复与楚亲，分汉中之半以和楚，楚王曰：愿得张仪，不愿得地。仪使楚，私于左右靳尚。靳尚为请，又因夫人郑袖，言张仪而出之，仪因说楚王以叛从约而与秦合亲，约婚姻。是岁，惠王卒，武王立。韩、魏、齐、楚、越《集解》徐广曰：一作赵。案作赵是也。皆宾从。八年（前307），入战国后百七十四年。武王卒，昭襄王立。时齐湣王欲为从长，恶楚之与秦合，使使遗楚王书。怀王许之。十年（前305），入战国后百七十六年。复背齐而合秦。秦厚赂，迎妇于楚。楚亦迎妇于秦。十一年（前304），入战国后百七十七年。怀王与秦昭王会于黄棘。今河南新野县。秦复与楚上庸。春秋时庸国地，今湖北竹山县。十二年（前303），入战国后百七十八年。齐、韩、魏伐楚，楚使太子质秦，秦遣客卿通将兵救楚，三国引兵去。十三年（前302），入战国后百七十九年。秦大夫有私与楚太子斗，楚太子杀之而亡归。十四年（前301），入战国后百八十年。秦乃与齐、韩、魏共攻楚方城，杀其将唐昧。十五年（前300），入战国后百八十一年。秦复攻楚。大破楚军，杀其将景缺。怀王恐，使太子为质于齐以求平。十六年（前299），入战国后百八十二年。秦遗楚王书：愿会武关，今陕西商县东。面相约结盟。诈令一将军伏兵武关，号为秦王。楚王至，则闭武关。遂与西至咸阳，要以割巫、今四川巫山县。黔中之郡。楚王不许。秦因留之。楚诈赴于齐。齐归楚太子。太子横至，立为王，是为顷襄王。乃告于秦曰：赖社稷神灵，国有王矣。十七年（前298），入战国后百八十三年。秦昭王怒。发兵出武关攻楚，大败楚军，取析十五城而去。《表》作十六城。析，今河南内乡县。是岁，齐、韩、魏共击秦。败其军函谷。十八年（前297），入战国后百八十四年。楚怀王亡，逃归。秦觉之，遮楚道。怀王恐，乃从间道走赵。赵主父居代，其子惠王初立，行王事，不敢入楚王。楚王欲走魏。秦追至，遂与秦使复至秦。怀王遂发病。十九年（前296），入战国后百八十五年。卒于秦。是岁，齐、韩、魏、赵、宋、中山五国共攻秦。至盐氏，今山西安邑县。秦与韩、魏河北及封陵以和。《表》云："与魏封陵，与韩武遂。"魏哀王卒，子昭王立。二十年（前294），入战国后百八十六年。秦拔魏襄城。今河南襄城县。二十一年（前293），入战国后百八十七年。向寿伐韩，取武始。今河北邯郸县。左更白起攻新城。今河南洛阳县南。二十二年（前292），入战国后百八十八年。周与韩、魏攻秦。左更白起攻韩、魏于伊阙，洛阳县南。斩首二十四万。秦乃遗楚王书曰：楚背秦，秦且率诸侯伐楚。顷襄王患之。二十三年（前291），入战国后百八十九年。楚迎妇于秦。秦、楚复平。史所传楚怀王事，本于《战国策》。《战国策》乃纵横家之书，诞妄几类平话，绝不足信。盖其时三晋皆衰，惟楚承威王之后，声势与齐、秦埒，故齐、秦皆欲破坏之，适会楚怀王之愚暗，遂至为所播弄。其时楚受秦欺，不可谓不深，然卒仍合于秦，则齐湣王之不可亲，殆有甚于秦者，特其事无可考耳。齐再合诸侯以攻秦，使之割地，其声势不可谓不盛。然既不能终助韩、魏，又败楚以开秦南出之路，而又敝其力于燕、宋，卒至身死国亡，诸侯遂更无足与秦抗者，此则事势之迁流，有以为秦驱除难者也。

燕文王以周显王三十六年（前333）卒。入战国后百四十八年。子易王立。四十六年（前323），入战国后百五十八年。始称王。四十八年（前321）入战国后百六十年。卒，子哙立。属国于相子之。三年（前318），国大乱。将军市被与太子平谋，将攻子之。齐王令人谓太子平："惟太子所以令之。"太子因要党聚众。将军市被围公宫，攻子之，不克，反攻太子平。构难数月，死者数万。齐王因令章子将五都之兵，因北地之众以伐燕。燕士卒不战，城门不闭。燕君哙死，子之亡。时周赧王元年（前314）也。入战国后百六十七年。三年（前312），入战国后百六十九年。燕人乃共立太子平，是为昭王。《燕世家》言攻子之者为太子平，《六国表》则云："君哙及太子、相子之皆死，燕人共立公子平。"疑平实非太子也。又《赵世家》：武灵王十一年，即慎靓王六年（前315），入战国后百六十六年，召公子职于韩，立以为燕王，使乐池送之。则燕之争立者不止一人，诸侯干涉燕事者，亦不止一国，特齐兵力较盛，故能有成耳。

宋王偃，以慎靓王六年（前315），自立为王。入战国后百六十三年。东败齐，取五城。南败楚，取地三百里。西败魏军。与齐、魏为敌国。赧王二十九年（前286），入战国后百九十五年。案宋王偃元年，为显王四十一年（前328），即入战国后百五十三年，《宋世家》云：立四十七年乃亡，则为赧王三十三年（前282），乃入战国后百九十九年，为齐襄王法章二年矣，误。乃为齐、楚、魏所灭。案《淮南子·人间训》，言"燕子哙行仁而亡"。《韩非子·说疑》，谓"燕君子哙，地方千里，持戟数十万，不安子女之乐，不听钟石之声；内不堙污池台榭，外不毕弋田猎；又亲操耒耨，以修畎亩。"则子哙实贤君，齐湣亡之，可谓除东方之逼。宋自称王至亡，凡三十三年，其非偶然，尤为易见。钱穆《宋元王儿说考》云："《吕览·君守》：鲁鄙人遗宋元王闭，《庄子·外物》，有宋元君得神龟事。《史记·龟策传》作元王。考《赵策》：李兑谓齐王曰：宋置太子以为王，下亲其上而守坚。今太子走，诸善太子者皆有死心。若复攻之，其国必有乱，而太子在外，此亦举宋之时也。王偃置太子为王，疑即元君。齐先已攻宋而无利，其后太子去国，乃乘隙残之耳。"《宋世家》谓齐、魏、楚灭宋而三分其地。《田敬仲世家》谓宋亡后，"齐南割楚之淮北，西侵三晋，欲以并周室，为天子"。案近人钱穆，谓《韩世家》：文侯二年，周安王十七年（前385），入战国后九十六年。伐宋，到彭城，执其君，则战国时宋实都彭城。《宋策》谓康王灭滕。伐薛，取淮北之地，《史记·宋世家索隐》云："《战国策》《吕氏春秋》皆以偃谥康王。"可见其疆域之恢张，而于楚尤逼。楚之助齐，所求盖正在淮北。乐毅《报燕惠王书》曰："且又淮北宋地，楚、魏之所欲也。"《六国表》：燕破齐之岁，楚、赵取齐淮北。而其地仍为齐有，楚安得而不仇齐？先灭宋二年，齐称东帝，秦称西帝，虽旋去之，然实有陵驾诸侯之意，则谓其灭宋之后，西侵三晋，欲并周室，称天子，亦在情理之中。灭宋之明年，秦蒙武伐齐，拔列城九。齐是时声威方盛，韩、魏方睦，秦安能越之而东侵。疑宋亡之后，齐与三晋之间，衅端已启，三晋乃开秦以伐齐也。燕兵之起于是时，盖有由矣。

燕昭王之立，卑礼厚币，以招贤者。吊死问孤，与百姓同甘苦。燕国殷富。士卒乐轶轻战。乃使乐毅约赵。别使连楚、魏。令赵啖秦以伐齐之利。周赧王三十一年（前284），入战国后百九十七年。燕悉起兵，以乐毅为上将军，并护赵、楚、韩、魏之兵以伐齐。齐兵败。湣王出亡于外。燕兵独追北。入至临菑。湣王走莒。楚使淖齿将兵救齐，因相齐湣王。淖齿遂杀湣王，而与燕共分齐之侵地卤掠。淖齿已去莒。莒中人及齐亡臣求湣王子法章立之，是为襄王。齐城之不下者，独聊、莒、即墨。此据《燕世家》。《索隐》云："余篇及《战国策》并无聊字。"案聊，今山东聊城县。即墨，今山东平度县。余皆属燕。三十六年（前279），入战国后二百有二年。燕昭王卒，子惠王立。惠王为太子时，与乐毅有隙。及即位，使骑劫代将，乐毅亡走赵。齐田单以即墨击败燕军，骑劫死。燕兵引归，齐悉复得其故城。自威王败魏桂陵，至湣王之见破于燕，凡七十年。

是时三晋之君最有雄略者，为赵武灵王。《索隐》云：名雍。武灵王者，肃侯子，以周显王四十三年（前326）立。入战国后百五十五年。赵之遗策，为取胡地中山。中山者，春秋时之鲜虞。《史记·赵世家》：献侯十年，周威烈王十二年（前414），入战国后六十七年。中山武公初立。《集解》引徐广曰："西周桓公之子。"《索隐》曰："中山，古鲜虞国，姬姓也。《系本》云：中山武公居顾，桓公徙灵寿，今河北灵寿县。为武灵王所灭，不言谁之子孙。徐广云：西周桓公之子，亦无所据。盖未得其实。"案中山武公为周桓公子，见《汉书·古今人表》。是时西周桓公，何以忽封其子于中山？事殊可疑。《魏世家》：文侯十七年，周威烈王十八年（前408），入战国后七十三年。伐中山，使子击守之。《六国表》亦云：魏是年击中山。事在中山武公立后六年（前408）。然《世家》《年表》，年代均多舛误，不足为据。窃疑中山武公、桓公实魏后。沈钦韩谓《汉书·人表》文有讹夺，徐广误据之之说是也。见所著《汉书疏证》。周安王二十五年（前377），入战国后百有四年。赵敬侯与中山战于房子，今河北高邑县。明年，伐中山，又战于中人。今河北定县。烈王七年（前369），入战国后百十二年。中山筑长城，可见中山是时形势颇强，然实与魏声势相倚，故《魏策》谓“中山恃魏以轻赵，齐、魏伐楚而赵亡中山”焉。周赧王八年（前307），入战国后百七十四年。赵武灵王北略中山之地，至于房子，遂之代，北至无穷，西至河，登黄华之上。《正义》：“盖西河侧之山名。”遂胡服招骑射。初，武灵王取韩女为夫人。后吴广内其女娃嬴，孟姚也。甚有宠于王。是为惠后。赧王十四年（前301），入战国后百八十年。惠后卒。王使周袑胡服傅王子何，惠后吴娃子也。十六年（前299），入战国后百八十二年。传位何。肥义为相国，并傅王。是为惠文王。武灵王自号为主父。主父欲令子主治国，而身胡服将士大夫西北略胡地，从云中、九原直南袭秦。于是诈自为使者，入秦略地形，观秦王之为人。秦昭王不知。已而怪其状甚伟，非人臣之度。使人逐之。而主父驰，已脱关矣。审问之，乃主父也。秦人大惊。十九年（前269），入战国后百八十五年。灭中山。封长子章为代安阳君。明年，朝群臣。安阳君亦来朝。主父令王听朝，而自从旁观窥。见其长子章，傫然也，反北面而为臣，诎于其弟。心怜之，欲分赵而王章于代，计未决而辍。主父及王游沙丘异宫。章以其徒作乱。公子成与李兑自国至。乃起四邑之兵入距难。章败，往走主父。主父开之。成、兑因围主父宫。章死。成、兑谋曰：“以章故围主父，即解兵，吾属夷矣。”乃遂围主父。主父饿死。案秦之险在东方，直北而入，则平夷无阻，又出不意，此或足以破秦。然亦徒能一破坏之而已，谓以是弱秦则不足。何者？主父欲攻秦，所用者不过胡貉之众。汉时之匈奴，远强于是时之胡貉，亦未能大破关中也。武灵王虽有开拓之绩，实违举国之心，公子成者赵宗室尊属，胡服时不肯听命，王自往请，然后勉从者也。其遂围主父之宫，必非徒以曾围主父，苟求免祸明矣。齐既亡，赵又内相乖离如此，遂无足牵掣秦者，而秦并六国之势以成。

第十一节 秦灭六国

秦之灭六国，盖始基于魏冉，而后成于吕不韦、李斯。魏冉者，秦昭襄王母宣太后异父弟也。周赧王二十年（前295），入战国后百八十六年。为相。举白起，有伊阙之捷，因胁楚与秦平。已见上节。二十四年（前292）。入战国后百九十年。韩与秦武遂地二百里。明年，魏入河东地四百里。又明年，客卿错击魏，至轵，在今河南济源县东南。取城大小六十一。二十七年（前288），入战国后百九十三年。攻魏，拔垣。今山西垣曲县。二十九年（前286），入战国后百九十五年。错攻魏河内。魏献安邑。秦出其人。募徙河东赐爵，赦罪人迁之。是时韩、魏方睦于齐，而其为秦弱如此，齐霸之渐成弩末可见矣。三十一年（前284），入战国后百九十七年。尉斯离与三晋、燕伐破齐，秦遂独强于天下。明年，伐魏，拔安城。在今河南原武县东南。兵到大梁。燕、赵救之，乃去。三十三年（前282），入战国后百九十九年。拔赵五城。明年，楚顷襄王遣使于诸侯复为从，欲以伐秦。又明年，错攻楚。楚军败，割上庸、春秋时庸国地。汉北予秦。白起攻赵，取代光狼城。《正义》："《括地志》云：光狼故城，在泽州高平县西二十里。"高平，今山西高平县。三十六年（前279），入战国后二百有二年。白起攻楚，取鄢、邓、西陵。今湖北宜昌县西北。明年，起复攻楚。取郢，烧先王墓夷陵。今宜昌。襄王兵散，遂不复战，东北保于陈。秦以郢为南郡。三十八年（前277），入战国后二百有四年。蜀守若伐楚，取巫郡及江南，为黔中郡。明年，楚襄王收东地兵，得十余万。复西取秦所拔江旁十五邑为郡以距秦。是岁，白起伐魏，取两城。四十年（前275），入战国二百有六年。穰侯攻魏，至大梁。韩使暴鸢救魏，为秦所败。魏入三县请和。明年，客卿胡阳攻魏卷、今河南原武县。蔡阳、今河南汝南县。长社，今河南长葛县。取之。赵、魏攻华阳，白起击破之，斩首十五万。魏入南阳以和，秦与赵观津，今山东观城县。欲以伐齐。齐襄王惧，使苏代遗穰侯书。穰侯乃引兵归。四十三年（前272），入战国后二百有九年。置南阳郡。令白起与韩、魏伐楚，未行，而楚使黄歇至，上书说昭王。昭王许之。楚入太子为质。黄歇侍。四十四年（前271），入战国后二百十年。客卿灶攻齐，取刚寿。今山东东平县。予穰侯。是时韩、魏、楚皆服。乃出兵攻齐，正合用兵之次第。《史记》谓秦所以东益地，弱诸侯，天下皆西乡者，乃穰侯之功，实为平情之论。而是岁范雎见秦王，秦王用其言，免穰侯相，令泾阳君之属皆出关之封邑。宣太后同父弟曰芈戎，为华阳君。同母弟高陵君名显，泾阳君名悝。史传雎主远交近攻，訾穰侯越韩、魏而攻齐为非计，乃策士相倾之言，非其实也。《韩非子·定法》亦言之。盖当时策士，自有此等议论。四十六年（前269），入战国后二百十二年。中更胡阳攻赵阏与，在今山西和顺县西北。赵奢击破之。明年，攻魏，拔怀。今河南武陟县。此从《魏世家》。《秦本纪》与取邢丘同年。《范雎传》言秦拜雎为客卿，听其谋，使五大夫绾伐魏，拔怀。后二岁，拔邢邱，则《魏世家》是也。四十九年（前266），入战国后二百十五年。攻魏，取邢丘。今河南温县。《魏世家》作郪丘。徐广曰："一作廪丘，又作邢丘。"赵惠文王卒，太子丹立，是为孝成王。秦攻之。赵求救于齐。齐师出，秦乃罢。是岁，宣太后薨。穰侯出之陶，秦拜范雎为相。封以应，号为应侯。五十一年（前264），入战国后二百十七年。白起攻韩，拔陉城今山西曲沃县西北。汾旁，因城河上广武。在河南河阴县北。明年，攻韩南阳，取之。从《表》。《纪》作南郡。《白起传》攻南阳太行道，绝之。楚顷襄王病。黄歇说应侯归太子。应侯以闻。秦王曰："令楚太子之傅先往问楚王病，反而后图之。"歇为楚太子计，变服亡归。歇为守舍，度太子已远，乃自言。应侯言秦，因遣歇。顷襄王卒，太子完立，是为考烈王。以歇为相。封以吴，号为春申君。五十三年（前262），入战国后二百十九年。五大夫贲攻韩，取十城。五十五年（前260），入战国后二百二十一年。白起伐韩野王。今河南沁阳县。野王降。王龁攻上党。上党降赵。秦因攻赵。赵使廉颇军长平。今山西高平县。颇坚壁拒秦。秦行间。赵以赵括代将。括至，则出兵击秦。秦军佯败走，张奇兵绝其后。赵军分而为二，粮道绝。秦王闻，自之河内，赐民爵各一级，发年十五以上悉诣长平，遮绝赵救及粮食。赵括出锐卒自搏战。秦军射杀括。括军败，卒四十万人降。武安君尽坑杀之。遗其小者二百四十人归赵。前后斩虏四十五万人，赵人大震。五十六年（前259），入战国后二百二十二年。秦军分为二：王龁将伐赵武安、今河南武安县。皮牢，今山西翼城县。拔之。司马梗北定太原。兵罢，复守上党。十月，五大夫王陵攻邯郸。时武安君病不任行。五十七年（前258），入战国后二百二十三年。陵攻邯郸，少利。秦益发兵佐陵。陵兵亡五校。武安君病愈，秦王欲使武安君代陵将，武安君言曰："邯郸实未易攻也。且诸侯救日至，秦卒死者过半，国内空，远绝河山而争人国都，赵应其内，诸侯攻其外，破秦军必矣，不可。"秦王自命不行，乃使应侯请之，武安君终辞不肯行，遂称病。秦王使王龁代将，攻邯郸，不能拔，秦军多失亡。武安君言曰："秦不听臣计，今如何矣？"秦王闻之，怒，强起武安君。武安君遂称病笃。应侯请之，不起，于是免武安君为士伍，迁之阴密。今甘肃灵台县。武安君病，未能行。居三月，诸侯攻秦军急。秦军数却，使者日至。秦王乃使人遣白起，不得留咸阳中。武安君既行，出咸阳西门十里，至杜邮，使使者赐之剑自裁。魏公子无忌姊为赵惠文王弟平原君夫人，数遗魏王及公子书，请救于魏。魏王使将军晋鄙将十万众救赵。秦王使使者告魏王曰："吾攻赵，旦暮且下，诸侯敢救赵，必移兵先击之。"魏王恐，使人止晋鄙，留军壁邺。今河南临漳县。初，王所幸如姬，父为人所杀，公子使客斩其仇头，敬进如姬，乃因如姬盗晋鄙兵符，与屠朱亥俱，袖四十斤铁椎，椎杀晋鄙。[①]将其军救赵。王龁还奔汾城旁军。围遂解。秦是时力实未足取邯郸，而秦王及应侯，违武安君之言，丧师于外。《范雎传》言雎与武安君有隙，言而杀之；任郑安平，使将击赵，而安平以兵二万人降赵；其非穰侯之伦审矣。后二年，入战国后二百二十六年。应侯遂谢病。蔡泽相。数月，亦免。秦并诸侯之画一挫。而周顾以是时亡于秦。

周敬王立四十三年（前477）崩。据《表》：是年为鲁哀公十六年（前479）。《本纪》作四十二年。《左氏》：哀公十九年，冬，“叔青如京师，敬王崩故也”。《释文》云：“按《传》敬王崩在此年，《世本》亦尔也。《世族谱》云：敬王四十二年崩。敬王子元王十年，《春秋》之传终矣。据此，则敬王崩当在哀公十七年（前478）。《史记·周本纪》及《十二诸侯年表》，敬王四十二年崩，子元王仁立，则敬王是鲁哀十八年（前477）崩也。《六国年表》，起自元王，及《本纪》皆云元王八年（前468）崩，子定王介立。定王元年（前468），是鲁哀公二十七年，与杜预《世族谱》为异。又《世本》云：鲁哀公二十年（前475），是定王介崩，子元王赤立，则定王之崩年，是鲁哀公二十七年也。众说不同，未详其正也。”子元王仁立。《集解》：徐广曰：“《世本》云：贞王介也。”元王八年崩（前468）。入战国后十二年。子定王介立。《集解》：“《世本》云：元王赤也。皇甫谧曰：元王二十八年崩，三子争立，立应为贞定王。”《索隐》：“《世本》云元王赤，皇甫谧云贞定王，考据二文，则是元有两名，一名仁，一名赤。如《史记》，则元王为定王父，定王即贞王也。依《世本》，则元王是贞王子，必有一乖误。然此定当为贞，字误耳。岂周家有两定王，代数，又非远乎？皇甫谧见此，疑而不决，遂弥缝《史记》《世本》之错缪，因谓为贞定王，未为得也。”定王二十八年

---

①史事：朱亥以四十斤铁椎，椎杀晋鄙，张良亦以铁椎椎秦皇，盖多铜不易得。

崩（前441），入战国后四十年。长子去疾立，是为哀王。哀王立三月，弟叔袭杀哀王而自立，是为思王。思王立五月，少弟嵬攻杀思王而自立，是为考王。考王十五年（前426）崩，入战国后五十五年。子威烈王午立。考王封其弟于河南，是为桓公，以续周公之官职。桓公卒，子威公代立。威公卒，子惠公代立。乃封其少子于巩以奉王，号东周惠公。《索隐》：“《世本》，西周桓公名揭，居河南。东周惠公名班，居洛阳。”案《赵世家》：成侯七年（前366），与韩攻周，八年（前367），与韩分周以为两。《六国表》：成侯八年，为周显王二年（前367）。威烈王二十四年（前402）崩，入战国后七十九年。子安王骄立。安王二十六年（前376）崩，入战国后百有五年。子烈王喜立。烈王七年（前369）崩，入战国后百十二年。此依《表》。《本纪》作十年。弟显王扁立。显王四十八年（前321）崩，入战国后百六十年。子慎靓王定立。慎靓王六年（前315）崩，入战国后百六十六年。子赧王延立。王赧时，东、西周分治，王赧徙都西周。东西周见第三节。五十九年（前256），入战国后二百二十五年也，秦将军樛攻韩，取阳城、负黍，今河南登封县西南。斩首四万。攻赵，取二十余县，首虏九万。西周恐，背秦，与诸侯约从。将天下锐师出伊阙攻秦。令秦毋得通阳城。秦昭王怒，使将军樛攻西周。西周君奔秦，顿首受罪，尽献其邑三十六，口三万。秦受其献，归其君于周。周君王赧卒。周民遂东亡。秦取九鼎宝器，而迁西周君于惮狐。今河南临汝县西。后七岁，入战国后二百三十二年。秦庄襄王取东、西周。东、西周皆入于秦，周既不祀。[①]据《周本纪》。《秦本纪》云：“东周君与诸侯谋秦。秦使相国吕不韦诛之。尽入其国秦，不断其祀，以阳人地赐周君，奉其祭祀。”阳人聚，在临汝县西。

---

①政体：秦灭西周，不绝其祀。

周赧王亡后五年（前251），入战国后二百三十年。秦昭襄王薨，子孝文王立。明年卒。初，昭王太子死，次子安国君为太子，即孝文王也。安国君有子二十余人。有所甚爱姬，立以为夫人，号曰华阳夫人。无子。安国君中男名子楚。子楚母曰夏姬，无爱。子楚为秦质子于赵。吕不韦者，阳翟大贾也，家累千金。贾邯郸，见之，曰：此奇货可居，乃以五百金与子楚，为进用，结宾客。以五百金置奇物玩好自奉，而西游秦。皆以献华阳夫人。使夫人姊说夫人，言于安国君，立子楚为嗣子。安国君许之。吕不韦取邯郸诸姬绝好善舞者与居。知其有身，献之子楚。至大期中，生子政。子楚遂立姬为夫人。王龁围邯郸急，赵欲杀子楚。子楚与不韦谋，以金六百斤与守吏，得脱。亡赴秦军。遂以得归。赵欲杀子楚妻子。子楚夫人，赵豪家女也，得匿。以故母子竟得活。孝文王立，华阳夫人为王后，子楚为太子。赵亦奉子楚夫人及子政归秦。孝文王卒，子楚代立，是为庄襄王。庄襄王元年（前249），入战国后二百三十二年。以吕不韦为相国。封文信侯。大赦罪人，修先王功臣，施德厚骨肉，而布惠于民。使蒙骜伐韩。韩献成皋、巩，《表》云取成皋、荥阳。界至大梁，初置三川郡。二年（前248），入战国后二百三十三年。使蒙骜攻赵，定太原。三年（前247），入战国后二百三十四年。蒙骜攻魏高都、今山西晋城县东北。汲，今河南汲县。拔之。攻赵榆次、今山西榆次县。新城、《正义》引《括地志》云："一名小平城，在朔州善阳县西南四十七里。"地在今朔县境。按此殊可疑。狼孟，《正义》引《括地志》云："在并州阳曲县东北二十六里。"取三十七城。四年（前246），入战国后二百三十五年。王龁攻上党。初置太原郡。初，魏公子无忌既却邯郸之围，使将将其军归而留赵。及是，复归魏。率五国兵，《正义》云：燕、赵、韩、楚、魏。败蒙骜于河外。秦东封之势复小挫。是岁，庄襄王卒，子政立，是为秦始皇帝。年十三。当是之时，秦地已并巴、蜀、汉中，越宛有郢，置南郡矣。北收上郡以东，有河东、太原、上党郡，东至荥阳，灭二周，置三川郡。吕不韦为相国，招致宾客、游士，欲以并天下。李斯为舍人。蒙骜、王齮、《集解》：徐广曰一作龁。庶公等为将军。王年少，初即位，委国事大臣。晋阳反。元年（前246），入战国后二百三十五年。将军蒙骜击定之。二年（前245），入战国后二百三十六年。麃公将卒攻卷，斩首三万。是岁，赵孝成王卒，子偃立，是为悼襄王。三年（前244），入战国后二百三十七年。蒙骜攻韩，取十三城。王齮死。将军蒙骜攻魏畼、有诡。四年（前243），入战国后二百三十八年。拔之。是岁，信陵君无忌卒。五年（前242），入战国后二百三十九年。将军蒙骜攻魏，取二十城，初置东郡。六年（前241），韩、魏、赵、卫、楚共击秦，取寿陵。《正义》："徐广云：在常山。按本赵邑也。"秦出兵，五国兵罢。《赵世家》云：庞煖将赵、楚、魏、燕之锐师攻秦蕞，不拔。《春申君列传》云：诸侯患秦攻伐无已时，乃相与合从而伐秦，而楚王为从长。春申君用事。至函谷关，秦出兵攻诸侯兵，皆败走。秦攻魏，拔朝歌。楚去陈，徙寿春，命曰郢。七年（前240），入战国后二百四十一年。拔魏汲。八年（前239），入战国后二百四十二年。嫪毐封为长信侯。予之山阳地，今河南修武县北。令毐居之。宫室、车马、衣服、苑囿、驰猎恣毐。事无小大，皆决于毐。又以河西太原郡更为毐国。九年（前238），王冠。长信侯毐作乱，而觉，矫王御玺及太后玺，以发县卒及卫卒、宫骑、戎翟君公、舍人将，欲攻蕲年宫在雍。为乱。王知之。令相国昌平君、昌文君《索隐》："昌平君，楚之公子，立以为相。后徙于郢。项燕立为荆王。史失其名。昌文君名亦不知也。"发卒攻毐。战咸阳。毐等败走。即令国中：有生得毐，赐钱百万，杀之五十万。尽得毐等。卫尉竭、内史肆、佐弋竭、中大夫令齐等二十人，皆枭首，车裂以徇，灭其宗。及其舍人，轻者为鬼薪及夺爵迁蜀，四千余家，家房陵。今湖北房县。楚考烈王无子，赵人李园事春申君为舍人，进其女弟，知其有身；园乃与其女弟谋，园女弟承闲说春申君，进己楚王，生子男，立为太子，以李园女弟为王后。楚王贵李园，园用事。恐春申君语泄，阴养死士。考烈王卒，园先入，伏死士刺春申君，斩其头，尽灭春申君之宗。园女弟所生子立，是为楚幽王。十年（前237），入战国后二百四十四年。秦相国吕不韦坐嫪毐免。齐人茅焦说秦王。秦王乃迎太后于雍，而入咸阳宫，复居甘泉宫。大索逐客。李斯上书说，乃止逐客令。而李斯用事。十一年（前236），入战国后二百四十五年。王翦、桓齮、杨端攻邺，取九城，拔阏与。赵悼襄王卒，子幽缪王迁立。其母，倡也，嬖于赵襄王。襄王废嫡子嘉而立迁。十二年（前235），入战国后二百四十六年。文信侯不韦死，窃葬。其舍人临者：晋人也，逐出之；秦人，六百石以上夺爵迁，五百石以下不临，迁，勿夺爵。自今以来，操国事不道如嫪毐、不韦者，籍其门，视此。秋，复嫪毐舍人迁蜀者。《不韦传》云：庄襄王薨，太子政立为王。尊吕不韦为相国，号称仲父。秦王年少，太后时时窃私通吕不韦。不韦家僮万人。始皇帝益壮大，后淫不止。吕不韦恐觉祸及己，乃私求大阴人嫪毐，诈腐为宦者，侍太后。太后私与通，绝爱之，有身。太后恐人知之，诈当避时徙宫居雍。嫪毐常从。赏赐甚厚。事皆决于嫪毐。嫪毐家僮数千人，诸客求宦为嫪毐舍人千余人。始皇九年（前238），有告嫪毐实非宦者，尝与太后私乱，生子二人，皆匿之。与太后谋曰：王即薨，以子为后。于是秦王下吏治，具得情实，事连相国吕不韦。九月，夷毐三族，杀太后所生两子，而遂迁太后于雍。诸嫪毐舍人皆没其家而迁焉。王欲诛相国，为其奉先王功大，及宾客辩士为游说者众，王不忍致法，十年十月，免相国吕不韦。及齐人茅焦说秦王，秦王乃迎太后于雍，归复咸阳，而出文信侯就国河南。岁余，诸侯宾客使者相望于道，请文信侯。秦王恐其为变，乃赐文信侯书，与家属徙处蜀。吕不韦自度稍侵，恐诛，乃饮酖而死。秦王所加怒吕不韦、嫪毐皆已死，乃皆复归缪奏舍人迁蜀者。案史所传不韦之事，与春申君相类太甚，而楚幽王有庶兄负刍及昌平君，则考烈王实非无子，传言之不必信久矣。嫪毐事果与不韦有连，而犹迟至期年，始免其相，听其从容就国；而诸侯宾客使者，仍相望于道；文信侯既不为遁逃苟免之计，亦不为养晦自全之谋，岂理也哉？钱穆云："《战国·秦策》，无不韦纳姬之事。《魏策》：或谓魏王曰：秦自四境之内，执法以下，至于长挽者，故毕曰：与嫪氏乎？与吕氏乎？虽至于门闾之下，廊庙之上，犹之如是也。今王割地以赂秦，以为嫪毐功。卑体以尊秦，因以嫪毐。王以国赞嫪毐，太后之德王也，深于骨髓，王之交最为天下上矣。由嫪氏善秦而交为天下上，天下孰不弃吕氏而德嫪氏则王之怨报矣。据此，则吕之与嫪，邪正判然，未见嫪之必为不韦所进也。"见所著《先秦诸子系年考辨》《吕不韦著书考》《春申君见杀考》。其说韪矣。不韦相秦，实非碌碌，孝文王立而施德布惠，庄襄王诛周而不绝其祀，此即所谓兴灭国继绝世者。皆不韦之所为。观其招致宾客著书，俨有兴起太平之意。史称其欲以并天下，说盖不诬。李斯固不韦舍人，不韦废而斯用事，所奉行者，亦未必非不韦之遗策也。富强之基，树于商君；蚕食之形，成于穰侯；囊括之谋，肇于不韦；三人者，实秦并天下之首功矣。

不韦虽废，秦之事并吞如故。是时，楚已益弱；韩、魏皆自顾不暇；燕、齐少宽，然二国仍岁相攻，又与赵相攻；齐襄王复国后，赵数与秦攻之。《赵世家》言苏厉为齐遗赵惠文王书，赵乃辍谢秦不击齐，时在周赧王三十二年（前283），入战国后百九十八年也。然是岁王仍与燕王遇，使廉颇将而攻齐，则特不与秦而已。此后十余年间，赵数使赵奢、廉颇、燕周、蔺相如等攻齐。至惠文王卒，孝成王立，秦急攻之，以齐救而罢。事已见前。是岁，田单乃以赵师攻燕。盖齐、赵之交，至此而合，而燕、赵之衅启。赧王亡后五年（前251），燕王喜命相栗腹约欢赵。还报曰："赵氏壮者皆死长平，其孤未壮，可伐也。"乃起二军。栗腹将而攻鄗，卿秦攻代。自将偏军随之。赵使廉颇将，杀栗腹，虏卿秦，逐之五百余里。明年，围其国。燕人请和。其明年，赵假相大将武襄君攻燕，围之。又明年，又使延陵君率师从相国信平君廉颇助魏攻燕。秦始皇帝四年（前243），赵使李牧攻燕。燕使剧辛将击赵。赵使庞煖击之。明年（前255），取燕军二万，杀剧辛。齐襄王卒，周赧王亡之明年。入战国后二百二十六年。子建立，君王后用事，襄王后。仅图自保；《齐世家》称其事秦谨，与诸侯信。王建立，四十余年不受兵。秦遂得择肥而噬。始皇十三年（前234），入战国后二百四十七年。桓齮攻赵平阳，今河南临漳县西。杀赵将扈辄。《李牧传》云：破杀扈辄于武遂。明年，取宜安。今河北藁城县西南。李牧与战肥下，春秋时肥子国，今藁城县。却之，封牧为武安君。十五年（前232），入战国后二百四十九年。秦大兴兵。一军至邺。一军至太原，取狼孟。秦攻番吾，李牧却之。十六年（前231），入战国后二百五十年。发卒受韩南阳。十七年（前230），入战国后二百五十一年。内史腾攻韩。得韩王安，尽纳其地，以为颍川郡。韩自昭侯后，传宣惠王、襄王仓、釐王咎、桓惠王四世。十八年（前229），入战国后二百五十二年。大兴兵攻赵。王翦将上地下井陉。端和将河内、羌瘣伐赵。端和围邯郸城，赵使李牧、司马尚御之。秦多与赵王宠臣郭开金，为反间。赵王使赵葱及齐将颜聚代李牧。牧不受命。赵使人微执得李牧，斩之。废司马尚。后三月，王翦因急击，大破，杀赵葱。明年，王翦、羌瘣尽定赵地。虏王迁及其将颜聚，引兵欲攻燕屯。赵公子嘉率其宗数百之代，自立为代王。东与燕合兵，军上谷。楚幽王卒。同母弟犹代立，是为哀王。庶兄负刍之徒，袭杀哀王，而立负刍。二十年（前227），入战国后二百五十四年。燕太子丹使荆轲刺秦王。秦王觉之，体解轲以徇。而使王翦、辛胜攻燕。燕、代发兵击秦军。秦军破燕易水之西。二十一年（前

226），入战国后二百五十五年。王贲攻蓟。乃益发卒诣王翦军。遂破燕太子军，取燕蓟城。得燕太子丹首。燕王东收辽东而王之。二十二年（前225），入战国后二百五十六年。王贲攻魏。引河沟灌大梁。大梁城坏。其王假请降。尽取其地。魏自哀王后，传昭王、安釐王、景湣王增、王假四世。《世本》云：昭王名遫，安釐王名圉，景湣王名午。见《索隐》。始皇问李信：吾欲攻取荆，于将军，度用几何人而足？李信曰：不过用二十万人。问王翦，王翦曰：非六十万人不可。始皇曰：王将军老矣，何怯也？李将军果势壮勇。遂使李信及蒙恬将二十万南伐荆，荆人大破李信军。始皇复召王翦，强起之，使将击荆，取陈以南至平舆。今河南汝南县东南。二十四年（前223），入战国后二百五十八年。虏其王负刍。《秦本纪》误前一年。荆将项燕立昌平君为荆王，反秦于淮南。《集解》：徐广曰"一作江"。二十五年（前222），入战国后二百五十九年。大兴兵，使王贲攻燕辽东，得燕王喜。燕自惠王后传武成王、孝王、王喜三世。还攻代，虏代王嘉。王翦、蒙武攻荆，破荆军。昌平君死，项燕遂自杀，翦遂定荆江南地。降越君。置会稽郡。二十六年（前221），入战国后二百六十年。齐王建与其相后胜发兵守其西界，不通秦。秦使将军王贲从燕南攻齐，得齐王建。六国皆亡。余国较大者，陈、蔡、郑、宋之亡，已见前。鲁以秦庄襄王元年（前249），入战国后二百三十二年。亡于楚。惟卫仅存，至秦二世时乃废绝。然微不足数，天下遂统一。

秦之克并六国，其原因盖有数端。地势形便，攻人易而人之攻之也难，一也。关中形势，西北平夷无大险，故易受侵略。南经汉中至蜀，出入皆难。惟东凭函谷、武关，则诚有一夫当关之势也。春秋大国，时曰晋、楚、齐、秦，其后起者则吴、越。吴、越文明程度太低，未足蹈涉中原，抗衡上国。其兵，则实甚强悍，故项氏卒用之以破秦。四国风气，秦、晋本较齐、楚为强，兵亦然，读《汉书·地理志》《荀子·议兵篇》可知。二也。三晋地狭人稠，生事至觳。楚受天惠厚，民又呰窳偷生。齐工商之业特盛，殷富殆冠海内。然工商盛者，农民未有不受剥削而益贫者也。惟秦地广而腴，且有山林之利。开辟较晚，侈靡之风未甚。观李斯谏逐客，历数侈靡之事，秦无一焉可知。其上又有重农之政。齐民生计之舒，盖莫秦若矣。三也。此皆秦之凭藉，优于六国者也。以人事论，则能用法家之说，实为其一大端。盖惟用法家，乃能一民于农战，其兵强而且多。亦惟用法家，故能进法术之士，而汰淫靡骄悍之贵族，政事乃克修举也。《荀子·强国》曰："应侯问孙卿子曰，入，秦何见？孙卿子曰：其固塞险，形势便，山川林谷美，天材之利多，是形胜也。入竟，观其风俗。其百姓朴。其声乐不流污。其服不佻。甚畏有司而顺。古之民也。及都邑官府，其百吏肃然，莫不恭俭敦敬忠信而不楛。古之吏也。入其国，观其士大夫。出于其门，入于公门；出于公门，归于其家；无有私事也。不比周，不朋党，倜然莫不明通而公也。古之士大夫也。观其朝廷。其间听决，百事不留，恬然如无治者。古之朝也。故四世有胜，非幸也，数也。"可谓尽之矣。秦取天下多暴，《史记·六国表》语。固也。然世岂有专行无道，而可以取天下者哉？

第十章　民族疆域

第一节　先秦时诸民族

中国以第一大民族，称于世界，然非振古如兹也。在数千年前，我族亦东方一部族耳。其克保世滋大，盖实由其同化力之强。今试略述先秦之世，与我错处诸族，如下。

汉族，起自东南。诸民族中与我密迩者莫如越。①越亦作粤，今所谓马来人也，此族特异之俗有二：一曰断发文身，一曰食人。征诸后世史乘，地理学家所谓亚洲大陆之真缘边者，无不皆然。而在古代，我国缘海之地亦如是。《礼记·王制》："东方曰夷，被发文身，有不火食者矣。南方曰蛮，雕题交趾，有不火食者矣。"文身雕题，异名同实，无待辞费。被发则披发之借也。发可保温，故北族居苦寒之地编发，中国居温和之地冠笄，南族居炎热之地断发也。东夷与南蛮，方位不同，

①民族：越。

而同不火食，可知其始必同居热地矣。《墨子》言："楚之南，有啖人之国者，其长子生，则解而食之，谓之宜弟。"《鲁问·节葬下》，作越东有輆沐之国。而《韩非子》言：齐桓公好味，易牙蒸其首子而进之。《十过》。《二柄》《难一》二篇同，而作子首，误也。《淮南·主术》《精神》两篇高《注》，亦皆作首子。《左氏》言宋襄公使邾文公用鄫子于次睢之社，欲以属东夷。僖公十九年。杜《注》谓睢水次有妖神，东夷皆社祠之。《续汉书·郡国志注》引唐蒙《博物记》，谓在临沂县。可见汉、晋之世，俗犹未泯。临沂，今山东临沂县。鲁伐莒，取郠，献俘，亦用人于亳社。昭公十年。可见自楚之南，至于齐、鲁，风俗皆同也。此族在江以北者，古皆称夷，[①]《禹贡》冀州、扬州之鸟夷莱夷，徐州之淮夷是也。在江以南者则称越，今绍兴之于越，永嘉之瓯越，福建之闽越，两广、越南之南越是也。又有深入长江中游者，《楚世家》言熊渠伐扬粤至鄂是也。见第九章第二节。鸟夷，今《尚书》作岛夷，《正义》谓伪孔读为岛，则其经文亦作鸟，今本乃字误也。古无岛字，洲即今岛字。洲鸟虽亦同音，然古称中国人所居为州，不称异族所居为洲，则伪孔说实误。郑释冀州之鸟夷曰搏食鸟兽者，《书正义》。颜师古释扬州之鸟夷曰善捕鸟者，《汉书·地理志注》。颜说当有所本。差为近之。盖渔猎之族，程度极低者，作《禹贡》时犹有其部落，后遂为汉族所同化，其事无可考矣。嵎夷，当即《尧典》"宅嵎夷曰阳谷"之嵎夷。《史记·夏本纪索隐》，谓《今文尚书》及《帝命验》并作嵎銕，在辽西。案《说文·土部》云："堣夷，在冀州阳谷，立春日日直之而出。"《山部》云："崵山在辽西，一曰嵎铁、崵谷也。"既别以一曰，明为两说，则《今文尚

---

①民族：夷蛮戎狄，以方位言，实夷与蛮，戎与狄是一。南北方之强，中国又于南为近。

书》实不谓嵎铁在辽西。[①]冀州为中国通称，《尚书大传》曰：“元祀岱泰山，中祀大交霍山，秋祀柳谷华山，幽都弘山祀。”注曰：“弘山，恒山也。”然则羲和四子之所宅，即四时巡守之所至。[②]泰岱为汉族所居，故称其地为冀州矣。嵎夷，《史记·五帝本纪》作郁夷，而《毛诗》之周道倭迟，《韩诗》作郁夷，故有谓倭即嵎夷者。[③]自山东至辽东，辽东经朝鲜至日本；往来本最便，而亦甚早。谓古之嵎夷，渡海而至日本，或日本之民，与古嵎夷同族，皆无不可通也。莱夷，据《汉书·地理志》，地在今山东黄县。入春秋后百五十六年，周灵王五年（前567），春秋襄公六年。为齐所灭。淮夷最称强悍。《后汉书·东夷传》谓秦有天下，淮、泗夷乃悉散为人户，其说当有所本也，于越事已见前。闽越、南越及瓯越，则至秦、汉之世，始列为郡县焉。越人居热地，故开化较早。其能用金，实先于汉族，古代兵器及刑法，皆取资焉。然亦以居热地故，生事饶而四体不勤，故其文明旋落汉人之后。《论衡》言：“夏禹裸入吴国。太伯采药，断发文身。唐、虞国界，吴为荒服。越在九夷，罽衣关头。即贯头，后世南方民族，犹多衣贯头衣，见诸史四裔传。今皆夏服，褒衣履舄。”《恢国》。可知秦、汉之世，全与汉族同化矣。

洞庭以南，沅、湘、澧、资之域，为今所谓苗族之故居。苗，前史皆作蛮，元以后乃多作苗，盖音转而字异。或以牵合古三苗之国，则大缪矣。见第七章第五节。蛮与越异。古书多称荆蛮、扬越，无曰荆越、扬蛮者，[④]知蛮自在长江中游，越自在东南缘海也。《淮南子·齐俗训》

---

①地理：今文不以嵎铁在辽西。

②地理：四子所宅即四岳。

③四夷：嵎夷即倭之说。

④四夷：只有荆蛮扬越，无荆越扬蛮，且苗髽首，越剪发。

曰"三苗髽首"，"越人鬋发"，可知其饰首之习各别。古民族视处置其发之法颇重，如中国每以冠带之国自夸，子路至于结缨而死是也。《左氏》哀公十五年。蛮与越，所以处置其发者既不同，其必为两族无疑矣。此族神话，已见第五章。其地之开辟，盖始于楚。《史记·吴起列传》所谓"南平百越"是也。《后书》云：田作贾贩，无关梁符传租税之赋；有邑君长，皆赐印绶；盖楚人抚绥之之法。

濮，《周书·王会篇》作卜。《说文》作焚，南北朝、隋、唐之两爨蛮，今之猓猡也。猓猡地在云南、四川，古之濮族，则远在其北。楚武王始启濮，已见第九章第二节。抑犹不止此。《书·牧誓》："及庸、蜀、羌、髳、微、卢、彭、濮人。"微、卢、彭、濮，注家罕能言其所在，其实按之故记，皆有迹象可求也。《左氏》：桓公十二年（前700），楚师伐绞，分涉于彭，罗人欲伐之。十三年（前699），楚屈瑕伐罗，罗与卢戎两军之，大败之。彭水，杜《注》云：在新城昌魏县，今湖北之房县也。卢，据《释文》本作庐。文公十六年（前611），庸人帅群蛮以叛楚。麇人帅百濮聚于选，将伐楚。自庐以往，振廪同食。使庐戢黎侵庸。杜《注》：庐，今襄阳中庐县，今湖北之南漳县也。先五年，楚潘崇伐麇，至于鍚穴。《释文》云：鍚或作锡。《御览·州郡部》引《十道志》云：郧乡，本汉锡县，古麇国今湖北之郧乡县也。麇麋形近易讹，《左氏》哀公十四年，"逢泽有介麇焉"，《释文》谓麇又作麋其证。庄公二十八年（前666）筑麋，《穀梁》作筑微，则潘崇所伐，实当作麋，即《牧誓》之微也。地与庸皆密迩。又其北即为楚、邓。故昭公九年（前537），王使詹桓伯辞于晋，谓巴、濮、楚、邓吾南土；而庸与麋之叛，申、息之北门不启也，此等当春秋时，悉已服属于楚。更西南，则沿黔江、金沙江、大度河两侧，直抵今云、贵四川。《史记·西南夷列传》，所谓"西南夷君长以什数，夜郎最大；今贵州桐梓县。其西靡莫之属以什数，滇最大；今云南昆明县。自滇以北，君长以什数，邛都最大”今四川西昌县。者也。“皆魋结，耕田，有邑聚。”与《左氏》所谓“百濮离居，将各走其邑”者合，文公十六年。可见其为同族矣。《史记》云：“楚威王时，使将军庄蹻循江，略巴、蜀、黔中以西。蹻至滇池，地方三百里，旁平地肥饶数千里，以兵威定属楚。欲归报，而秦击夺楚巴、黔中郡，道塞不通。因还，以其众王滇，变服，从其俗以长之。”《后汉书·西南夷传》言：“楚顷襄王时，遣将庄豪，从沅水伐夜郎。军至且兰，西南夷国名，汉置故且兰县。晋改曰且兰，今贵州平越县。椓船于岸而步战。既灭夜郎，因留王滇池。以且兰有椓船牂柯处，乃改其名为牂柯。”可见今云、贵之地，当战国时，悉已开辟矣。庄豪即庄蹻。秦取楚黔中郡事在顷襄王二十二年（前277），则《史记》作威王误。时为周赧王三十八年，入战国后二百有四年也。

庸与微、卢、彭、濮，[①]既皆在今楚、豫间，则牧野所誓之蜀，及克商后列于南土之巴，亦必不得在今四川境。巴蜀古事，因有《华阳国志》一书，颇可考见崖略。然此书所载，未必即西周时之巴、蜀也。志称巴、蜀肇自人皇，特以古籍言人皇肇分九州，億测梁州始建于是。云蜀为黄帝之后，则沿昌意取蜀山氏女为后世巴、蜀之蜀之误，已见第七章第二节。又云：武王封宗姬于巴，爵之以子，亦无以明其即战国时秦所灭之巴也。又云：周失纪纲，蜀侯蚕丛始称王，次王曰柏灌，次王曰鱼凫。鱼凫田于湔山，得仙。次有王曰杜宇。移治郫邑。今四川郫县。或治瞿上。今四川双流县。号曰望帝。其相开明，决玉垒山，在今四川理番县东南。遂禅位焉。开明号曰丛帝。生卢帝。卢帝攻秦，至雍。生保子帝。攻青衣。今四川雅安县。雄张獠、僰。又九世，徙治成都。有褒、

①四夷：古濮在北，微、庐也可考。

汉之地。时当周显王之世。因猎，与秦惠王遇。惠王作石牛五头，写金其后，曰牛便金。蜀使使请。惠王许之。乃遣五丁力士迎石牛。既不便金，怒而还之。惠王知蜀王好色，许嫁以五女。蜀又遣五丁迎之。还到梓潼。今四川梓潼县。见一大蛇入穴。一人揽其尾掣之，不禁。至五人相助，大呼抴蛇。山崩，压杀五人及五女。蜀王封弟葭萌于汉中，号苴侯，命其邑曰葭萌。前汉葭明县。后汉曰葭萌。今四川昭化县。苴侯与巴王为好，巴与蜀仇，故蜀伐苴。苴侯奔巴。求救于秦。周慎王五年（前316），秦惠文王后九年，入战国后百六十五年。案常璩言蜀事，虽据传说，然年代地理等，必多兼采古书，非二者暗合也。秦使大夫张仪、司马错从石牛道伐灭蜀。因取巴，执巴王以归。案巴之众为氐，汉世数从征伐。其后北出，为五胡之一，而留居渝水之獠大昌。蜀，汉世亦称叟。魏、晋、南北朝皆叟蜀并称，亦曰賨，近人谓暹罗本族称氏（Tai），其分族则曰暹（Sham），曰獠（Lao）。暹与蜀及賨叟同音，獠即汉之骆，后汉之哀牢，南北朝、隋、唐之獠，今之犵狫。[①]暹罗之族，本自北而南；《明史》谓其本分逻与罗斛二国。后罗斛强，并暹地，称暹罗斛，亦即蜀与獠也。《华阳国志》谓巴治江州，今四川江北县。后徙阆中。今四川阆中县。案《左氏》：桓公九年（前703），巴子使韩服告于楚，请与邓为好。楚使道朔将巴客以聘于邓。邓南鄙鄾人，攻而夺之币。庄公九年（前685），楚与巴共伐申。文公十六年（前611），巴人从楚灭庸。哀公十八年（前477），巴人伐楚，败于鄾。盖其国在楚、邓间，[②]去武关甚近。故《史记·商君列传》赵良称五羖大夫“发教封内，而巴人致贡”也。此岂剑外之国？《史记·三代世表》：褚先生言：“蜀，黄帝

---

①四夷：暹同蜀賨叟。獠、骆、哀牢、犵狫。

②四夷：巴初在楚邓间。秦所灭之蜀，非从武王伐纣之蜀。

后世也。至今在汉西南五千里。常来朝降，输献于汉。”《索隐》云：“《系本》蜀无姓。相承云：黄帝后世子孙也。”此盖西南边徼叟人部族，中国妄称为黄帝后，为是说者之意，盖亦以昌意娶蜀山氏女，为战国时巴、蜀之蜀，可以测扬雄、常璩等致误之由。《索隐》又引《蜀王本纪》：谓朱提今四川宜宾县。有男子杜宇，从天而下。《水经·江水注》引来敏《本蜀论》，则谓荆人鳖令死，其尸随水上，至汶山下，复生，起见望帝，望帝立以为相。望帝者，杜宇也，从天下。女子朱利，自江源出，为宇妻。时巫山峡，蜀水不流。望帝使令凿巫峡通水，蜀得陆处。望帝遂以国禅。号曰开明。《华阳国志》则言朱提有梁氏女利，游江源，宇纳为妃。移治郫邑。或治瞿上。则望帝实起岷江下流，溯江而上；开明本楚人，人篡其国，与庸及微、卢、彭、濮等何涉？而安得从武王以伐纣耶？《史记·秦本纪》及《六国表》：厉公二年，周元王二年（前474），入战国后六年。蜀人来赂。二十六年，周贞定王十八年（前451），入战国后三十年。左庶长城南郑。躁公二年，周定王二十八年，入战国后四十年。南郑反。惠公十三年，周安王十五年（前387），入战国后九十四年。伐蜀，取南郑。惠文王元年，周显王三十二年（前346），入战国百四十四年。蜀人来朝。其间南郑属蜀者，五十余年，《华阳国志》所谓卢帝攻秦至雍者，当在是时。蜀之雄张，盖至斯而极。然往来稔而秦觊觎之志，亦于是而启。石牛之遗，盖亦犹智伯欲伐仇犹而遗之钟；至五丁力士，因迎五女而亡，则又微见蜀之末君，重色而轻士也。蔡泽说范睢曰：“今君相秦，栈道千里，通于蜀、汉。”据《史记》本传，睢相秦在昭王四十一年（前266）至五十二年（前225），周赧王四十九年至其亡之明年，入战国后二百十五年至二百二十六年。乃蜀亡后之五十年也。秦与蜀之交通，盖至斯而大辟。然蜀之自南而北，非自北而南，则皎然矣。故曰：秦所灭之蜀，非从武王伐纣之蜀也。

《后汉书·南蛮传》云："巴郡南郡蛮，本有五姓：巴氏、樊氏、瞫氏、相氏、郑氏，皆出于武落钟离山。在今湖北长杨县。其山有赤黑二穴。巴氏之子，生于赤穴，四姓之子，皆生黑穴。未有君长，俱事鬼神。乃共掷剑于石穴，约能中者奉以为君。巴氏子务相，乃独中之。众皆叹。又令各乘土船，约能浮者当以为君。余姓悉沉，惟务相独浮。因共立之，是为廪君。乃乘土船，从夷水至盐阳。夷水，今清江。盐水有神女，谓廪君曰：此地广大，鱼盐所生，愿留共居。廪君不许。盐神暮辄来取宿，旦即化为虫，与诸虫群飞，掩蔽日光，天地晦冥。积十余日，廪君伺其便，因射杀之，天乃开明。廪君于是君乎夷城。四姓皆臣之。廪君死，魂魄世为白虎。巴人以虎饮人血，遂以人祠焉。及秦惠王并巴中，以巴氏为蛮夷君长，世尚秦女。其民爵比不更，有罪得以爵除。其君长，岁出赋二千一十六钱；三岁一出义则千八百钱。其民，户出幏布八丈二尺，鸡羽三十鍭。"又云："板楯蛮夷者：秦昭襄王时，有一白虎，常从群虎，数游秦、蜀、巴、汉之境，伤害千余人。昭王乃重募国中：有能杀虎者，赏邑万家，金百镒。时有巴郡阆中夷人，能作白竹之弩，乃登楼射杀白虎。昭王嘉之，而以其夷人，不欲加封，乃刻石盟要：复夷人顷田不租，十妻不算。伤人者论，杀人者得以倓钱赎死。盟曰：秦犯夷，输黄龙一双；夷犯秦，输清酒一钟。夷人安之。"又云："阆中有渝水。其人多居水左右。天性劲勇。初为汉前锋，数陷陈。俗喜歌舞。高祖观之，曰：此武王伐纣之歌也。乃命乐人习之，所谓巴渝舞也。"《华阳国志》说略同，而作武帝。①史事非高祖所知，作武帝是也。《礼记·祭统》曰："舞莫重于《武宿夜》。"《疏》引皇氏云："师说。《书传》云：武王伐纣，至于商郊，停止宿夜，士卒皆相乐，歌舞以待旦，因名焉。"此说而信，则

①四夷：高帝观巴言武王伐纣歌，当依《华阳国志》作武帝。

巴氏之先，亦有从于牧野之师者矣。

《诗·商颂》曰："昔有成汤，自彼氐、羌，莫敢不来享，莫敢不来王，曰商是常。"则氐、羌非徒从牧野之师，殷初即与于王会矣。《左氏》：僖公二十一年（前639），秦、晋迁陆浑之戎于伊川。三十二年（前628），殽之役，晋兴姜戎。襄公二十四年（前549），范宣子数戎子驹支曰："来，姜戎氏。昔秦人追逐乃祖吾离于瓜州。乃祖吾离，被苫盖，披荆棘，以来归我先君。我先君惠公有不腆之田，与女剖分而食之。"驹支对曰：惠公"谓我诸戎，是四岳之胄裔也，毋是翦弃"。昭公九年（前533），晋梁丙、张趯帅阴戎伐颍。王使詹桓伯辞于晋，谓"允姓之奸，居于瓜州，伯父惠公归自秦，而诱以来"。二十二年（前520），晋籍谈、荀跞帅九州之戎，以纳王于王城。王城人败陆浑于社。然则陆浑之戎、姜戎、阴戎、九州之戎是一，[①]允姓，居于瓜州，而为四岳之胄裔也。《史记》之九侯，《明堂位》作鬼侯，则《诗》称殷商"覃及鬼方"，正指纣脯九侯之事。《易》言高宗伐鬼方，《大戴记》言陆终取于鬼方氏，皆氐、羌部落矣。《汉书·地理志》：敦煌郡，今甘肃敦煌县。杜林以为古瓜州，地生美瓜，附会可发一噱。宋翔凤《过庭录》谓《诗》"我征自西，至于艽野"之艽野即鬼方，亦即《礼记·文王世子》"西方有九国焉"之九国，《列子》称相马者九方皋，乃以国为氏，艽野即鬼方。其说却殊精审也。

历代为中国患者莫如狄。古代之北狄，《史记》悉入之《匈奴传》中，后人遂皆视为匈奴之伦，其实非也。匈奴乃《管子》书所谓骑寇，见《小匡篇》。古代之北狄，则类南北朝之山胡。[②]骑寇皆居原野，能合

①四夷：陆浑、姜戎、阴戎、九州之戎是一，即九侯、鬼侯、鬼方、艽野。

②四夷：骑寇、山戎之别。

大群；其战也多骑，疾捷利侵略，常为农工商国之大害。居山地者，则不能合大群；其战也多步；以文明程度之低，戎器亦常窳劣；患止乘间钞暴而已。我国自春秋以前，实未尝与骑寇遇，即战国时，所遇者亦小部落；先秦之世，未尝以北族为患，由此也。北狄与我交涉最早者，据书传所载，当为獯粥，《史记·五帝本纪》称黄帝“北逐獯粥”是也。[①]以后来之事观之，獯粥皆在今陕西，黄帝都在彭城，势不相及，则《史记》此文，殆不足据。周代事迹，传者较详，戎狄之事，可考者亦较多。《孟子》言太王事獯粥，文王事昆夷，《梁惠王下》。獯粥即猃狁；昆夷即犬夷，亦即串夷；盖当时西方两大部落，其事已见第八章第五、第八两节。《史记·匈奴列传索隐》：“应劭《风俗通》曰：殷时曰獯，改曰匈奴。晋灼曰：尧时曰荤粥，周曰猃狁，秦曰匈奴。韦昭曰：汉曰匈奴，荤粥其别名。”《诗·采薇毛传》：“猃狁，北狄也。”《笺》曰：“北狄匈奴也。”《孟子·梁惠王下》赵《注》：“熏粥，北狄强者，今匈奴也。”《吕览·审为》高《注》：“狄人猃狁，今之匈奴。”则以猃狁、獯粥、匈奴为一，汉人殆无异说。[②]《诗·皇矣》：“串夷载路。”《笺》云：“串夷即混夷。”《疏》云：“《书传》作畎夷，盖犬混声相近，后世而作字异耳。或作犬夷，犬即畎，字之省也。”予昔以昆夷即胡字音转，谓与匈奴是一。由今思之，殊无确据，惟猃狁当西周时极强大，其后遂无闻焉，则或随中国之开拓而北走，[③]为战国时之匈奴，未可知耳。周室东迁之后，其患遂诒诸秦。《史记》所谓自陇以西，[④]有绵诸、汉绵诸道，在今甘肃天水县东。绲戎、《正义》：“颜师

①四夷：《史记》言黄帝北逐熏粥之非。

②四夷：以猃狁、熏粥、匈奴为一，汉人殆无说。

③四夷：猃狁或随中国开拓北走。

④四夷：昆夷、犬夷、串夷是一。《史记》自陇以西，岐、梁山泾、漆之北诸戎，盖其遗落。

古云：混夷也。韦昭云：《春秋》以为犬戎。”翟貆之戎；汉貆道县，在今甘肃陇西县东北。岐、梁山泾、漆之北，有义渠、秦北地郡，治义渠，今甘肃宁县西北。大荔、《索隐》：“《秦本纪》：厉共公伐大荔，取其王城。后更名临晋，故《地理志》云：临晋，故大荔国也。”今陕西朝邑县。乌氏、汉乌氏县，在今甘肃平凉县西北。朐衍之戎《索隐》：“《地理志》：朐衍，县名，在北地。”《正义》：“《括地志》云：盐州，古戎狄居之，即朐衍戎之地。秦北地郡也。”唐盐州，今宁夏盐池县。者也，其中以义渠为最强，至昭王时，乃为秦所灭。见《史记·匈奴列传》。其余兴亡之事，不可悉考，然汉世皆列为县、道，必沿自秦代者也。在东方者，河南有扬拒、泉皋、伊洛之戎，见《左氏》僖公十一年。杜《注》：“扬拒、泉皋，皆戎邑。及诸杂戎居伊水、洛水之间者。今伊阙北有泉亭。”案伊洛之戎，《春秋》作雒戎，见文公八年。《释文》云：“本或作伊洛之戎，此后人妄取传文加之耳。”又有蛮氏，杜《注》：“河南新城县东南有蛮城。”在今河南临汝县。本居茅津，亦称茅戎。《公羊》作贸戎。与陆浑密迩。蛮氏地入于晋。扬拒、泉皋伊洛之戎，地入于周。在河北者为赤狄、白狄。[①]赤狄种落，见于《春秋》者：有潞氏、今山西潞城县。宣公十五年。甲氏、今河北鸡泽县。留吁。今山西屯留县。宣公十六年。《左氏》多铎辰今山西长治县。宣公十六年。及廧咎如。成公三年。《公羊》作将咎如。今山西乐平县。《左氏》云：“晋郤克、卫孙良夫伐唐咎如，讨赤狄之余焉”，刘炫谓廧咎如即赤狄之余。杜预谓晋灭潞氏，余民散入廧咎如，故讨之。又有东山皋落氏，《水经·河水注》：“清水流经皋落城北。服度曰：赤翟之都。世谓之倚亳城。”地在今山西垣曲县西北。见《左氏》闵公二年，亦不云为赤狄，杜《注》谓赤狄，别种，未知何据。赤狄在今山西、河北，地皆入于晋。白狄，《左氏》成公十三年，

---

①四夷：赤白不必狄之两大派，此两派外当多。

晋侯使吕相绝秦曰："白狄及君同州。"盖即《史记·匈奴列传》所谓居圁、洛之间者，而杜氏以鲜虞、今河北定县。肥、今河北藁城县。昭公十二年（前530）。鼓，今河北晋县。昭公二十二年。皆为白狄，亦未知其何据也。肥、鼓地亦入晋，鲜虞至战国时曰中山，灭于赵。与晋密迩者，又有无终。襄公四年（前569），尝请成于晋。晋侯欲弗许，魏绛劝晋侯许之。昭公元年（前541），晋又败其众于太原。杜预谓山戎、北戎、无终三者是一。案北戎之见于《左氏》者，隐公九年（前714），侵郑，桓公六年（前705），侵齐；其见于《春秋》者，僖公十年（前650），齐侯、许男伐北戎；山戎，群籍皆云其病燕；则其绵地甚广，杜氏盖谓无终亦其种落之一也。《管子》言山戎，多与孤竹、令支并举。见《大小匡》《轻重甲》等篇。令支亦作离支，或云即《禹贡》之析支，与昆仑、渠搜并列者。《汉志》：朔方郡有渠搜县。今绥远鄂尔多斯右翼后旗故朔方城东。右北平无终，故无终子国。今河北蓟县。辽西郡令支有孤竹城。今河北迁安县。又《小匡篇》言桓公破屠何。孙诒让谓"即《周书·王会篇》之不屠何。《墨子·非攻》云：且、不一著何，亡于燕、代、胡、貉之间。且当作柤。不一著何，则不屠何之衍误。后为汉辽西之徒河县"。今辽宁锦县。孙氏说见《墨子闲诂》。盖当中国开拓时，此诸部落，奔进塞外，后亦列为编户矣。屠何，《管子》以为骑寇，[1]盖其地已偏北。至燕、赵拓土，所遇之骑寇乃益多。在代北者，以林胡、《括地志》云在朔州。今山西朔县。楼烦汉楼烦县。属雁门。在今雁门关北。为太后皆服于赵。匈奴又在其北，但为李牧所攘斥，见《史记·廉颇蔺相如列传》。而未能列为编户，至秦、汉时，遂收率北方种落，为中国之大患焉。在燕北者为东胡。《史记》云："燕有贤将秦开，为质于胡，胡甚信之，归

①四夷：屠何，《管子》以为骑寇。

而袭破走东胡，东胡却千余里。燕筑长城，自造阳在上谷。至襄平，今辽宁辽阳县。置上谷、渔阳、右北平、辽西、辽东郡以拒胡。”案东胡在汉初居匈奴东，冒顿袭破之。其后匈奴单于庭直代、云中，而左方王将居东方，直上谷，似即东胡旧地。然则五郡未开时，东胡当居上谷；①其渔阳、右北平、辽西、辽东，则涉貉、朝鲜、肃慎之地也。

貉：有以为在北方者，《孟子·告子》赵《注》、《周官·职方》郑《注》、《说文·豸部》貉下说解是也。有以为在东北者，《周官·貉隶》郑《注》、《郑志·答赵商问》《诗·韩奕》及《周官疏引》。《说文·羊部》羌下说解是也。然只与夷蛮连文，《荀子·劝学》：“于越、夷、貉之子，生而同声，长而异俗。”《诗·鲁颂》：“淮夷蛮、貉。”《论语·卫灵公》：“虽蛮、貉之邦，行矣。”不与戎狄并举，即可知其本在东南。②《三国志·夫余传》：“其耆老自说古之亡人，其印文言涉王之印、国有故城名涉城。”句骊、百济，皆出夫余。沃沮耆老，自谓与句骊同种诸国法俗，绝类有殷，如在国衣尚白，祭天以殷正月是也。《博物志》记徐偃王卵生，与《魏书》句骊始祖朱蒙之生绝相类。③《博物志》曰：“徐君宫人，娠而生卵，以为不祥，弃之水滨。独孤母有犬，名鹄仓，猎于水滨，得所弃卵，衔以东归。独孤母以为异，覆暖之，遂𫙨成儿。生时正偃，故以为名。徐君宫中闻之，乃更录取。长而仁智，袭徐君国。后鹄仓临死，生角而九尾，实黄龙也，偃王令葬之，徐界中今见狗垄。”《魏书·高句骊传》曰：“高句骊者，出自夫余。自言先祖朱蒙。朱蒙母，河伯女，为夫余王闭于室中。为日所照。引身避之，日景又逐。既而有孕。生一卵，大如五升。夫余

①四夷：东胡旧地，似在上谷，其东则涉貉、朝鲜、肃慎地。

②四夷：貉只与夷蛮连文，不与戎狄并举，则本在东南。

③四夷、述朱蒙、徐偃之生相类，则本江淮间。与朝鲜随燕开拓东北徙。

王弃之。与犬，犬不食。弃之于路，牛马避之。后弃之野，众鸟以毛茹之。夫余王割剖之，不能破。遂还其母。以物裹之，置于暖处。有一男，破壳而出。及其长也，字之曰朱蒙。其俗言朱蒙者，善射也。”案《后汉书·夫余传》，言其始祖东明事，与此亦颇相类。疑貉实江、淮间族，渐徙而北者。《韩奕》之诗曰：“溥彼韩城，燕师所完，王锡韩侯，其追其貉。”王肃、孙毓，皆以此燕为北燕，以涿郡方城县之寒号城为韩侯城。见《释文》及《水经·圣水注》。方城，今河北固安县。其实《诗》明言韩姞，则此燕实为南燕。貉多与涉连称，亦或单称涉。《续汉书·郡国志》：行唐今河北行唐县。有石臼河。《寰宇记》：平山县，“隋《图经》：房山，涉水出焉。亦谓之石臼河。又谓之行唐水。出行唐，东入博陵，今河北安平县。谓之木刀沟。一谓之袈裟水。南流入滹沱”。今在平山县西，仍谓之木刀沟。又《水经·浊漳水注》：“清漳径章武县故城西，故涉邑也，枝渎出焉，谓之涉水。”章武故城，在今河北沧县东北。地固皆与燕相近也。东北名国，莫如朝鲜。箕子初封，安得在辽东之表？谓在沙丘以北，则近之矣。《史记·赵世家》：山阳侯朱书曰：“予将赐女林胡之地。至于后世，且有伉王，奄有河宗，至于休溷诸貉。”《燕世家》谓“燕北迫蛮貉”。《汉书·高帝纪》：四年（前203），“北貉燕人，来致枭骑助汉”。《史记·货殖列传》言：“燕东绾涉貉、朝鲜、真番之利。”则涉貉、朝鲜，亦随燕之开拓而东北徙无疑矣。貉族文明程度最高。南化三韩，东渐日本。缅彼震方，实资启发。而弱水旧墟，转为鲜卑所荐食。谓晋初夫余为慕容氏所破。弱水，今松花江也。近世论者，谓其关系之大，不在中央亚细亚自印度日耳曼人之手，转入土耳其人之手之下焉。见傅斯年《东北史纲》第四章下。肃慎者，金源、满清之先，当周武王时，曾以楛矢石砮为贡，事见《国语》《鲁语》《史记》《孔子世家》《说苑》。《辨物》。后世居松花江滨。其所贡之物如故，故知其民族必同。詹桓伯之辞晋，以之与燕、亳并列，为武王克商后之北土。南北二燕，相距本不甚远。见第九章第八节。亳即商都，多在河北。已见第八章第二、第四节。其初亦内地民族也。[①]

古又有所谓长狄者，说颇诡异，然细按之，实无甚不可解也。[②]长狄事见《春秋》文公十一年。《经》文但云狄而已，三传则皆以为长狄。《公羊》云记异，而不言其所以异。《穀梁》谓其“弟兄三人，佚宕中国，瓦石不能害。叔孙得臣，最善射者也。射其目。身横九亩。断其首而载之，眉见于轼”。则竟类《齐谐》志怪之谈矣。然《左氏》记其兄弟五人获于宋、鲁、晋、齐、卫，而云“鄋瞒由是遂亡”，则亦当时一氏族。《国语·鲁语》：“吴伐越，堕会稽，得节专车。使问仲尼。仲尼曰：昔禹致群神于会稽之山，防风氏后至，禹杀而戮之，其节专车。客曰：防风何守？仲尼曰：汪罔国之君也。守封禺之山。漆姓。在虞、夏、商为汪罔氏。于周为长翟氏。今谓之大人。客又曰：人长之极几何？仲尼曰：僬侥氏三尺，短之至也。长者不过十之，数之极也。”《史记·孔子世家》。《说苑》《家语·辨物篇》略同。《史记》《说苑》皆作釐姓。《说苑》云：“在虞、夏为防风氏，商为汪芒氏。”《说文》曰：“在夏为防风氏，殷为汪芒氏。”黄丕烈《校刊明道本国语札记》曰：“漆当为淶之讹。釐淶声相近，于古为同字也。”然则人长三丈，乃出仲尼推论，身横九亩等说，则王充所谓语增者耳。实无足怪也。僬侥氏，林惠祥谓即黑种之尼革利罗（Negrillo），《梁书》所载黝、歙短人是其族。见所著《中国民族史》第十八章。案此种人唐代犹有之。《唐书·卓行传》：阳城为道州刺史。“州产侏儒，岁贡诸朝，城哀其生离，无所进。帝使求之。城奏

①四夷：肃慎初在内地。

②四夷：长狄。

曰：州民尽短。若以贡，不知何者可供。自是罢。州人感之。”白居易《新乐府》曾咏其事。《道州民》。必非虚诬。体质特异之民，前世本非无有，以中国之大，而偶有一二错居，实极寻常事也。

第二节　先秦疆域

汉族之发展，及汉族以外诸民族之情形，既已知其大略，则先秦之世之疆域，有可得而进言者。疆域有山川道里可稽，本最易晓，然古书多辞不审谛，传述又有讹误，加以虚拟之辞，附会之说，非理而董之，固无以见其真际也。

言古代地理，有数字可稽者，莫如服之里数及封建国数。然其不可信亦最甚。五服之说，见于《禹贡》，曰：“五百里甸服，百里赋纳总，二百里纳铚，三百里纳秸服，四百里粟，五百里米。五百里侯服，百里采，二百里男邦，三百里诸侯。五百里绥服，三百里揆文教，二百里奋武卫。五百里要服，三百里夷，二百里蔡。五百里荒服，三百里蛮，二百里流。”《周官·职方》，则有九服之说，曰：“方千里曰王畿，其外方五百里曰侯服。又其外方五百里曰甸服。又其外方五百里曰男服。又其外方五百里曰采服。又其外方五百里曰卫服。又其外方五百里曰蛮服。又其外方五百里曰夷服。又其外方五百里曰镇服。又其外方五百里曰藩服。”说《禹贡》者：今《尚书》欧阳、夏侯说，谓中国方五千里，《王制正义》引《五经异义》。史迁同。《诗·商颂正义》，按《史记·夏本纪》：令天子之国以外五百里甸服，甸服外五百里侯服，侯服外五百里绥服，绥服外五百里要服，要服外五百里荒服。《古尚书》说：五服旁五千里，相距万里。《王制正义》引《五经异义》。贾逵、马融谓甸服之外，每百里为差，所纳总、秸、粟、米者，是甸服之外，特为此数。其侯服之外，每言三百、二百里者，还就其服之内别为名，非是服外更有其地。《诗·商颂正义》。是为三千里。相距方六千里。《禹贡正义》。许慎按：以今汉地考之，自黑水至东海，衡山之阳至于朔方，经略万里，从《古尚书》说。《王制正义》引《五经异义》。郑玄则云：尧制五服，服各五百里。要服之内四千里曰九州，其外荒服曰四海。禹所弼五服之残数，每言五百里一服者，是尧旧服。每服之外，更言三百里、二百里者，是禹所弼之残数。亦每服者合五百里，故有万里之界焉。去王城五百里曰甸服。其弼当男服，去王城二千里。又其外五百里为绥服，去王城二千五百里。其弼当卫服，去王城三千里。其外五百里为要服，与周要服当作蛮服。相当，去王城三千五百里。四面相距为七千里，是九州之内也。要服之弼，当其夷服，去王城四千里。又其外五百里曰荒服，当镇服。其弼当蕃服，去王城五千里。四面相距，为方万里也。《诗·商颂正义》引郑《皋陶谟》“弼成五服，至于五千”《注》。封建国数：《王制》云：“凡四海之内九州州方千里。州建百里之国三十，七十里之国六十，五十里之国百有二十，凡二百一十国。名山大泽不以封。其余以为附庸间田。八州，州二百一十国。天子之县内，方百里之国九，七十里之国二十有一，五十里之国六十有三，凡九十三国。名山大泽不以朌。其余以禄士，以为闲田。凡九州，千七百七十三国。天子之元士诸侯之附庸不与。”《周官·职方》云：“凡邦国千里，封公以方五百里则四公，方四百里则六侯，方三百里则七伯，《注》：“方千里者，为方百里者百，以方三百里之积，以九约之，得十一有奇。云七伯者，字之误也。”方二百里则二十五子，方百里则百男以周知天下。”《异义》：《公羊》说：殷三千诸侯，周千八百诸侯。《古春秋左氏》说：禹会诸侯于涂山，执玉帛者万国。唐、虞之地万里，容百里地万国，其侯伯七十里，子男五十里。余为天子闲田。许慎按：《易》曰：万国咸宁。《尚书》曰：协和万邦，从《左氏》说。郑驳云：诸侯多少，异世不同。万国者，谓唐、虞之制也。武王伐纣，三分有二，八百诸侯，则殷末千二百也。至周公制礼之后，准《王制》千七百七十三国，而言周千八百者，举其全数。《王制正义》引。其注《王制》云："《春秋传》云：禹会诸侯于涂山，执玉帛者万国言执玉帛，则是惟谓中国耳。中国而言万国，则是诸侯之地，有方百里，有方七十里，有方五十里者，禹承尧、舜而然矣。要服之内，地方七千里，乃能容之。夏末既衰，夷狄内侵，诸侯相并，土地减，国数少。殷汤承之，更制中国方三千里之界，亦分为九州，而建此千七百七十三国焉。周公复唐、虞之旧域，分其五服为九，其要服之内，亦方七千里，而因诸侯之数，广其土，增其爵耳。"郑氏之意，专欲以古今相牵合。其注《易·系辞传》阳一君而二民，阴二君而一民云："一君二民，谓黄帝、尧舜，谓地方万里，为方千里者百，中国民居七千里，七七四十九，方千里者四十九，夷狄之民，居千里者五十一，是中国夷狄，二民共事一君。二君一民，谓三代之末，以地方五千里，一君有五千里之土，五五二十五，更足以一君二十五，始满千里之方五十，乃当尧、舜一民之地，故云二君一民。实无此二君一民，假之以地为优劣也。"《王制正义》。亦此意也。按服制及封建之制，皆古人虚拟之辞。古本无方五千里若方万里之封，春秋、战国之世乃有之，学者欲设立制度，以治此广大之地，而郡县之制，非其意想所及，乃各就封建之制，以意更张，有所假设。其发抒其说也，不曰己意如是，而以傅诸古人，则当时之人，立言大率如是。一时代自有一时代语言之法。如其法以求之，原亦不足为怪，以为实有其事则偾矣。《禹贡》时代较早，其时封域，盖尚较狭，故设为五千里之封。《周官》时代较晚，封域愈广，故其经略遂至万里也。许慎以《易》与《尚书》之文，而信古有万国；以汉代经略所及，而谓五服相距万里；已为非是。郑玄更设为黄帝、尧、舜暨三代之末盛衰广狭之说，一似古书所述，皆为实事者，则疑误后人矣。

九州之说，有山川以为疆界，似乎较易征实，然其为虚拟亦同。《禹贡》九州，除冀州不言疆界外。济、河惟兖州。海、岱惟青州。海、岱及淮惟徐州。淮、海惟扬州。荆及衡阳惟荆州。荆、河惟豫州。华阳、黑水惟梁州。黑水、西河惟雍州。约苞黄河、长江两流域。《尔雅·释地》云：两河间曰冀州。河南曰豫州。河西曰雍州。汉南曰荆州。江南曰扬州。济、河间曰兖州。济东曰徐州。燕曰幽州。齐曰营州。营州即青州无疑。校《禹贡》，少梁州而多幽州。《吕览·有始览》曰：河、汉之间为豫州，周也。两河间曰冀州，晋也。河、济间曰兖州，卫也。东方为青州，齐也。泗上为徐州，鲁也。东南为扬州，越也。南方为荆州，楚也。西方为雍州，秦也。北方为幽州，燕也。说与《尔雅》同。《周官·职方》云：东南曰扬州。正南曰荆州。河南曰豫州。正东曰青州。河东曰兖州。正西曰雍州。东北曰幽州。河内曰冀州。正北曰并州。较《禹贡》更多并州而少徐州。窃疑幽州之增，在北燕盛强以后；并州之增，以赵拓境之广；《周官》无徐州者，鲁已并于楚也；《禹贡》而外，三说皆无梁州，则知《禹贡》之梁州，必不苞今四川境。何则？《禹贡》无幽、并，知其时燕尚未强，太原以北尚未启其时代实早于《尔雅》《吕览》《周官》。《尔雅》《吕览》《周官》尚未及巴、蜀，况《禹贡》乎？观此，弥知为雍、梁二州之界之黑水之不可以凿求，而予谓作《禹贡》者，初亦不审黑水之所在之确也。《淮南·地形》云："河水出昆仑东北陬，贯渤海，入禹所道积石山。赤水出其东南陬，西南注南海。弱水出穷石，至于合黎，余波入于流沙。绝流沙，南至南海。洋水出其西北陬，入于南海。凡四水者，帝之神泉。以和百药，以润万物。"此篇述八殥、八纮、八极，皆自东北而东，而东南，而南，而西南，而西，而西北，而北，《禹贡》除特首冀州外，余八州之次亦然，足征其同本旧说。《淮南》弱水，必出西南，今本乃后人据《禹贡》所改，上文云："水有六品。"又云："何谓六水？曰河水、赤水、辽水、黑水、江水、淮水。"水有六品者？下文云："山为积德，川为积刑。""丘陵为牡，溪谷为牝。"阳数九，阴数六，故山有九而水有六也。六水盖于四水之外，益以江、淮，则辽水即弱水，[1]黑水即洋水也。帝之神泉，以和百药，以润万物，乃方士荒怪之说，安得凿求所在乎？参看第七章第五节。则知九州之说，亦春秋、战国学者，以意区分耳。[2]《汉书·地理志》云："尧遭洪水，天下分绝为十二州。使禹治之。水土既平，更制九州。"马融云："禹平水土，置九州。舜以冀州之北广大，分置并州；燕、齐辽远，分燕置幽州，齐为营州。"《史记·五帝本纪集解》。郑玄云："舜以青州越海，而分齐为营州；冀州南北大远，分卫为并州，燕以北为幽州。"《尔雅·释文》。郭璞、《尔雅注》。李巡、《释文》引。孙炎《诗·周南·召南谱疏》。以《尔雅》所说为殷制。皆类乎梦呓也。

九州为古小部中度地居民之法。已见第七章第三节。古人笃于宗教，故知识稍进，又以天文与地理相牵合。《周官》保章氏，以星土辨九州之地，所封之域，皆有分星，以观妖祥，此即《吕览》天有九野、地有九州之说。《有始览》。郑《注》云："其书亡矣，今其存可言者，十二次之分也。"此即《史记·天官书》二十八舍主十二州之说，分州之必以九或十二者以此。疆域之广狭，今古不侔，而九与十二之数不容变，则其所分必不能一致矣。《史记·孟荀列传》云：邹衍"以为儒

---

①地理：弱水即辽水。

②地理：九州之说，乃春秋战国学者以意区分。

者所谓中国者，于天下，乃八十一分居其一耳。中国名曰赤县神州，赤县神州内，自有九州，禹之叙九州是也，不得为州数。中国外如赤县神州者九，乃所谓九州也，于是有裨海环之人民禽兽，莫能相通，如一区中者，乃为一州。如此者九，乃有大瀛海环其外，天地之际焉”。《淮南·地形》曰：“何谓九州？东南神州曰农土。正南次州曰沃土。西南戎州曰滔土。正西弇州曰并土。正中冀州曰中土。西北台州曰肥土。正北济州曰成土。东北薄州曰隐土。正东阳州曰申土。”所谓农土，盖即邹衍所谓赤县神州，其名亦本旧闻，非新创也。《王制》曰：“凡四海之内九州，州方千里。”《孟子》亦曰：“今海内之地，方千里者九。”《梁惠王上》。而《淮南》言：“九州之大，纯方千里。”则其所谓九州者，仅当《王制》《禹贡》之一州。[①]邹衍所谓禹所叙九州者，乃于《王制》《禹贡》等书之一州中，复分为九。今《禹贡》《尔雅》《吕览》《周官》所言之一州，已当赤县神州者九矣。衍说之异于人者，时人谓天下之大，止于《禹贡》等书所言之九州，衍则谓有如是者九，非谓当有如是者八十一也。《淮南》又曰：“九州之外，乃有八殥，亦方千里。自东北方，曰大泽，曰无通。东方曰大渚，曰少海。东南方曰具区，曰元泽。南方曰大梦，曰浩泽。西南方曰渚资，曰丹泽。西方曰九区，曰泉泽。西北方曰大夏，[②]曰海泽。北方曰大冥，曰寒泽。八殥之外，而有八纮，亦方千里。自东北方，曰和丘，曰荒土。东方曰棘林，曰桑野。东南方曰大穷，曰众女。南方曰都广，曰反户。西南方曰焦侥，曰炎土。西方曰金丘，曰沃野。西北方曰一目，曰沙所。北方

①地理：邹衍之禹所九州，当《王制》《禹贡》一州，九州同《禹贡》《王制》，如此者九，乃全世界，说与《淮南》互通。

②地理：大夏在《淮南书》为泽。

曰积冰，曰委羽。八纮之外，乃有八极。自东北方，曰方土之山，曰苍门。东方曰东极之山，曰开明之门。东南方曰波母之山，曰阳门。南方曰南极之山，曰暑门。西南方曰编驹之山，曰白门。西方曰西极之山，曰阊阖之门。西北方曰不周之山，曰幽都之门。北方曰北极之山，曰寒门。”八极即八纮之极边，非别有其地。八殥在中国之外，为泽，八纮在八殥之外，又为陆。盖泽居之时，本族所居之洲以外为水，其外又为他族之地。《淮南》之八殥，即邹衍之裨海。以地理虽难征实，其缘起实可推求也。邃古中岳，系指泰山，[①]已见第三章。所谓四渎，观第七章第二节所引《汤诰》，实就所居之地言之。正如宋代东、西、南、北四河之名，乃以汴梁为中所锡。《淮南》九州，名义虽难强求，然济水下流，似在正北，则其所谓神州，正泰山四面之地。《淮南》又曰“中央之美者，有岱岳以生五谷，桑、麻、鱼、盐出焉”，故称其地为农土也。华夏邃初之疆域，可以微窥矣。《王制》曰：“自恒山至于南河，千里而近。自南河至于江，千里而近。自江至于衡山，千里而遥。自东河至于东海，千里而遥。自东河至于西河，千里而近。自西河至于流沙，千里而遥。西不尽流沙，南不尽衡山，东不尽东海，北不尽恒山。凡四海之内，断长补短，方三千里。”则为春秋、战国时疆域，如《禹贡》《尔雅》《吕览》《周官》之所云者。析方三千里之地为九，固适得方千里者九也。《尔雅·释地》云：“东至于泰远，西至于邠国，南至于濮铅，北至于祝栗，谓之四极。觚竹、北户、西王母、日下，谓之四荒。九夷、八狄、七戎、六蛮，谓之四海。”《明堂位》云：九夷、八蛮、六戎、五狄。郑《笺诗·蓼萧序》，与今《尔雅》同。《注》《周官》职方，布宪，则同《明堂位》。《蓼萧序疏》云：数既不同，而俱云《尔雅》，

①地理：古四岳泰山为中，四渎亦异后。

则《尔雅》本有两文。又引《郑志》答赵商问云：无国别之名，故不定。四海盖当时夷狄之地，合之则成五千里之封，《周官》所云，窃疑亦不过如此。[①]谓四面相距，为方万里者，实误也。《尔雅》之四海，盖同《淮南》之八殥；四荒即其八纮；四极即其八极。郭《注》云“四极，四方极远之国”，“四荒次四极”，“四海次四荒”，说固不误。予昔信朱绪曾之说，《开有益斋经》说。谓邠即公刘之邑濮为熊通所启，见第九章第二节。祝栗即涿鹿声转，谓四极在四荒之内。由今思之，实未必然。《说文·水部》：汃，西极之水也，引《尔雅》西至于汃国，则今本邠乃误字。濮族占地甚广，《尔雅》之濮铅，断不能说为熊通所启。涿鹿即彭城，更非使译所极矣。《汉书·西域传》言：安息长老，传闻条支有弱水、西王母，《后汉书·西域传》，则又谓在大秦之西矣。盖于其地本不审知，徒以为西方极远之国，遂以己所知极西之地当之也。《尔雅》言四荒、四极之名，亦正如此。必求其地之所在，转致误矣。《楚辞·招魂》曰：“魂兮归来，东方不可以止些。长人千仞，惟魂是索些。十日代出，流金铄石些。彼皆习之，魂往必释些。魂兮归来，南方不可以止些。雕题黑齿，得人肉以祀，以其骨为醢些。蝮蛇蓁蓁，封狐千里些。雄虺九首，往来倏忽，吞人以益其心些。魂兮归来，西方之害，流沙千里些。旋人雷渊，爢散而不可止些。幸而得脱，其外旷宇些。赤蚁若象，玄蜂若壶些。五谷不生，藂菅是食些。其土烂人，求水无所得些。彷徉无所倚，广大无所极些。魂兮归来，北方不可以止些。增冰峨峨，飞雪千里些。”辞皆荒昧。而又非全无所因，殊足见古人所谓四海之外者为如何也。

古人之言地理，又有系据天象推测而得者。如《尔雅》言：“距

①地理：古地理真相。

齐州以南戴日为丹穴，北戴斗极为空桐，东至日所出为太平，西至日所入为大蒙。”《周髀》言两极之下，夏有不释之冰，物有朝生暮获是也。古盖天家言，以地为平面。北极居中央，四面皆为南，故其南方无穷。《庄子·天下》，举惠施之言曰：“南方无穷而有穷”，乃反乎恒情而言之也。《吕览·有始览》曰：“凡四海之内，东西二万八千里，南北二万六千里。《管子·地数》《轻重乙》《淮南·地形》《五藏山经》篇末说皆同。出水八千里，受水者亦八千里。《五藏山经》篇末同。出水者作出水之山。凡四极之内，东西五亿有九万七千里，南北亦五亿又九万七千里。”《淮南·地形》：“禹乃使大章步自东极，至于西极二亿三万三千五百里七十五步。使竖亥步自北极，至于南极，二亿三万三千五百里七十五步。”《海外东经》：“帝命竖亥步自东极，至于西极，五亿十选九千八百步。一曰禹令竖亥。一曰五亿十万九千八百步。”郭《注》：“选，万也。”亦系如此。非真目验所得，并非传闻之辞也。与《禹贡》等书所言地理，根源各别，不可混淆。

第十一章　结论

中国夙以崇古称。昔时读书之人，几于共仞三代以前有一黄金世界，今则虽三尺童子，亦知笑其诬矣。虽然，昔人之抱此见解，亦自有其由，不得笑为愚痴也。人必有其所蕲至之竟。所蕲至之竟，大抵心所愿望，非必事所曾有也。然无征不信，立教者往往设为昔曾有是，以诱导人。即微立教者，合众人之心力，亦自能构成一实竟，以自慰藉，自鼓励。佛教之净土，耶教之天国，皆是物也。一人之所愿欲如此，一群之所愿欲，亦何独不然？昔所谓唐、虞、三代云者，则言治化之人，所蕲至之竟耳。身所经历，有不满者，辄虚构一相反之竟，而曰：三代以前如是，此犹今之自憾贫弱者，有所不满，辄曰：并世富强之国如何如何，其说原不尽实，然亦究非如天国净土等说，全出于人之虚构也。治化之升降，必合役物以自养及人与人相处两端言之。以役物之智论，后人恒胜于前人。以人与人相处之道言，则后世诚有不如古昔者。无怪身受其祸之人有此遐想也。中国社会之迁变，可以《春秋》三世及《礼》家大同、小康之说明之。《春秋》据乱而作，进于升平，更进于太平。礼家则说大同降为小康。小康之治，迄于成王、周公，盖以自此以后为乱世。《礼》家慨其递降，《春秋》则欲逆挽世运，跻于郅隆。其所谓升平者即小康，所谓太平者即大同，无足疑也。《春秋》之义，虽若徒存愿望，《礼》家之说，则实以行事为根据矣。然则《春秋》之义，亦非虚立也。孔子所谓大同者，盖今社会学家所谓农业公产社会。斯时之人，群以内既康乐和亲，群以外亦能讲信修睦。先秦诸子所知之治化，盖以此为最高，故多慨慕焉。如老子所云郅治之世，亦即孔子所谓大同也。然当斯时也，治化下降之机，即已隐伏于其中。盖世运恒自塞而趋于通。隆古社会，因其处竟之不同，仁暴初非一致。其相遇也，或不免于以力相君，则有征服者与所征服者之殊，而入于小康之世矣。治化之前进也，非一日可几于上理，而固有之良规，亦非一朝夕之间所能尽毁，大同之世之规制，留遗于后者，盖犹历若干时，此其所以获称小康也。其后在上之人，淫侈日甚。外之则争城争地，甚或以珠玉重器之故，糜烂其民而战之。内之所以虐使之苛取之者亦愈甚。耕作之术稍精，所治之土益狭，于是有所谓井田。井田，昔之论者以为至公，实则土地私有之制之根原也。耕垦之事既劳，益知人力之可贵，而奴婢之制，亦于是起焉。其尤甚者，则为商业。交易之道，所以使人分工协力，用力少而成功多。然相扶助之事，而以相朘削之道行之。在以其所有易其所无之世已然，至有所谓商人者兴，而人之相朘削乃愈甚矣。于是谋交易之便，而有所谓泉币。泉币行而物之变易弥易，人之贪欲滋甚。终至公产之世之分职尽坏，人不复能恃其群以生，群亦不复能顾恤其人，一听其互相争夺，而人与人相处之道苦矣。记曰：“强者胁弱，众者暴寡，知者诈愚，勇者苦怯；疾病不养；老、幼、孤、独不得其所：此大乱之道也。”苟以是为治乱之衡，后世所谓治平，如汉之文帝、唐之太宗之世，亦曷尝能免于大乱之讥乎？宁复有人，敢县《礼记》之所云者，以为治乱之鹄，而讥汉、唐之治为不足云者乎？然人之不甘以“强者胁弱，众者暴寡，知者诈愚，勇者苦怯；疾病不养，老、幼、孤、独不得其所”为已足也，则其心卒不可移易也。亦曷怪其县一竟焉，以为想望之鹄乎？故曰：昔人所抱之见解，未可尽笑为愚痴也。然欲至其所至之竟，必有其所由至之途。徒存其愿而不审其途，将如说食之不能获饱。惟社会组织之迁变，为能说明社会情状之不同，他皆偏而不全，而历史则所以记载社会之变迁者也。举国人乡所想望之竟，稽求其实，俾得明于既往，因以指示将来，此治古史者所当常目在之者也。不然，所闻虽多，终不免于玩物丧志而已矣，抑无当于史学之本旨也。